高等职业教育教材

安全技术与管理系列教材

安全生产法规实务

白丽霞　孙艳丽　主编

杨永杰　主审

U0367131

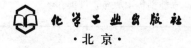

化学工业出版社

·北京·

内 容 简 介

《安全生产法规实务》以 2021 年版的《中华人民共和国安全生产法》（简称《安全生产法》）为主线，深入浅出地阐述了《安全生产法》的基本理论和基本知识。内容主要包括：安全生产及安全生产管理的基本概念和一般原理；有关安全生产法规的历史发展，安全生产法规的立法目的、调整范围、法律体系；安全生产基本原则与基本制度的具体理论和知识；生产经营单位的安全生产保障；从业人员安全生产权利和义务的具体理论知识；安全生产的监督管理；生产安全事故应急救援与调查处理的相关知识；安全生产法律责任的构成要件、责任形式等具体理论和知识；安全生产技术标准及其体系的相关知识。

本书可作为高职高专、职教本科安全相关专业的教材，同时可为企业的安全生产管理工作提供帮助，也可作为参加注册安全工程师执业资格考试复习的辅导用书，能满足不同领域读者的需要。

图书在版编目（CIP）数据

安全生产法规实务/白丽霞，孙艳丽主编. —北京：
化学工业出版社，2022.9（2024.11重印）
安全技术与管理系列教材
ISBN 978-7-122-41469-4

Ⅰ.①安… Ⅱ.①白… ②孙… Ⅲ.①安全生产法-
中国-高等职业教育-教材 Ⅳ.①D922.54

中国版本图书馆 CIP 数据核字（2022）第 085864 号

责任编辑：王海燕 张双进　　　　　　　文字编辑：林 丹 李 曦
责任校对：宋 玮　　　　　　　　　　　装帧设计：王晓宇

出版发行：化学工业出版社（北京市东城区青年湖南街 13 号　邮政编码 100011）
印　　装：河北鑫兆源印刷有限公司
787mm×1092mm　1/16　印张 13　字数 320 千字　2024 年 11 月北京第 1 版第 3 次印刷

购书咨询：010-64518888　　　　　　　售后服务：010-64518899
网　　址：http://www.cip.com.cn

凡购买本书，如有缺损质量问题，本社销售中心负责调换。

定　　价：35.00 元　　　　　　　　　　　　　　　　版权所有　违者必究

前　言

安全生产事关人民福祉，事关经济社会发展大局，党和政府一直高度重视安全生产工作，而安全生产依靠规范的法制秩序。《中华人民共和国安全生产法》（简称《安全生产法》）自2002年实施，近20年历经三次修正，对预防和减少生产安全事故，保障人民群众生命财产安全发挥了重要作用。自2017年起，国务院安全生产委员会将每年12月的第一周定为《安全生产法》宣传周，由此可见，国家对于安全生产法律法规的普及和教育变得越来越重视。学习安全生产法律法规一方面可以培养和造就一支高素质、专业化的安全生产人才队伍，为企业的安全生产工作提供支持和服务；另一方面也可以提高生产经营单位和从业人员的安全法律意识，对预防生产安全事故，减少职业危害，都具有重要的作用。

2021年6月，《全国人民代表大会常务委员会关于修改〈中华人民共和国安全生产法〉的决定》正式通过，新《安全生产法》于2021年9月1日起实施。为方便读者了解新《安全生产法》的内容，同时解决目前高职高专安全生产法律法规教材老旧短缺的实际问题，推进国家安全生产法制建设，本书编者运用多年积累的安全生产法和安全应急管理等教科研经验，结合相关理论与实践，编写了此教材。本教材的主要目的在于推动新《安全生产法》的贯彻与落实，培养和造就一大批知法懂法、素质高、专业精的合格人才。

本教材由天津渤海职业技术学院多年在教学和科研第一线的老师共同编写。全书共分九章，各章的编者分别是（按编写章节次序）：夏君（第一章、第二章），赵伟伟（第三章、第四章），白丽霞（第五章、第六章、第七章），孙艳丽（第八章、第九章）。全书由白丽霞统稿主编，杨永杰主审。

《安全生产法》自2002年首次颁布之日起，就有相关专家、学者著书立说，编写教材等，对广大人民群众进行宣传教育。本教材基于2021年新《安全生产法》进行编写，同时参阅了部分文献资料（详见本书的参考文献目录），在此编者向文献作者表示由衷的感谢。

由于编者水平有限，书中不妥之处在所难免，敬请读者批评指正。

编者

2022年3月

目　录

第一章 概　述

第一章

学习目标

通过本章的学习，使学生了解我国目前的安全生产现状，掌握与安全生产相关的一些基本概念，而且能够灵活地运用与安全生产相关的基本概念，为后续深入学习打下良好的基础。

第一节　安全生产的基本概念

安全是人类生存发展过程中永恒的主题，而且随着社会的发展进步，安全问题会越来越受到整个社会的关注。搞好安全工作，对于促进生产、提高人民生活质量与水平，乃至维护社会安定团结都有着举足轻重的作用。

通常所说的"安全生产"，主要是指生产安全。广义地说，安全生产范围不仅指生产安全，还包括消防安全、特种设备安全、道路交通安全、铁路安全、水上交通安全、航空安全、农机安全等。

一、安全与安全生产

（一）安全

安全从传统意义上说，是指"无危则安，无缺则全"，安全意味着不危险，是与危险相对的概念。

在安全生产领域，安全是指生产系统中人员免遭不可承受危险伤害的状态，包括两个方面：安全条件和安全状况。

安全条件是指在生产过程中，不发生人员伤亡、职业病或设备、设施损害以及环境危害的条件。

安全状况是指不因人、机、环境的相互作用而导致系统失败、人员伤害或其他损失。

（二）安全生产

1. 安全生产的定义

《辞海》将安全生产定义为：为预防生产过程中发生人身、设备事故，形成良好劳动环境和工作秩序而采取的一系列措施和活动。

《中国大百科全书》将安全生产定义为：旨在保护劳动者在生产过程中安全的一项方针，也是企业管理必须遵循的一项原则，要求最大限度地减少劳动者的工伤和职业病，保障劳动者在生产过程中的生命安全和身体健康。

前者将安全生产解释为企业生产的一系列措施和活动，后者将其解释为企业生产的一项方针、原则或要求。

安全生产是一种生产经营单位的行为，是指在组织生产经营活动的过程中，为避免造成人员伤害和财产损失而采取相应的事故预防和控制措施，以保证从业人员的人身安全，保证生产经营活动得以顺利进行的相关活动。

危害人的安全与健康的因素很多，这些因素归纳起来大体上可以分为物的因素和人的因素两大类。

物的因素主要包括机械（工具）的因素和环境因素两个方面。其中，人的因素是指管理者的失职或失误造成违章指挥，强令冒险作业或者决策错误等造成事故，从业人员教育培训不到位而导致从业人员在操作过程中误操作，或违章作业等等因素造成事故；从业人员的工作时间过长或者劳动强度过大造成从业人员生理发生变化，导致误操作而发生事故。

在安全生产中，消除危害人身安全和健康的因素，保障员工安全、健康、舒适地工作，称为人身安全；消除损坏设备、产品等的危险因素，保证生产正常进行，称为设备安全。

总之，安全生产是在生产过程中消除或控制危险及有害因素，保障人身安全与健康、设备完好无损、环境免遭破坏及生产顺利进行。

2. 安全生产"五要素"

（1）安全生产"五要素"的内容

安全生产"五要素"包括：安全文化、安全法制、安全责任、安全科技及安全投入。

① 安全文化是安全生产的根本。安全文化的最基本内涵就是人的安全意识。

② 安全法制是保障安全生产的最有力武器。

③ 安全责任是安全生产的灵魂。安全生产责任制是安全生产制度体系中最基础、最重要的制度。安全责任制的实质是"安全生产，人人有责"。

④ 安全科技是实现安全生产的手段。

⑤ 安全投入是安全生产的基本保障。

（2）安全生产"五要素"之间的关系　安全生产"五要素"既相对独立，又是一个有机统一整体，相辅相成、互为条件。安全文化是灵魂和统帅，是安全生产工作基础中的基础，是安全生产工作的精神指向，其他的各个要素都应该在安全文化的指导下展开。安全文化又是其他各个要素的目的和结晶，只有在其他要素健全成熟的前提下，才能培育出深入人心的"以人为本"的安全文化；安全法制是安全生产工作进入规范化和制度化的必要条件，是开展其他各项工作的保障和约束；安全责任是安全法制进一步落实的手段，是安全法律法规的具体化；安全科技是保证安全生产工作现代化的工具；安全投入为其他各个要素能够开展提供物质的保障。

二、安全生产管理、生产安全事故及劳动保护

（一）安全生产管理

安全生产管理的主要目的就是通过管理的手段，实现控制事故、消除隐患、减少损失，

使整个企业达到最佳的安全水平,为劳动者创造一个安全舒适的工作环境。因而可以给安全生产管理下这样一个定义,即:针对人们在生产过程中的安全问题,运用有效的资源,发挥人们的智慧,通过人们的努力,进行有关决策、计划、组织和控制等活动,实现生产过程中人与机器设备、物料、环境的和谐,达到安全生产的目标。

控制事故可以说是安全管理工作的核心,而控制事故最好的方式就是实施事故预防,即通过管理和技术手段的结合,消除事故隐患,控制不安全行为,保障劳动者的安全,这也是"预防为主"的本质所在。

但根据事故的特性可知,由于受技术水平、经济条件等各方面的限制,有些事故是难以避免的,因此,控制事故的第二种手段就是应急措施,即通过抢救、疏散、抑制等手段,在事故发生后控制事故的蔓延,把事故的损失减少到最小。

既然有事故发生,必然有经济损失。对于一个企业来说,一个重大事故在经济上的打击是相当沉重的,有时甚至是致命的,因而在实施事故预防和应急措施的基础上,通过购买财产、工伤、责任等保险,以保险补偿的方式,保证企业的经济平衡和在发生事故后,恢复生产的基本能力,也是控制事故的手段之一。

所以,安全生产管理就是利用管理的活动,将事故预防、应急措施与保险补偿三种手段有机地结合在一起,以达到保障安全的目的。

在企业安全生产管理系统中,专业安全工作者起着非常重要的作用。他们既是企业内部上下沟通的纽带,又是企业领导者在安全方面的得力助手,他们在充分掌握资料的基础上,为企业安全生产实施日常监管工作,并向有关部门或领导提出安全改造、管理方面的建议。归纳起来,专业安全工作者的工作可分为四个部分:

(1)分析 对事故与损失产生的条件进行判断和估计,并对事故的可能性和严重性进行评价,即危险分析与安全评价,这是事故预防的基础。

(2)决策 确定事故预防和损失控制的方法、程序和规划,在分析的基础上制定出合理可行的事故预防、应急措施及保险补偿的总体方案,并向有关部门或领导提出建议。

(3)信息管理 收集、管理并交流与事故和损失控制有关的资料、情报信息,并及时反馈给有关部门和领导,保证信息的及时交流和更新,为分析与决策提供依据。

(4)测定 对事故和损失控制系统的效能进行测定和评价,并为取得最佳效果做出必要的改进。

(二)生产安全事故

生产安全事故是指在生产过程中,发生人身伤害、设备损害、环境破坏致使生产无法正常进行的现象。

国务院2007年4月9日颁发,2007年6月1日正式实施的《生产安全事故报告和调查处理条例》第三条规定,根据生产安全事故(以下简称事故)造成的人员伤亡或者直接经济损失,将事故分为以下等级:

(1)特别重大事故 造成30人以上死亡,或者100人以上重伤(包括急性工业中毒,下同),或者1亿元以上直接经济损失的事故。

(2)重大事故 造成10人以上30人以下死亡,或者50人以上100人以下重伤,或者5000万元以上1亿元以下直接经济损失的事故。

(3)较大事故 造成3人以上10人以下死亡,或者10人以上50人以下重伤,或者1000

万元以上 5000 万元以下直接经济损失的事故。

（4）一般事故　造成 3 人以下死亡，或者 10 人以下重伤，或者 1000 万元以下直接经济损失的事故。

这里所称的"以上"包括本数，所称的"以下"不包括本数。国务院安全生产监督管理部门可以会同国务院有关部门，制定事故等级划分的补充性规定。

（三）劳动保护

劳动保护，广义上是指对劳动者各种劳动权益的保护，诸如就业权益的保护、社会保障权益的保护、工资收入的保护、职业教育权益的保护和安全健康权益的保护。狭义上主要是指对劳动者在劳动过程中的安全和健康权益的保护。

换句话说，劳动保护需要依靠科学技术和组织管理，采取有效的技术措施和管理措施，消除生产过程中危及劳动者人身安全和健康的不良条件和不安全行为，防止伤亡事故和职业病，保障劳动者在生产劳动过程中的安全与健康。

安全生产和劳动保护两者从概念上看是有所不同的，但在内容上有所交叉。前者是从企业的角度出发，强调在发展生产的同时，必须保证企业员工的安全、健康和企业的财产不受损失；后者是站在政府的立场上，强调为劳动者提供人身安全与身心健康的保证，属于劳动者权益的范畴。

第二节　我国的安全生产现状

一、安全生产事故状况

安全生产事关人民福祉，事关经济社会发展大局。2020 年 10 月，党的十九届五中全会，将统筹发展和安全两件大事、实现更为安全的发展纳入经济社会发展的指导思想和原则，强调"完善和落实安全生产责任制，加强安全生产监管执法，有效遏制危化品、矿山、建筑施工、交通等重特大安全事故"。生命重于泰山，在安全生产领域，更要坚持人民至上、生命至上的安全发展理念，绝不能只重发展不顾安全，更不能将其视作无关痛痒的事。

2018 年 3 月，根据第十三届全国人民代表大会第一次会议批准的国务院机构改革方案，设立中华人民共和国应急管理部。自成立到 2021 年 11 月，我国应急管理体系日益完善，能力不断提高，应急管理体系和能力现代化进程正在加快推进，累计组织 830 次应急会商，启动 246 次应急响应，先后派出 603 个工作组深入一线，有效应对处置了河南郑州特大暴雨、云南漾濞和青海玛多连续地震、2020 年全国严重汛情、西藏林芝森林火灾、贵州水城山体滑坡、金沙江和雅鲁藏布江堰塞湖灾害、山东寿光洪涝灾害，以及河北沧州油罐爆燃、山东栖霞笏山金矿爆炸、福建泉州酒店坍塌、江苏响水化工厂爆炸等一系列重特大灾害事故。

2020 年 4 月 1 日，全国安全生产专项整治三年行动计划正式启动，对九个重点行业领域开展专项整治，提升本质安全水平。推进应急管理法治建设，修订《安全生产法》、《中华人民共和国消防法》等，推动在刑法修正案中增加危险作业罪等罪名，坚持严格规范公正文明执法。建立安全生产、消防救援、减灾救灾与综合性应急管理 3 大类标准体系，推动修订完善各级各类应急预案。实施企业安全素质提升工程，开展高危行业领域从业人员安全技能培训，2020 年培训了786.8 万人次。开展全国综合减灾示范社区建设，建成近 100 万人的灾害信息员队伍，筑牢防灾减灾救灾人民防线。

据应急管理部统计，在各方的共同努力下，全国安全生产形势持续稳定好转，2018 至 2020 年，各类生产安全事故起数和死亡人数比应急管理部建部前三年分别下降 26.9%、27.6%，其中重大事故下降 41.9%、39.7%，特别重大事故下降 66.7%、77.1%，全国已连续 25 个月没有发生特别重大事故，也就是没有发生死亡 30 人以上的特别重大事故，此前我们国家历史上最长是连续 11 个月没有发生，这次也是打破了历史纪录；防灾减灾救灾工作取得明显成效，全国自然灾害因灾死亡失踪人数、倒塌房屋数量、直接经济损失，比建部前三年分别下降 41.5%、65.0%、10.6%。

事故起数和总死亡人数连续多年下降，但是稳定下降进入瓶颈期和平台期，每下降一步都很艰难，都需要付出艰巨的努力。总体上是稳定下降的曲线，但这个曲线是锯齿波动的，在一定期间内有小幅度的波动反弹。小幅度的波动反弹，并不代表着要进入事故高峰期，现在是快速下降、稳定下降的阶段。

2021 年，全国安全生产形势持续稳定向好，总体呈现"两个下降、一个基本持平、一个零发生"的特点，即：事故总量持续下降、较大事故同比下降；重大事故基本持平；未发生特别重大事故。全年共发生各类生产安全事故 3.46 万起、死亡 2.63 万人，与 2020 年相比，分别下降 9%、4%。

从重大事故来看，发生死亡 10 人以上的重大事故 16 起，同比起数持平，另外还发生 1 起直接经济损失超过 5000 万元的重大事故。这些事故分布在山东、江苏、安徽、河北、山西、吉林、黑龙江、河南、湖北、广东、甘肃、青海、新疆 13 个省（自治区）和道路运输、煤矿、金属非金属矿山、建筑业、水上运输、火灾和燃气等行业领域。从较大事故来看，一些地方和行业领域事故起数和死亡人数出现"双上升"：辽宁、浙江、福建、山东、云南 5 个省，较大事故均超过 20 起且同比"双上升"；工贸、水上运输、渔业船舶、烟花爆竹等行业领域较大事故同比"双上升"。从重点行业领域事故统计情况看，主要呈现以下特点：一是道路运输重大事故有所反弹，货车、农用车违规载人事故反复发生，客车重大事故和重大涉险事故多发。二是建筑业安全风险居高不下，房屋非法改扩建安全风险加剧，隧道等重大工程施工安全问题突出，农村自建房事故屡屡发生，燃气事故多、影响大。三是水上运输和渔业船舶重大事故得到初步遏制，重大事故降幅明显，但较大事故有所反弹，违规运输、冒险航行问题突出。四是化工和危险品领域总体稳定，但违法违规储存化学品问题突出，非法"小化工"屡禁不止，检维修及动火作业事故多发。五是矿山安全生产压力大，非煤矿山事故多发，违法盗采死灰复燃。六是工贸和人员密集场所火灾多发，储能电站等新风险增多。

对此，2021 年，国务院安委会办公室组织了六轮"明察暗访+媒体曝光"行动，突击检查企业 800 多家，排查问题隐患 3600 余处，对检查中发现的各类违法行为都在媒体上曝光，希望以此警示全社会树牢安全理念，守住安全底线，提升应急意识、安全意识和责任意识，筑牢安全生产的坚实防线。

据统计，我国生产安全事故死亡人数最高峰的时候是 2002 年，死亡大约 14 万人，2020 年已经降到了 2.71 万人，下降了 80.6%。重特大事故的起数高峰期是 2001 年，发生的事故起数是 140 起，2020 年下降到 16 起，下降幅度 88.6%。但是，现实依然警醒我们，过去长期积累的传统风险还没有完全消除，有的还在集中暴露，新的风险又不断涌现，虽然说全国生产安全事故总体上呈下降趋势，但是开始进入瓶颈期、平台期，而且稍有不慎，重特大事故还会出现反弹。同时新发展阶段、新发展理念、新发展格局又对安全生产工作提出更高的要求，因此，现在的安全生产工作仍然处于爬坡期、过坎期。

二、安全生产法制建设状况

改革开放以来，国家十分重视安全生产立法工作。国家制定颁布的有关安全生产方面的法律、行政法规几十部（如《中华人民共和国矿山安全法》《中华人民共和国海上交通安全法》《中华人民共和国煤炭法》《中华人民共和国铁路法》《中华人民共和国公路法》《中华人民共和国民用航空法》《中华人民共和国建筑法》《中华人民共和国消防法》等），加上各种安全生产规章和安全标准等，立法数以千计，这些现行的安全生产立法数量众多，形成了庞大的"法群"，对安全生产管理发挥了重要作用。

但是，要建立科学的安全生产法律体系，必须由不同层级、不同内容的法律规范组成。《中华人民共和国安全生产法》（以下简称《安全生产法》）颁布之前的安全生产立法虽然很多，但都是解决某个行业、某个方面安全生产特殊问题的单行立法，它们不能解决安全生产中存在的基本的和共性的法律问题，不能设定基本法律制度，因受其调整对象和调整范围的限制，不能全面、完整地反映国家关于加强安全生产监督管理的基本方针、基本原则和基本制度，难以体现中央关于安全生产工作的方针原则。这些立法再多，也只能是安全生产法律体系中的"子法"。安全生产法律体系中最重要的基本法律即"母法"却长期空缺，没有"母法"是不能建立安全生产法律体系的。所以，要解决安全生产立法"群龙无首"的问题，只有制定综合性的《安全生产法》，才能使国家安全生产法律体系具有核心法律，逐步健全整个法律体系，进而解决规范生产经营单位安全生产和强化监督管理的有法可依问题。

2002年6月29日，第九届全国人民代表大会常务委员会第28次会议通过了《中华人民共和国安全生产法》，于2002年11月1日起正式施行；国务院发布第397号令《安全生产许可证条例》，于2004年1月13日起正式实施；国务院发布第493号令《生产安全事故报告和调查处理条例》，于2007年6月1日起正式施行；原国家安全生产监督管理总局发布第15号令《安全生产违法行为行政处罚办法》（已77号令修正），于2008年1月1日正式实施。我国的安全生产法制体系正在逐步建立，并不断完善。

2021年，全国人民代表大会常务委员会关于修改《中华人民共和国安全生产法》的决定，已由中华人民共和国第十三届全国人民代表大会常务委员会第二十九次会议于6月10日通过，自2021年9月1日起施行。修改后的《安全生产法》更加彰显生命力，能更好地满足人民群众对平安的向往，让"人民至上、生命至上"的理念内化于心、外化于行，也将更好地服务于国家的法制建设。

法治是国家治理体系和治理能力的重要依托，只有运用法治思维和法治方式，才能有力推动安全生产工作更上新台阶，有效保障每一个职工的生命安全。"法立，有犯而必施；令出，唯行而不返。"吃透新修改的《安全生产法》的各项内容，严格落实执行，牢牢守住安全发展的底线和红线，以实际行动彰显法律权威，时刻保持对生命的敬畏，才能不断增强人民群众的获得感、幸福感和安全感。

三、安全生产管理状况

（一）安全生产存在的主要问题

随着社会主义市场经济体制的建立，社会经济活动日趋活跃和复杂，各种经济成分、企业组织形式趋向多样化，生产经营单位已由国有企业、集体企业为主，变为国有企业、股份企业、私营企业、外商投资企业、个体工商户并存。这些生产经营单位的生产安全条件千差万别，安全生产工作出现了许多复杂的情况，存在着五个突出问题：

第一，非公有制经济成分增多，相当多的私营企业、集体企业、合伙企业和股份制企业不具备基本的安全生产条件，一些安全生产的重点、难点问题长期没有解决，安全管理松懈，不少老板"要自己的钱，不要别人的命"，违法生产经营或者知法犯法，导致事故不断、死伤众多。

第二，企业贯彻新发展理念还有差距，没有处理好安全与发展的关系，企业安全生产责任不健全或者不落实，特别是企业的主要负责人安全和法治意识淡薄，安全管理松散，安全制度形同虚设，不能做到预防为主、严格管理，事故隐患大量存在、一触即发。

第三，安全投入严重不足。企业安全技术装备老化、落后、带病运转、安全性能下降、抗灾能力差，不能及时有效地预防和抗御事故灾害。

第四，一些地方党委政府监管不到位，在安全责任落实方面还有差距，有的地方党委政府对安全生产不重视，没有定期研究安全生产工作，有的地方党委政府，对于安全生产"三个必须"的落实还有差距，个别部门在安全生产职责上推三阻四，在责任落实方面推诿扯皮，有的官员甚至徇私枉法，为不具备安全生产条件的企业违法生产经营"开绿灯"。

第五，有的地方和部门在抓落实这方面，还有很大的差距，日常监管执法方面，不深入、不精准，执法检查宽松软，只检查不处罚，很多制度和措施严不起来、落不下去，实际上是放任和纵容了企业的违法违规行为。

（二）安全生产管理的发展历史

安全生产管理的发展是随着工业生产的发展和人们的安全需求的逐步提高而进行的。初期阶段的安全管理，可以说是纯粹的事后管理，即完全被动地面对事故，无奈地承受事故造成的损失。在积累了一定的经验和教训之后，管理者采用了条例管理的方式，即事故后总结经验教训，制定出一系列的规章制度来约束人的行为，或采取一定的安全技术措施控制系统或设备的状态，避免事故的再发生，这时已经有了事故预防的概念，而职业安全卫生管理体系的诞生则成为现代化安全管理的重要标志。

近年来，随着我国经济建设的进一步发展，国家对安全生产愈加重视、监管力度逐年增大。2016年12月9日，国务院发布《中共中央国务院关于推进安全生产领域改革发展的意见》（以下简称《意见》），这是新中国成立以来第一个以党中央、国务院名义出台的安全生产工作的纲领性文件，《意见》明确提出了"坚守发展决不能以牺牲安全为代价"这条不可逾越的红线，明确了"坚持安全发展、坚持改革创新、坚持依法监管、坚持源头防范和坚持系统治理"五项原则，提出了"到2020年，安全生产监管体制机制基本成熟，法律制度基本完善……到2030年，实现安全生产治理体系和治理能力现代化……"的目标任务。在具体工作方面，《意见》还正式提出了"构建风险分级管控和隐患排查治理双重预防工作机制""大力推进依法治理""加强安全生产信息化建设"等要求，这一系列改革举措和任务要求，为"十三五"时期我国安全生产领域的改革发展指明了方向和路径。

2018年，按照国务院机构改革方案的要求，将国家安全生产监督管理总局的职责、国务院办公厅的应急管理职责、公安部的消防管理职责和民政部的救灾职责，整合组建应急管理部，作为国务院组成部门，不再保留国家安全生产监督管理总局。应急管理部的成立有利于统一指挥调度、统一法规标准，有利于管理流程优化，同时也体现了国家对政府监管重心的重新定位，为做好新时期安全生产应急救援工作提供了更加有力的组织保障。

2020 年 4 月 1 日，国务院安委会印发《全国安全生产专项整治三年行动计划》，全面启动了为期三年的安全生产专项整治行动，内容主要分 2 个专题和 9 个行业领域专项。2 个专题：一是学习宣传贯彻习近平总书记关于安全生产重要论述，重点解决思想认知不足、安全发展理念不牢、抓落实上有很大差距；二是落实企业安全生产主体责任，主动推动解决安全生产责任和管理制度不落实等突出问题。9 个专项是聚焦风险高隐患多、事故易发多发的煤矿、非煤矿山、危险化学品（也称危化品）、消防、道路运输、民航铁路等交通运输和渔业船舶、工业园区、城市建设、危险废物 9 个行业领域，组织开展安全整治。着力将党的十八大以来安全生产重要理论和实践创新转化为法规制度，健全长效机制，形成一套较为成熟定型的安全生产制度体系，扎实推进安全生产治理体系和治理能力现代化。

2021 年 9 月 1 日，第三次修订的新《安全生产法》正式施行，新修订的《安全生产法》在贯彻新思想、新理念，落实中央决策部署，健全安全生产责任体系，强化新问题、新风险的防范应对和加大对违法行为的惩处力度等方面做出了重要修改，具有很强的指导性和可操作性。在这个阶段尤其现在正在开展安全生产三年行动、制定实施"十四五"安全生产规划的关键时期，修改正当其时、十分必要，对我们安全生产工作提供了有力的法律武器，为我们爬坡过坎提供了强大的动力。

2021 年 12 月 30 日，国务院印发《"十四五"国家应急体系规划》（以下简称《规划》），对"十四五"时期安全生产、防灾减灾救灾等工作进行全面部署。《规划》要求，"十四五"时期要以习近平新时代中国特色社会主义思想为指导，全面贯彻落实党的十九大和十九届历次全会精神，坚持人民至上、生命至上，坚持总体国家安全观，更好统筹发展和安全，以推动高质量发展为主题，以防范化解重大安全风险为主线，深入推进应急管理体系和能力现代化，坚决遏制重特大事故，最大限度降低灾害事故损失，全力保护人民群众生命财产安全和维护社会稳定，为建设更高水平的平安中国和全面建设社会主义现代化强国提供坚实安全保障。到 2025 年，应急管理体系和能力现代化建设取得重大进展，形成统一指挥、专常兼备、反应灵敏、上下联动的中国特色应急管理体制，建成统一领导、权责一致、权威高效的国家应急能力体系防范，化解重大安全风险体制机制不断健全，应急救援力量建设全面加强，应急管理法治水平、科技信息化水平和综合保障能力大幅提升，安全生产、综合防灾减灾形势趋稳向好，自然灾害防御水平明显提升，全社会防范和应对处置灾害事故能力显著增强。到 2035 年，建立与基本实现现代化相适应的中国特色大国应急体系，全面实现依法应急、科学应急、智慧应急，形成共建共治共享的应急管理新格局。

（三）安全生产管理原理及原则

原理是对客观事物实质内容及其基本运动规律的表述，原则是根据对客观事物基本规律的认识引发出来的，需要人们共同遵循的行为规范和准则。

安全生产管理原理是指从安全生产共性出发，对生产管理工作的实质内容进行科学地分析、综合、抽象和概括所得出的生产管理规律。安全生产管理原则是指在生产管理原理的基础上，指导安全生产管理活动的通用原则。

1. 系统原理及其相关原则

所谓系统，就是由若干相互作用又相互依赖的部分组合而成，具有特定的功能，并处于一定环境中的有机整体。

（1）系统原理　系统原理是现代管理科学中的一个最基本的原理，指人们在从事管理工作时，运用系统的观点、理论和方法对管理活动进行充分的分析，以达到管理的优化目标，即从系统论的角度来认识和处理管理中出现的问题。

安全管理系统是企业管理系统的一个子系统，其构成包括各级专兼职安全管理人员、安全防护设施设备、安全管理与事故信息、安全管理的规章制度、安全操作规程以及企业中与安全相关的各级职能部门及人员，其主要目标就是为了防止意外的劳动（人、财、物）耗费，保证企业系统经营目标的实现。

（2）运用系统原理的原则

① 动态相关性原则。动态相关性原则是指任何企业管理系统的正常运转，不仅要受到系统本身条件的限制和制约，还要受到其他有关系统的影响和制约，并随着时间、地点以及人们的不同努力程度而发生变化。

企业管理系统内部各部分的动态相关性是管理系统向前发展的根本原因。所以，要提高管理的效果，必须掌握各管理对象要素之间的动态相关特征，充分利用相关因素的作用。

② 整分合原则。整分合原则是指现代高效率的管理必须在整体规划下，明确分工，在分工基础上进行有效的综合。

整体规划就是在对系统进行深入、全面分析的基础上，把握系统的全貌及其运动规律，确定整体目标，制定规划与计划及各种具体规范。明确分工就是确定系统的构成，明确各个局部的功能，把整体目标分解，确定各个局部的目标以及相应的责、权、利，使各局部都明确自己在整体中的地位和作用，从而为实现最佳的整体效应最大限制地发挥作用。有效综合就是对各个局部必须进行强有力的组织管理，在各纵向分工之间建立起紧密的横向联系，使各个局部协调配合，综合平衡地发展，从而保证最佳整体效应的圆满实现。

运用该原则，要求企业领导在制定整体目标和进行宏观决策时，必须把安全纳入整体规划中加以考虑，安全管理必须做到明确分工、建立健全安全组织体系和安全生产责任制度，要强化安全管理部门的职能，树立其权威，以保证强有力的协调控制，实现有效综合。

③ 反馈原则。反馈原则指的是成功的高效的管理，离不开灵敏、准确、迅速的反馈。

反馈是控制论和系统论的基本概念之一，它是指被控制过程对控制机构的反作用。反馈大量存在于各种系统之中，也是管理中的一种普遍现象，是管理系统达到预期目标的主要条件。由于负反馈是抵消外界因素的干扰，维持系统的稳定性，因此，为了使系统做合乎目的的运动，一般均采用负反馈。

现代企业管理是一项复杂的系统工程，其内部条件和外部环境都在不断变化。管理系统要实现目标，必须根据反馈及时了解这些变化，从而调整系统的状态，保证目标的实现。

④ 封闭原则。封闭原则指的是在任何一个管理系统内部，管理手段、管理过程等必须构成一个连续封闭的回路，才能形成有效的管理活动。

封闭，就是把管理手段、管理过程等加以分割，使各部、各环节相对独立，各行其是，充分发挥自己的功能，然而又互相衔接，互相制约并且首尾相连，形成一条封闭的管理链。

对于企业管理，首先，其管理系统的组织结构体系必须是封闭的。任何一个管理系统，仅具备决策指挥中心和执行机构是不足以实施有效的管理的，必须设置监督机构和反馈机构。监督机构对执行机构进行监督，反馈机构感受执行效果的信息，并对信息进行处理，再返送回决策指挥中心，决策指挥中心据此发出新的指令，这样就形成了一个连续封闭的回路。

其次，管理法规的建立和实施也必须封闭。不仅要建立尽可能全面的执行法，也要建立对执行的监督法，还必须建立反馈法，这样才能发挥法的威力。

当然，管理封闭是相对的，封闭系统不是孤立系统。从空间上看，它要受到系统管理的作用，与环境之间存在着输入输出关系，有着物质、能量、资金、人员、信息等的交换，只能与它们协调平衡地发展。从时间上讲，事物是不断发展的，依靠预测做出的决策不可能完全符合未来的发展，因此，必须根据事物发展的客观需要，不断以新的封闭代替旧的封闭，求得动态的发展，在变化中不断前进。

2. 人本原理及其相关原则

（1）人本原理　人本原理就是在企业管理活动中必须把人的因素放在首位，体现以人为本的指导思想。搞好企业安全管理，避免工伤事故与职业病的发生，充分保护企业职工的安全与健康，是人本原理的直接体现。

所谓以人为本，一是指一切管理活动均是以人为本展开的，人既是管理的主体（管理者），也是管理的客体（被管理者），每个人都处在一定的管理层次上，离开人，就无所谓管理。因此，人是管理活动的主要对象和重要资源。二是在管理活动中，作为管理对象的诸要素和管理过程的诸环节（组织机构、规章制度等），都是需要人去掌管、动作、推动和实施的。因此，应该根据人的思想和行为规律，运用各种激励手段，充分发挥人的积极性和创造性，挖掘人的内在潜力。

贯彻人本原理的措施有：重视企业思想教育工作、强化民主管理、激励职工行为、改善领导行为等。

（2）运用人本原理的原则

① 动力原则。动力原则推动管理活动的基本力量是人，管理必须有能够激发人的工作能力的动力。动力的产生可以来自物质、精神和信息，相应就有三类基本动力：物质动力、精神动力和信息动力。

② 能级原则。能级原则是指在管理系统中建立一套合理的能级，即根据各单位和个人能量的大小安排其地位和任务，做到才职相称，才能发挥不同能级的能量，保证结构的稳定性和管理的有效性。

在运用能级原则时应该做到三点：一是能级的确定必须保证管理结构具有最大的稳定性，即管理三角形的顶角大小必须适当；二是人才的配备必须能级对应，使人尽其才、各尽所能；三是责、权、利应做到能级对等，在赋予责任的同时授予权力和给予利益，才能使其能量得到相应能级的发挥。管理能级不是人为的假设，而是客观的存在。

③ 激励原则。激励原则认为管理中的激励就是利用某种外部诱因的刺激调动人的积极性和创造性。

人发挥其积极性的动力主要来自三个方面：一是内在动力，指人本身具有的奋斗精神；二是外在压力，指外部施加于人的某种力量；三是吸引力，指那些能够使人产生兴趣和爱好的某种力量。因而，运用激励原则，要采用符合人的心理活动和行为活动规律的各种有效的激励措施和手段，并且要因人而异，科学合理地采取各种激励方法和激励强度，从而最大程度地发挥出人的内在潜力。

3. 预防原理及其相关原则

（1）预防原理 安全管理工作应当以预防为主，即通过有效的管理和技术手段，防止人的不安全行为和物的不安全状态出现，从而使事故发生的概率降到最小，这就是预防原理。

（2）运用预防原理的原则

① 偶然损失原则。事故所产生的后果是随机的，反复发生同类事故，不一定产生相同的后果，这是事故损失的偶然性。偶然性损失原则，是指特别强调一定要重视各类事故，尤其是险肇事故，只有将险肇事故都控制住，才能真正防止事故损失的发生。

② 因果关系原则。事故是许多因素互为因果连续发生的最终结果，事故的因果关系决定了事故发生的必然性。因果关系原则，是指从事故的因果关系中认识必然性，发现事故发生的规律性，变不安全条件为安全条件，把事故消灭在早期起因阶段。

③ 3E 原则。造成人的不安全行为和物的不安全状态的主要原因可归结为技术的原因、教育的原因、身体和态度的原因以及管理的原因四个方面。

针对这四个方面的原因，应该有效采取三种防止对策：工程技术（engineering）对策、教育（education）对策和法制（enforcement）对策，这就是所谓的 3E 原则。

④ 本质安全化原则。本质安全化原则来源于本质安全化理论，该原则的含义是指从一开始和从本质上实现了安全化，就从根本上消除事故发生的可能性，从而达到预防事故发生的目的。

4. 强制原理及其相关原则

（1）强制原理 强制原理是指采取强制管理手段控制人的意愿和行为，使个人的活动、行为等受到安全生产管理要求的约束，从而实现有效的安全生产管理。

（2）运用强制原理的原则

① 安全第一原则。安全第一，就是要求在进行生产和其他活动时把安全工作放在一切工作的首要位置，当生产和其他工作与安全发生矛盾时，要以安全为主，生产和其他工作要服从于安全，这就是安全第一原则。

② 监督原则。监督原则，是指在安全工作中，为了使安全生产法律法规得到落实，必须设立安全监督管理部门，对企业生产中的守法和执法情况进行监督。

（四）安全生产管理的作用

安全生产管理在事故控制中起着极其重要的作用，主要体现在以下三个方面：

1. 良好的安全管理，促进工作效率

管理者对安全生产活动进行有序的计划、组织、指挥、协调和控制，以保护劳动者和设备在生产过程中的安全，保护生产系统的良性运行，可以促进企业改善管理、提高效益、保障生产，从而保护广大劳动者和设备的安全，防止伤亡事故和设备事故危害，保护国家和集体财产不受损失，保证生产和建设的正常进行，促进工作效率提升。

安全之所以放在特殊的位置，正是由于安全与效益的关系就像水与舟的关系，亦即"水能载舟，亦能覆舟"，只有良好的安全管理才能保证良好的工作效率，只有减少事故的发生才

有可能保证经济效益。

2. 改进安全管理，控制事故原因

据对事故的分析可知，绝大多数事故的发生都是各种原因引起的，而这些原因中的85%左右都与管理紧密相关。也就是说，如果改进安全管理，就可以有效地控制85%左右的事故原因。例如某单位一位员工在储藏室内登梯取物时因梯子断裂而受伤，经分析可以看出，其原因可能是没有要求进行常规检查（管理缺陷），员工不知道该检查规则的存在（管理失误），采购部门购买时未充分考虑梯子的用途和质量（管理失误），或财务部门没有提供足够的资金以购买合适的梯子（管理失误）等，上述任何一个原因都与管理者的疏忽、失误或管理系统的缺陷紧密相关。

3. 加强安全管理，控制事故效果

从控制事故的效果角度讲，安全管理也是举足轻重的。一方面控制事故所采取的手段，包括技术手段和管理手段，是由管理部门选择并确定的；另一方面在有限的资金投入及有限的技术水平的条件下，通过管理手段控制事故无疑是最有效、最经济的一种方式。诚然，控制事故的最佳手段是通过技术手段解决问题，这会在很大程度上避免人为的失误，但经济条件和现有的技术水平，使这类方法受到很大程度的制约。当今，多数企业的设备安全水平差异有限，事故率却大小有异，主要的问题在于管理方面。

四、安全生产监督管理状况

国务院应急管理部门对全国安全生产工作实施综合监督管理；县级以上地方各级人民政府应急管理部门对本行政区域内安全生产工作实施综合监督管理。国务院交通运输、住房和城乡建设、水利、民航等有关部门依照《安全生产法》和其他有关法律、行政法规的规定，在各自的职责范围内对有关行业、领域的安全生产工作实施监督管理。

国务院和县级以上地方各级人民政府领导各地安全生产工作，建立健全安全生产工作协调机制，支持、督促各有关部门依照《安全生产法》，履行安全生产监督管理职责，及时协调、解决安全生产监督管理中存在的重大问题。对新兴行业、领域的安全生产监督管理职责不明确的，由县级以上地方各级人民政府按照业务相近的原则确定监督管理部门。乡镇人民政府和街道办事处，以及开发区、工业园区、港区、风景区等，按照职责对本行政区域或者管理区域内生产经营单位安全生产状况进行监督检查，协助人民政府有关部门或者按照授权依法履行安全生产监督管理职责。

生产经营单位的工会依法组织职工参加本单位安全生产工作的民主管理和民主监督，维护职工在安全生产方面的合法权益。

各部门应当相互配合、齐抓共管、信息共享、资源共用，依法加强安全生产监督管理工作。

中华人民共和国应急管理部于2018年4月16日正式挂牌成立，它整合了11个部门的13项职能，管理近20万名的国家综合性消防救援队伍。它的成立，是中国应急管理史上一次深刻变革，逐步形成了高效的应急管理体系。"统分结合、防救协同"，新的应急管理体制机制运行以来，应急资源力量得到优化整合，应急管理的系统性、整体性、协同性得以增强，它理顺了应急管理统与分、防与救的关系，充分发挥了应急管理部门综合优势、相关部门专

业优势，形成更强合力、更优效能，国家综合应急救援能力水平明显提升。

2019年以来，国家综合性消防救援队伍加速转型升级，国家综合性消防救援队伍和安全生产专业应急救援队伍专业互补、密切合作，展现了巨大的改革成效，新组建了水域、山岳、地震、空勤等专业队3000余支，建设森林消防综合应急救援拳头力量；各类应急救援专业力量也在壮大，已建成地震、矿山、危险化学品、航空救援等国家级应急救援队伍近100支2万余人，发展社会应急救援力量62万余人，初步构建起以国家综合性消防救援队伍为主力、以专业救援队伍为协同、以军队应急力量为突击、以社会力量为辅助的中国特色应急救援力量体系。

经过持续的深化改革，我国应急管理体系建设，实现了从分散管理向综合统筹的重大转变，充分发挥统筹协调职能和应急救援队伍综合优势，努力实现防范救援救灾一体化管理、全灾种大应急统筹应对、应急力量优化整合、救援行动更加有力高效，保持了安全形势总体平稳，维护了人民群众生命财产安全和社会稳定。

2020年，全国自然灾害死亡失踪人数、生产安全事故起数和死亡人数为中华人民共和国成立以来历史最低，安全生产实现近20年来最好水平，这充分体现了中国共产党的领导和中国特色社会主义制度优势，体现了深化应急管理改革发展的成效。

2021年，国务院安委办、应急管理部部署推广城市生命线安全工程经验做法，确定18个城市（区）作为国家城市安全风险综合监测预警平台建设试点，以点带面推动城市安全发展，与此同时，安全生产专项整治三年行动也正在持续推进，第一次全国自然灾害综合风险普查已全面铺开。

以防范化解重大安全风险为主线，一系列深入推进应急管理体系和能力现代化的举措陆续推出：建设国家灾害综合监测预警平台，推进城市安全风险监测预警工作，全面建立企业风险分级管控和主动报告制度，优化国家综合性消防救援队伍力量布局和队伍组成，加快构建覆盖灾害事故易发多发地区的2小时航空应急救援网络，实施基层应急能力提升计划，开展基层应急管理能力标准化建设等。

阅读材料 **修改《安全生产法》的重要意义**

《安全生产法》于2002年公布施行，分别于2009年、2014年和2021年进行了三次修正。《安全生产法》作为我国安全生产领域的基础性、综合性法律，对依法加强安全生产工作，预防和减少生产安全事故，保障人民群众生命财产安全，发挥了重要法治保障作用。我国生产安全事故死亡人数从历史最高峰2002年的约14万人，降至2020年的2.71万人，下降80.6%；每年重特大事故起数从最多时2001年的140起，下降到2020年的16起，下降88.6%。以上数据，充分彰显了依法加强安全生产工作的重要性。

近些年来，我国安全生产工作和安全生产形势发生较大变化，全国生产安全事故总体上虽呈下降趋势，但开始进入一个瓶颈期，传统行业领域存在的安全生产隐患尚未根本遏制，新兴行业领域的安全生产风险不断出现。新发展阶段、新发展理念和新发展格局，对安全生产提出了更高要求，亟须认真总结近年来安全生产领域的实践经验和事故教训，不断健全安全生产法治体系，依法防范化解安全生产风险。在这种背景下，三次修改《安全生产法》，显得十分必要。

一、修改《安全生产法》是贯彻落实习近平总书记关于安全生产工作系列重要指示批示精神和党中央有关重大决策部署的迫切要求

安全生产是关系人民群众生命财产安全的大事，是经济社会高质量发展的重要标志，是党和政府对人民高度负责的重要体现。党的十八大以来，习近平总书记多次作出重要指示批示，强调各级党委、政府务必把安全生产摆到重要位置，统筹发展和安全，坚持人民至上、生命至上，树牢安全发展理念，严格落实安全生产责任制，强化风险防控，从根本上消除事故隐患，切实把确保人民生命安全放在第一位落到实处。2016 年 12 月，《中共中央国务院关于推进安全生产领域改革发展的意见》印发，对安全生产工作做出重大系统性部署，着重解决安全生产体制机制等深层次问题。2021 年 3 月，十三届全国人大四次会议通过《国民经济和社会发展第十四个五年规划和 2035 年远景目标纲要》明确要求完善和落实安全生产责任制，建立公共安全隐患排查和安全预防控制体系；建立企业全员安全生产责任制度，压实企业安全生产主体责任等。贯彻落实习近平总书记关于安全生产工作系列重要指示批示精神和党中央有关重大改革举措及任务要求，迫切需要修改《安全生产法》，为全面加强安全生产工作打下坚实法治根基。

二、加强安全生产监督管理机构建设

习近平总书记指出，必须强化依法治理，用法治思维和法治手段解决安全生产问题，加快安全生产相关法律法规制定修订，加强安全生产监督执法，加强基层监管力量，着力提高安全生产法治化水平。2021 年，《安全生产法》修改，着眼于贯彻落实党和国家推进全面依法治国总体目标的要求，紧密围绕安全生产工作实际，聚焦安全生产难题，统筹推进安全生产领域法治建设，健全安全生产领域法治体系。通过修法，积极借鉴吸纳近些年来安全生产领域有益经验做法，着力加强完善制度薄弱环节甚至空白领域，从根本上织密安全生产法治防护网，切实打牢安全生产法治根基，不断提升安全生产法治效能，依法促进实现安全生产治理体系和治理能力现代化。

三、修改《安全生产法》是防范化解重大安全生产风险，建设更高水平的平安中国的有力保障

《中共中央国务院关于推进安全生产领域改革发展的意见》指出，当前我国正处在工业化、城镇化持续推进过程中，生产经营规模不断扩大，传统和新型生产经营方式并存，各类事故隐患和安全风险交织叠加，安全生产基础薄弱、监管体制机制和法律制度不完善、企业主体责任落实不力等问题依然突出，生产安全事故易发多发，尤其是重特大生产安全事故频发势头尚未得到有效遏制，一些事故发生呈现由高危行业领域向其他行业领域蔓延趋势，直接危及生产安全和公共安全。近些年来，一些重特大生产安全事故造成了重大人员伤亡和财产损失，损失极其严重，教训极其深刻。生产安全事故的频繁发生，暴露出我国安全生产在爬坡、过坎期仍面临较多严峻问题，亟须通过修法进一步压实各方安全生产责任，强化安全生产监督管理，完善安全生产保障措施，加大对违法行为的处罚力度，依法防范化解重大安全生产风险，为建设更高水平的平安中国提供有力法治保障。

习 题

一、单项选择题

1. 2020 年以来，国家开展的三年安全生产专项整治行动，内容主要分 2 个专题和 9 个行业领域专项，以下哪个领域不属于 9 个行业领域之一？（　　　）
   A. 矿山　　　　　　　　　　　B. 非煤矿山
   C. 危险化学品　　　　　　　　D. 烟花爆竹

2. 根据生产安全事故造成的人员伤亡或者直接经济损失，特别重大事故中对于人员伤亡的数量是指（　　　）
   A. 20 人以上　　　　　　　　　B. 30 人以上
   C. 40 人以上　　　　　　　　　D. 50 人以上

3.《中华人民共和国安全生产法》自 2002 年诞生至今，以下哪年没有进行过修正？（　　　）
   A. 2008 年　　　　　　　　　　B. 2009 年
   C. 2014 年　　　　　　　　　　D. 2021 年

二、判断题

1. 造成危害人的安全与健康的因素很多，这些因素归纳起来大体上可以分为物的因素和人的因素两大类。（　　　）

2. 中华人民共和国应急管理部，于 2018 年成立，它是中国应急管理史上一次深刻变革，逐步形成了高效的应急管理体系。（　　　）

3. 近些年来，我国安全生产工作和安全生产形势发生较大变化，全国生产安全事故总体上虽呈下降趋势，但开始进入一个瓶颈期。（　　　）

4. 安全生产法作为我国安全生产领域的基础法律，对预防和减少生产安全事故，保障人民群众生命财产安全，发挥了重要法治保障作用。（　　　）

5. 修改安全生产法是防范化解重大安全生产风险，建设更高水平的平安中国的有力保障。（　　　）

第二章

安全生产法

通过本章的学习，使学生理解安全生产立法的目的、意义及重要性，掌握安全生产法律体系的基本框架，使学生能够增强作为一名未来的安全生产专业人员或者从业人员安全生产的责任感和使命感，增强安全生产法律意识，也为将来能够成为一名知法懂法守法的安全生产工作者奠定基础。

第一节 安全生产法的产生和发展

一、安全生产法的概念

"法者，天下之程式也，万事之仪表也。"广义的安全生产法，指国家依法定程序制定的有关安全生产方面内容的法律、行政法规、地方性法规和部门规章、地方政府规章等安全生产规范性文件的总称。

安全生产法律关系包括两类：一类是公民与单位之间关于保护公民人身安全与生产安全的法律关系；另一类是有关国家机关、社会团体与公民及单位之间因监督、检查安全生产法规的贯彻执行情况而发生的法律关系。

具体的安全生产法，是《中华人民共和国安全生产法》的简称，是我国安全生产领域的基本法律，是指调整在生产过程中发生的同从业人员的安全健康，以及生产资料和社会财富安全保障相关联的各种社会关系的法律规范的总和，它具有强制性、义务性、禁止性、明确的行政责任和严密法律责任的非常明显的立法特点。它的制定，是为了加强安全生产工作，防止和减少生产安全事故，保障人民群众生命和财产安全，促进经济社会持续健康发展。

二、我国安全生产法的产生与发展

从中世纪起，人类生产从畜牧、农耕业，向使用机械工具的矿业转移，从此，开始发生人为事故。随着工业社会的不断发展，生产技术规模和速度不断扩大，矿山塌方、瓦斯爆炸、锅炉爆炸、机械伤害等工业事故频发。在早先安全技术比较落后的状况下，人们想到的是从立法的角度来控制日益严重的工业事故。

人类最早的劳动安全立法，可以追溯到13世纪德国政府颁布的《矿工保护法》，1802年英国政府制定的最初工厂法"保护学徒的身心健康法"，这些法规都是为劳动保护而设，制定了学徒的劳动时间，矿工的劳动保护措施，工厂的室温、照明、通风换气等工业卫生标准。针对世界范围的安全立法，人类进入 20 世纪才迈出了步伐，这就是 1919 年第一届国际劳工大会制定的有关工时、妇女、儿童劳动保护的一系列国际公约。英国、德国、美国等工业发达国家是劳动安全立法最早和最为完善的国度，除此，很多国家的安全立法一般起步于 20 世纪，例如日本，1915 年才正式实施《工厂法》，比英国晚了近百年。

我国最早的劳动安全相关法规，是 1922 年 5 月 1 日在广州召开的第一次劳动大会提出的《劳动法大纲》，其主要内容是要求资本家合理地规定工时、工资及劳动保护等。

在党中央、国务院的关怀和领导下，我国的安全生产立法工作发展迅速，取得了很大成绩。纵观它的发展历程，安全生产立法工作与国家的命运紧密联系，经历了一个曲折的过程，大致可分为以下几个阶段。

第一阶段：初建时期（1949—1957 年）

中华人民共和国成立初期，为改变旧中国工人阶级处于被压迫、被奴役、生命健康没有保障的状况，在中国人民政治协商会上通过的《共同纲领》中明确规定"保护青工女工的特殊利益""实行工矿检查制度，以改进工矿的安全和卫生设备"。在我国的第一部《宪法》中明确规定："国家通过国民经济有计划的发展，逐步扩大劳动就业，改善劳动条件和工资待遇以保证公民享受这种权利。"对改善劳动条件和建立工时休假制度也都有明确规定。

中华人民共和国成立后，在废除旧的劳动法的同时，开始制定新的、真正符合劳动人民利益的安全生产法规。据不完全统计，仅在国民经济恢复时期，由中央产业部门和地方人民政府制定和颁布的各种安全生产法规就有 119 种。1956 年 5 月，国务院正式颁布了《工厂安全卫生规程》《建筑安装工程安全技术规程》《工人职员伤亡事故报告规程》三大规程，以及《关于进一步加强安全技术教育的决定》《关于编制安全技术安全生产措施计划的通知》《工业企业设计暂行卫生标准》等法规和规章，使对安全生产中一些基本问题的处理初步有了法律依据。这些法规在中华人民共和国成立初期，对我国的安全生产和保证劳动者的安全与健康起到了重要作用。

第二阶段：调整时期（1958—1978 年）

在"一五"期间，安全生产法规的贯彻执行初步取得较好效果，许多事故隐患被排除，生产环境得到改善，但 1958 年下半年，出现中华人民共和国成立以来伤亡事故的第一个高峰。自 1961 年开始调整后，安全生产工作转入正轨。1963 年我国进入国民经济三年恢复调整时期，在这一时期，我国先后发布了《工业企业设计卫生标准》《关于加强企业生产中安全工作的几项规定》《国营企业职工个人防护用品发放标准》等一系列安全生产法规、规章，使安全生产法制工作得到了进一步加强。

在开始全面建设社会主义的二十年里，随着大规模经济建设的进行，安全生产工作也得到了相应的发展。安全生产检查从一般性检查发展为专业性和季节性的检查，推动了安全生产工作向经常化和制度化前进，机械防护、防尘防毒、锅炉安全、防暑降温、女工保护等工作显著提高。随着社会主义改造的不断深入和有计划的经济建设的展开，全国通过开展安全生产大检查、开展安全生产教育、严肃处理伤亡事故、加强安全生产责任制等，形成了广泛的安全生产群众运动，全国职工伤亡事故逐年下降，这是安全生产工作的良好起步阶段。

第三阶段：恢复时期（1979—1990 年）

1978 年 12 月召开的中国共产党第十一届三中全会，确立了改革开放的方针，随着思想上的拨乱反正和生产秩序的逐步恢复，安全生产工作迎来了第二个春天。

党中央、国务院对安全生产工作非常重视，先后发出了中央（78）76 号文件和国务院（79）100 号文件，即《中共中央关于认真做好劳动保护工作的通知》和《国务院批准国家劳动总局、卫生部关于加强厂矿企业防尘防毒工作的报告》，要求各地区、各部门、各厂矿企业必须加强劳动保护工作，保护职工的安全和健康，尤其是对"渤海二号平台"等事故的严肃处理，强化了领导干部的安全生产意识，确定了"安全第一，预防为主"的方针，初步建立了安全生产法规体系、安全监察体系和检测检验体系，安全生产责任制逐步落实，安全生产的科研、教育工作得到长足发展，并加强了国际合作与交流，国家和各级政府陆续制定并颁布了一系列安全生产法规。1979 年 4 月，国务院重申认真贯彻执行《工厂安全卫生规程》《建筑安装工程技术规程》《工人职员伤亡事故报告规程》《国务院关于加强企业生产中安全工作的几项规定》。1979 年全国五届人大二次会议颁布了《中华人民共和国刑法》，明确了对交通、运输、工矿、林场、建筑等企事业单位，因违反规章制度，强令工人违章作业而造成重大事故的责任者的惩办，并规定了量刑标准［注：1997 年 3 月 14 日第八届全国人民代表大会第五次会议修订的《中华人民共和国刑法》，对安全生产方面的犯罪作了更为明确具体的规定］。1982 年 2 月，国务院颁布了《矿山安全条例》《矿山安全监察条例》《锅炉压力容器安全监察暂行条例》等规范性文件，要求加强矿山及锅炉、压力容器的安全生产工作。1983 年 5 月，国务院又批转了劳动人事部、国家经委、全国总工会《关于加强安全生产和劳动安全监察工作的报告》，对劳动安全监察提出了具体要求。1984 年 7 月，国务院发布了《关于加强防尘防毒工作的决定》，进一步强调了生产性建设项目"三同时"的规定，对企业、事业单位治理尘毒危害和改善劳动条件的经费开支渠道，对于严禁企业、事业单位或它们的主管部门转嫁尘毒危害问题，以及关于加强防尘防毒的监督检查和领导等问题，都做了明确规定。1987 年 1 月，卫生部、劳动人事部、财政部、全国总工会联合发布了《职业病范围和职业病患者处理办法的规定》，规范了对职业病的管理，并将 99 种职业病，列为法定职业病。1988 年 7 月，为了加强烟花爆竹行业安全生产管理工作，迅速扭转烟花爆竹企业爆炸事故多、职工伤亡严重的局面，劳动部、国家计划生育委员会、轻工业部、农业部联合颁布了关于《烟花爆竹安全生产管理暂行办法》的通知。1989 年 3 月国务院以第 34 号令，公布了《特别重大事故调查程序暂行规定》，严肃了特别重大事故调查的程序，确保特别重大事故的调查工作顺利进行。1990 年 1 月，劳动部以劳安字［1990］2 号文，印发了《女职工禁忌劳动范围的规定》，对女职工日常及特殊期间禁忌从事的劳动范围做出了明确的规定，以保护女职工身心健康及其子女的正常发育和成长。

此外，全国有 28 个省、自治区、直辖市人大或人民政府颁布了地方劳动保护条例。从 1981 年开始，国家技术监督局加快了安全生产方面的国家标准的制定进程，先后制定、颁布了一系列劳动安全卫生的国家标准，为安全生产工作提供了法定的技术依据，也使安全生产法制在技术上得以落实。

第四阶段：发展时期（1991—2012 年）

进入"八五"时期，随着改革的不断深入和社会主义市场经济体制的建立与完善，我国安全生产法制建设也加快了进程。1991 年 3 月，国务院发布了《企业职工伤亡事故报告和处理规程》的第 75 号令，严肃了对各类事故的报告、调查和处理程序。1992 年 4 月 3 日，《中华人民共和国工会法》颁布实施，这部法律把党中央对工会工作的方针和主张予以具体化、法律化，为工会适应新的历史时期的需要，更好地维护职工安全健康权益提供了法律依据和保障。1992 年 4 月 3 日，《中华人民共和国妇女权益保障法》颁布，对女职工的劳动保护提出了明确要求。1994 年 7 月 5 日，八届人大八次常务会议通过了《中华人民共和国劳动法》（简称《劳动法》），它的颁布和实施标志着我国劳动保护法制建设进入了一个新的发展时期。《劳动法》以保护劳动者合法权益为立法宗旨，不仅规定了劳动者享有的权利，同时也规定了用人单位的义务和对劳动者保护的相应措施，为保护劳动者安全健康的合法权益提供了有力的法律保障。为了贯彻落实《劳动法》，国务院、原劳动部、全国总工会等部门制定了配套法规规章。在加强事故多发行业的管理方面，国家还陆续制定了《中华人民共和国矿山安全法》《中华人民共和国煤炭法》《中华人民共和国乡镇企业法》《中华人民共和国消防法》等法律法规，这些法律法规的颁布和实施，对推动我国的安全生产工作发挥了重要作用。为了贯彻执行安全生产法规，由国家行政主管部门依据《中华人民共和国标准化法》规定，由标准主管部门审批和发布了一批安全生产和劳动安全卫生标准，这些从技术条件或管理业务方面提出的比较具体的定量标准，是处理有关安全生产专业技术问题的技术规范。

在"九五"期间采取了各种措施，初步建立与社会主义市场经济体制要求相适应的劳动安全卫生法规体系和标准体系，坚持中央和地方两级立法并举的原则，加快了安全生产法规和制度的补充、完善，制定和修订安全生产方面的国家标准和行业标准 100 余项，加强执法监察，纠正、惩戒违反安全生产法律法规的行为，保证各项法律法规的正确实施，真正做到有法必依、执法必严、违法必究，安全生产工作取得了很大成绩，出现了前所未有的大好局面。

尽管在这一时期也有过一些波折，诸如由于矿业秩序的混乱，乡镇企业、"三来一补"和私营企业等对劳动安全卫生工作的忽视，造成严重的伤亡，但这是在经济发展过程中的问题。从总体上看，我国的伤亡状况稳中有降。总的来看，这一时期是我国安全生产工作进一步改善和迅速发展、提高的阶段。

国际劳工组织在 1999 年 4 月召开的第 15 届世界职业安全生产大会上，已把我国列入发展中国家劳动伤亡率较低的国家之列。自 1936 年，由当时的国民政府批准了第一个国际劳工公约——《确定准许儿童在海上工作的最低年龄公约》开始，至今我国政府批准的国际劳工公约已达二十多个。

2001 年初，国务院设立国家安全生产监督管理局（2005 年升级为国家安全生产监督管理总局，2018 年国务院机构改革，改为中华人民共和国应急管理部），对全国的安全生产工作实施综合监督管理，重点对工矿商贸企业安全生产进行监督管理，指导、协调和监督其他有关部门负责的专项安全生产监督管理工作。随后，绝大多数省、自治区、直辖市陆续设立了安全生产监督管理机构，并在市、县设立安全生产监督管理机构，初步形成了全国的安全生产综合监管体系。

2002 年 6 月 29 日《安全生产法》的出台，结束了我国没有基本安全生产法律的历史。《安全生产法》确立的基本法律制度，不仅对有关安全生产的单行法律、行政法规普遍适用，同时也对其作出了重要的、必要的补充完善，从而形成了"母法"与"子法"、普通法与特别法、专门法与相关法有机结合的中国安全生产法律法规体系的框架，为安全生产法治建设奠定了法律基础，这是我国安全生产法制建设的里程碑，它开创了我国安全生产法治工作新时代，标志着我国安全生产工作开始全面纳入法治化轨道。《安全生产法》的颁布实施，对我国安全生产工作起到了巨大的推动作用，提高了安全生产工作的地位，增强了全社会的安全生产意识，有力地巩固了安全监管监察体制。从 2003 年起，我国安全生产事故总量出现拐点，安全生产形势实现持续稳定好转。然而，随着我国治国理政理念的不断变化、经济社会发展的不断变迁，安全生产工作实践的步步推进，这部曾经开创了时代的法律，日益显现出在制度设计上的种种缺陷。2009 年 8 月 27 日，第十一届全国人民代表大会常务委员会第十次会议《关于修改部分法律的决定》，对《安全生产法》进行了第一次修正，但由于当时社会主义市场经济体制、安全监管体制都处初创时期、探索初期，这时候的法律仍带有计划经济体制下的痕迹，一些实践中尚未明确的东西在法律中表述含糊，从某种意义上讲，当时修订的《安全生产法》，是一部完全管制法制模式的法律，更加强调安全生产监督管理，而对企业主体安全生产责任强调不够，这就必将导致政府监管职责过大、责任也过大，企业违法成本过低、自主守法意识也过低，难免出现监管能力不足、难以有效遏制违法违规生产行为等问题。

2011 年 7 月 27 日，国务院第 165 次常务会议决定：加快修改《安全生产法》，进一步明确责任，加大对违法行为的惩处力度，之后，修法步伐明显加快。2011 年 12 月，国家安全生产监督管理总局向国务院报送修正案送审稿，2012 年 6 月 4 日，修正案征求意见稿在国务院法制办政府网站上公开向社会公众征求意见。

第五阶段：完善时期（2013 年至今）

党的十八大以来，我国的市场经济体制改革进入了攻坚期和深水区，党和国家的发展观发生了巨大变化，以习近平同志为核心的党中央对安全生产工作高度重视，安全生产改革发展不断推进，安全生产形势持续稳定好转，经过努力，一项项法律法规陆续出台，安全生产制度建设不断完善，安全底线不断筑牢，责任体系越来越严密。

习近平总书记对于安全生产工作，多次做出批示指示：人命关天，发展决不能以牺牲人的生命为代价，这必须作为一条不可逾越的红线。并进一步强调，这个观念一定要非常明确、非常强烈、非常坚定。生命重于泰山，要求层层压实责任，狠抓整改落实，强化风险防控，从根本上消除事故隐患，有效遏制重特大事故发生。

人命关天，惨痛教训警示我们，落实生产安全责任制，再怎么强调都不为过。"患生于所忽，祸起于细微"，我们必须时刻绷紧安全生产这根弦，增强忧患意识，坚持底线思维，完善和落实安全生产责任制；切实做到党政同责、一岗双责、齐抓共管、失职追责；做到警钟长鸣，强化落实行业主管部门直接监管、安全监管部门综合监管、地方政府属地监管责任，确保各类职责人员负责、守责、尽责的常态；树牢所有企业将安全理念贯穿生产全程的理念，彻底排查各类安全隐患，切实堵住安全漏洞，做到安全投入到位、安全培训到位、基础管理到位、应急救援到位。

安全生产无小事，一方面，我们要不断增强生产安全责任意识，以抓铁有痕的韧劲把各项制度落细落实，坚决防范和遏制各类安全事故发生，只有这样，才能守护一方平安、促进一方发展。另一方面，我们工作生活中也要居安思危，增强忧患意识，坚持预防与应急相结合，常态与非常态相结合，做好应对突发事件的各项准备工作。建立健全应急预案体系，增强各类预案的实效性、科学性和可操作性。提高保障公共安全和处置突发事件的能力。

在生产发展的同时，我们还必须牢固树立这样一个理念，就是不能要带血的 GDP，生产组织与安全稳定工作连着千家万户，宁可百日紧，不可一日松，维护公共安全是个细致活和实在活，千万不能掉以轻心，要深入开展安全隐患排查整治，全面抓好安全生产。人民至上，生命至上，保护人民生命安全和身体健康，可以不惜一切代价。

近些年来，我国安全生产工作和安全生产形势发生较大变化，全国生产安全事故总体上虽呈下降趋势，但开始进入一个瓶颈期，传统行业领域存在的安全生产隐患尚未根本遏制，新兴行业领域的安全生产风险不断出现。新发展阶段、新发展理念和新发展格局，对安全生产提出了更高要求，亟须认真总结近年来安全生产领域的实践经验和事故教训，不断健全安全生产法治体系，依法防范化解安全生产风险。在这种背景下继续修改《安全生产法》，就显得尤为迫切，十分重要。

新修改的《安全生产法》于 2021 年 9 月 1 日起正式施行，这是继 2002 年该法实施以来的第三次修改。此次共修改 42 条，约占原条款的三分之一。《安全生产法》的再次修改，为推进安全生产依法治理、建立规范秩序提供了坚强的法律保障，是对"人民至上、生命至上"理念的最好诠释。《安全生产法》是习近平新时代中国特色社会主义思想为指引，紧紧围绕解决安全生产领域的突出矛盾和问题，通过完善治理结构、强化监督管理、加大处罚力度等措施，进一步压实生产经营单位安全生产主体责任，为新时代安全生产提供更强有力的法治保障，保护广大人民群众的生命财产安全。

坚持问题导向，提高立法的针对性、及时性、系统性、可操作性，发挥立法引领和推动作用。当前，我国安全生产整体形势不容乐观，突出问题之一就是企业主体责任不落实。近5 年来，重特大事故整改措施落实"回头看"情况表明，企业主体责任落实差距很大，一些企业无视安全生产的法律、法规，安全管理的基础不牢、水平不高，特别是在交通运输、煤矿、建筑施工、危险化学品这些行业、领域风险隐患问题很多，新修订的《安全生产法》既是弥补法律制度滞后性的客观要求，也是解决实践中遇到的突出问题的现实需要，本次修法突出问题导向，也不乏理论创新，对预防和减少生产安全事故发挥了重要作用。

特别是在正在开展全国安全生产专项整治三年行动、制定实施"十四五"安全生产规划的关键时期，新《安全生产法》的实施，为我国安全生产工作提供了有力的法律武器。

三、安全生产法的重要性

（一）《安全生产法》的贯彻实施，有利于全面加强我国安全生产法律体系建设

《安全生产法》的出台，结束了我国没有安全生产基本法律的历史，对全面加强我国安全生产法制建设，激发全社会对公民生命权的珍视和保护，提高全民族的安全法律意识，规范生产经营单位的安全生产，强化安全生产监督管理，遏制重大、特大事故，促进经济发展和保持社会稳定都具有重大的现实意义，必将产生深远的历史影响。

（二）《安全生产法》的贯彻实施，有利于保障人民群众生命和财产安全

加强安全生产工作，防止和减少生产安全事故，保障人民群众生命和财产安全，促进经济社会持续健康发展，是制定《安全生产法》的根本出发点和落脚点。各种不安全因素和事故，是威胁从业人员和公众生命的大敌。人既是各类生产经营活动的主体，又是安全生产事故的受害者或责任者。只有充分重视和发挥人在生产经营活动中的主观能动性，最大限度地

提高从业人员的安全素质，才能把不安全因素和事故隐患降到最低限度，预防和减少人身伤亡，这是社会进步与法制进步的客观要求。《安全生产法》体现了以人为本的理念，在赋予各种法律主体必要权利的同时设定其应尽的义务，这就要求各级政府特别是各类生产经营单位的领导人和责任人，必须以对人民群众高度负责的态度，重视人的价值，关注安全，关爱生命，通过法律的贯彻实施，把生产安全事故和人身伤亡降到最低限度。

（三）《安全生产法》的贯彻实施，有利于依法规范生产经营单位的安全生产工作

《安全生产法》对必备的安全生产条件、主要负责的安全生产职责、特种作业人员的资质、安全投入、安全建设工程和安全设施、安全管理机构及人员配置、安全生产违法行为的法律责任等方面都做出了严格的规定，对促进生产经营单位尤其是非国有生产经营单位提高从业人员安全素质，建立健全安全生产责任制，严格规章制度，改善安全技术装备，加强现场管理，消除事故隐患和减少事故，提高企业管理水平，都具有重要意义。

（四）《安全生产法》的贯彻实施，有利于各级人民政府加强对安全生产工作的领导

各级人民政府及其领导人员担负着发展经济、保一方平安的重要任务和义不容辞的政治责任。《安全生产法》明确规定各级人民政府应当加强对安全生产工作的领导、支持，督促各有关部门依法履行安全生产监督管理职责，应当采取多种形式，加强对安全生产法律、法规和安全生产知识的宣传，提高职工群众的安全生产意识。要求县级以上地方各级人民政府对安全生产监督管理中存在的重大问题应当及时予以协调、解决。只要各级人民政府特别是地方人民政府真正把安全生产当作重要工作来抓，处理好安全生产与稳定，安全生产与发展的关系，加强领导，采取有力措施，就能够遏制重大、特大事故发生，促进经济发展。

（五）《安全生产法》的贯彻实施，有利于各级安全生产监督管理部门和有关部门加强监督管理，依法行政

《安全生产法》规定了各级安全生产监督管理部门是执法主体，依照本法对安全生产进行综合监督管理，同时规定了有关部门依照有关法律、行政法规规定的职责范围，对有关专项安全生产工作实施监督管理。这就清楚地界定了安全生产综合监督管理与专项监督管理的关系，有利于综合监管部门与专项监管部门依法各司其职、相互协同、齐抓共管，做好安全生产监督管理工作。有利于安全生产监管部门和有关部门依法行政、加强监督管理。为了发挥城镇基层社区组织和舆论对安全生产工作的监督作用，协助政府和安全生产监管部门查处安全违法行为，《安全生产法》专门规定了居委会、村委会、新闻媒体等对安全生产进行监督的权利义务，从而把各级人民政府及其安全生产监管部门的监督范围扩大到全社会，延伸到城镇街道和农村，形成全社会共同参与监督安全生产工作的格局。

（六）《安全生产法》的贯彻实施，有利于提高从业人员的安全素质

从业人员安全素质的高低，直接关系到能否实现安全生产。《安全生产法》在赋予从业人员安全生产权利的同时，也明确规定了从业人员必须履行的遵章守规，服从管理，接受培

训，提高安全技能，及时发现、处理和报告事故隐患和不安全因素等法定义务及其法律责任。从业人员切实履行这些义务，逐步提高自身的安全素质，将会加强安全生产基础工作，及时有效地避免和消除大量的事故隐患，从而掌握安全生产的主动权。

（七）《安全生产法》的贯彻实施，有利于增强全体公民的安全法律意识

《安全生产法》赋予了公民在安全生产方面的参与权、知情权、避险权、检控权（检举控告权）、求索权、诉讼权等，其目的不仅在于维护公民的合法权益，还在于促使他们在各项生产经营活动中重视安全、保证安全，自觉遵守安全生产法律法规，养成自我保护、关心他人和保障安全的意识，协助政府和有关部门查堵不安全漏洞，同安全生产违法行为作斗争，使关心、支持、参与安全生产工作成为每个公民的自觉行动。

（八）《安全生产法》的贯彻实施，有利于制裁各种安全违法行为

对安全生产违法行为打击不力，是导致生产安全事故多发的原因之一。《安全生产法》针对近年来发生的主要安全生产违法行为，设定了严厉的法律责任，其范围之广、力度之大是空前的。各级负有安全生产监督管理职责的部门只有坚持有法必依、执法必严、违法必究的法制原则，秉公执法，严惩那些敢于以身试法的违法犯罪分子，才能形成一个强大的法制氛围，震慑违法犯罪分子，实现文明生产、安全生产。

第二节 《安全生产法》的立法目的及调整范围

一、《安全生产法》的立法目的

立法的目的即立法宗旨。我国《安全生产法》立法宗旨是从当前我国安全生产的实际情况出发而确立的，是为了加强安全生产监督管理，防止和减少生产安全事故，保障人民群众生命和财产安全，促进经济发展。其中保障人民群众生命和财产安全是安全生产法的根本目的。领会安全生产法的立法目的，应把握的要点有以下几方面：

第一，始终坚持"安全生产责任重于泰山"的指导思想，做到不安全不生产，要生产必须要安全。各地区、各有关部门和单位要坚持以习近平新时代中国特色社会主义思想为指导，认真贯彻党中央、国务院决策部署，坚持人民至上、生命至上，把统筹发展和安全落实到各领域各环节，不断提升防范化解重大安全风险能力。压紧压实各方面责任，加快完善安全监管执法体制机制，进一步抓好安全生产基础性工作。扎实推进燃气、危品安全集中治理，持续深化交通运输、矿山、建筑施工、消防、水上运输和渔业船舶等重点行业领域专项整治三年行动，采取严格有力措施，解决突出矛盾问题，坚决防范遏制重特大事故，切实维护人民群众生命财产安全，为经济社会持续健康发展做出新贡献。

第二，落实人民政府和有关部门的安全生产监管的法定职责。要牢固树立"人民至上、生命至上"理念，把保护人民生命安全作为"国之大者"抓严抓实。

第三，安全生产工作是生产经营单位的首要任务。坚持"安全第一、预防为主、综合治理"的方针，改造和维护安全技术装备，完善安全生产规章制度、岗位责任制度等，防止和减少安全事故的发生，真正实现安全生产。强化安全责任落实，落实好地方各级党委政府"党

政同责"领导责任和部门"三个必须"的监督管理责任，真正把安全生产责任制落实、落细、落到人。

第四，提高从业人员的安全素质和安全生产技能。增强他们的安全意识和自我防护意识，使他们具有一定的处理事故及不安全因素的能力，确保安全生产，最大限度地降低事故发生率。

第五，安全生产监管部门要严格执法，加强执法力度。有法必依、违法必究、执法必严，促进安全生产。继续加强监管执法，建好建强专职队伍，做到有人管、有得力的人管，真正把违法行为管住。进一步夯实安全基础，多渠道、多种方式加大安全投入，推动提升安全生产整体水平。

总而言之，安全生产重于泰山，要牢固树立安全生产的观念，正确处理安全和发展的关系，坚持发展决不能以牺牲安全为代价这条红线。经济社会发展的每一个项目、每一个环节都要以安全为前提，不能有丝毫疏漏。要严格实行党政领导干部安全生产工作责任制，切实做到失职追责。要把遏制重特大事故作为安全生产整体工作的"牛鼻子"来抓，在煤矿、危化品、道路运输等方面抓紧规划实施一批生命防护工程，积极研发应用一批先进的安防技术，切实提高安全发展水平。按照"理直气壮、标本兼治、从严从实、责任到人、守住底线"的工作要求，全力做好安全生产的各项工作，确保安全生产形势持续稳定，长治久安，为发展创造良好的安全环境。

二、《安全生产法》的适用范围及调整对象

（一）《安全生产法》的适用范围

1. 空间的适用

《安全生产法》第二条规定："在中华人民共和国领域内从事生产经营活动的单位（以下统称生产经营单位）的安全生产，适用本法……"

按照《安全生产法》第一百一十九条的规定，自 2021 年 9 月 1 日起，所有在中华人民共和国陆地、海域和领空的范围内从事生产经营活动的生产经营单位，必须依照《安全生产法》的规定进行生产经营活动，违法者必将受到法律制裁。

2. 主体的适用

《安全生产法》适用于所有从事生产经营活动的单位。"生产经营单位"，是指所有从事生产经营活动的基本生产经营单元，具体包括各种所有制和组织形式的公司、企业、社会组织和个体工商户，以及从事生产经营活动的公民个人。

3. 排除适用

《安全生产法》第二条规定："……有关法律、行政法规对消防安全和道路交通安全、铁路交通安全、水上交通安全、民用航空安全以及核与辐射安全、特种设备安全另有规定的，适用其规定。"对这种排除适用的特殊规定，应当从以下几个方面理解：

（1）《安全生产法》确定的安全生产领域基本的方针、原则、法律制度和新的法律规定，是其他法律、行政法规无法确定并且没有规定的，它们普遍适用于消防安全和道路交通安全、

铁路交通安全、水上交通安全、民用航空安全以及核与辐射安全、特种设备安全。

（2）消防安全和道路交通安全、铁路交通安全、水上交通安全、民用航空安全以及核与辐射安全、特种设备安全现行的有关法律、行政法规已有规定的，不适用《安全生产法》。这些有关法律、行政法规是专门解决消防和交通领域安全生产特殊问题的单行立法，涉及这些领域的安全生产问题，应当首先考虑和优先适用特殊法的规定。《安全生产法》正是根据这个原则，充分考虑和界定了它与相关特殊法的衔接和关系，在其普遍适用的前提下对特别法的适用做出了除外规定。这样规定，在同一问题上就不存在普通法与特殊法之间有关法律条文规定不一致的"法律冲突"，更不存在应急管理部门与公安、交通、铁道、民航、核辐射、特种设备等负责专项的具有安全生产监督管理职责的部门之间的职责交叉。

（3）有关法律、行政法规对消防安全和道路交通安全、铁路交通安全、水上交通安全、民用航空安全以及核与辐射安全、特种设备安全没有规定的，适用《安全生产法》。有关消防安全和道路交通安全、铁路交通安全、水上交通安全、民用航空安全等的法律法规多数都已年代久远，有些规定已经不适应当前安全生产领域出现的新情况、新问题和新形势，亟待修订和补充。《安全生产法》的大部分法律规定，都是上述特别法所没有的。即现行的消防安全和道路交通安全、铁路交通安全、水上交通安全、民用航空安全以及核与辐射安全、特种设备安全的法律法规对特殊的安全生产问题没有规定的，依照《安全生产法》的有关规定执行。

（4）今后制定和修订有关消防安全和道路交通安全、铁路交通安全、水上交通安全、民用航空安全以及核与辐射安全、特种设备安全的法律、行政法规时，不得与《安全生产法》确定的基本的方针原则、法律制度和法律规范相抵触。上述特别法都是在没有安全生产基本法律的情况下出台的，它们所没有的法律规定只能通过《安全生产法》加以补充完善和适用。但在安全生产领域已经制定出基本法律的前提下，其后出台的特别法则应遵循《安全生产法》的基本法律规范。

（二）《安全生产法》的调整对象

法律是调整、规范社会关系的，在社会关系主体间设定权利义务关系，要求社会关系主体遵法、守法，违法即受到法律制裁。《安全生产法》是专门调整、规范安全生产方面社会关系的法律。由于生产的社会性、广泛性，使《安全生产法》调整的对象也较为广泛，其调整的社会关系如下。

1. 安全生产关系

安全生产关系主要指生产经营单位与其从业人员、与其他社会组织和公民之间因安全生产发生的权利义务关系。生产经营单位在进行生产经营活动时，一方面需要本单位的劳动者进行劳动和经营；另一方面这种经营活动具有社会性，会与其他社会组织和公民发生关系，如商店销售商品时与购买其商品的顾客发生关系，公交公司进行运营时会与乘客发生关系。因此其生产经营活动是否安全不仅关系到本单位的从业人员的生命安全和财产安全，也关系到社会人员的生命安全、财产安全。

生产经营单位与其从业人员、与其他社会组织和公民在安全生产方面的权利义务关系由《安全生产法》调整，如《安全生产法》规定了生产经营单位的安全生产职责;规定生产经营单位有保障其从业人员安全生产、进行安全生产教育、提供符合国家标准和行业标准的劳动保护防护用品、承担缴纳工伤保险费等义务;规定从业人员有知情权，有批评、检举、控告或者拒绝违章指挥强令冒险作业的权利，有要求损害赔偿的权利;规定生产经营单位应具备法律规定的安全生产条件，以防止和减少生产安全事故，保障人民群众生命和财产安全的义务。

2. 安全生产管理关系

安全生产管理关系主要指负有安全生产管理权的国家有关机构，对生产经营单位进行的安全生产管理以及生产经营单位与其从业人员之间的安全生产管理关系。我国负有安全生产监督管理职责的部门是国家授权的依法对生产经营单位进行安全生产行政管理的机构，有权要求生产经营单位依法建立、健全安全生产制度，对其进行安全生产行政管理；生产经营单位为实现安全生产，必须在单位内部建立安全生产管理体系，与其从业人员之间会发生安全生产管理关系。

3. 安全生产监督检查关系

安全生产监督检查关系主要指负有安全生产监督检查义务的各级人民政府及其安全生产综合监督管理部门，有关安全生产专项监督管理部门及其安全生产监督检查人员在履行监督、检查职责时，与生产经营单位发生的关系;工会组织等社会团体、公民、新闻媒体等因安全生产的社会监督、群众监督与生产经营单位、国家有关部门发生的关系。

4. 安全生产监察关系

安全生产监察关系主要指国家及地方各级安全生产监督管理部门以及负有监察权的其他机构依法处理安全生产事故，依法查处违法行为时，与生产经营单位发生的关系。

5. 因行使安全生产监督检查权而发生的指导、监督、协调关系

因行使安全生产监督检查权而发生的指导、监督、协调关系主要指国家安全生产监督管理部门与地方各级人民政府、地方安全生产监督管理部门按不同授权及职责范围行使安全生产监督检查权而发生的指导、监督、协调关系。

6. 安全生产中介服务关系

安全生产中介服务关系主要指依法设立的中介机构与安全生产经营单位因安全生产技术服务而发生的关系。

安全生产法除主要调整上述关系外，还调整安全生产救援关系、涉外的安全生产关系等。安全生产法调整的安全生产社会关系的广泛性，决定了安全生产法在社会生活中的重要性，决定了其在我国特色社会主义法律体系中占有重要地位。

第三节　安全生产法律体系

一、安全生产法律体系的概念及特征

一国的法律体系，是指由本国现行的全部法律规范组合成不同部门法所形成的有机联系的统一体。

安全生产法律体系是指由保障人民生命财产安全，预防和减少生产安全事故的法律、行政法规、规章所组成的统一整体。具有中国特色的安全生产法律体系正在构建之中，具有以下三个特征：

（一）法律规范的调整对象和阶级意志具有统一性

加强安全生产监督管理，保障人民生命财产安全，预防和减少生产安全事故，促进经济发展，是党和国家各级人民政府对人民利益高度负责的表现，安全生产工作要始终坚持中国共产党的领导，以人为本、人民至上、生命至上，把保护人民生命安全摆在首位，树牢安全发展理念，坚持安全第一、预防为主、综合治理的方针，从源头上防范化解重大安全风险。生产经营活动中所发生的各种社会关系，需要通过一系列的法律规范加以调整，不论安全生产法律规范有何种内容和形式，它们所调整的安全生产领域的社会关系，都必须统一服从和服务于社会主义的生产关系、阶级关系，紧密围绕最广大人民群众的最根本利益而进行。

（二）法律规范的内容和形式具有多样性

安全生产贯穿于生产经营活动的各个行业、领域，各种社会关系非常复杂，这就需要针对不同生产经营单位的不同特点，针对各种突出的安全生产问题，制定各种内容不同、形式不同的安全生产法律规范，调整各级人民政府、各类生产经营单位、公民之间在安全生产领域中产生的社会关系，从而决定了安全生产立法的内容和形式各不相同，所反映和解决的问题也不同，具有多样性的特点。

（三）法律规范的相互关系具有系统性

安全生产法律体系是由母系统与若干个子系统共同组成的。从具体法律规范上看，它是单个的，从法律体系上看，各个法律规范又是母体系不可分割的组成部分。安全生产法律规范的层级、内容和形式虽然有所不同，但是它们之间是相互依存、相互联系的。

二、安全生产法律体系的基本构成

安全生产法律体系究竟如何构建，这个体系中包括哪些安全生产立法，依然在不断地发展和完善，在研究和探索之中，可以从法的不同层级、法的不同内容等方面来认识和构建我国安全生产法律体系的基本框架。

（一）《宪法》中有关安全生产的法律规范

现在各国在宪法中大都设置了安全生产规范，宪法是国家的根本法，具有最高的法律地位和法律效力，是一国安全生产法律体系框架的最高层级。我国《宪法》第四十二条关于"加强劳动保护，改善劳动生产条件"的规定，是我国安全生产方面最高法律效力的规定。

（二）综合性安全生产基本法

第九届全国人大常委会第二十八次会议于 2002 年 6 月 29 日审议通过并于 2002 年 11 月 1 日施行的《中华人民共和国安全生产法》，是在党中央、全国人大和国务院领导下制定的一部"生命法"。它的颁布实施，是我国安全生产法制建设的重要里程碑，它对于建设有中国特色的安全生产法律体系，使安全生产工作走上法治化轨道，具有十分重大的意义。

2021 年，全国人民代表大会常务委员会关于修改《中华人民共和国安全生产法》的决定，已由中华人民共和国第十三届全国人民代表大会常务委员会第二十九次会议于 2021 年 6 月 10 日通过，自 2021 年 9 月 1 日起施行，这是第三次修改。

安全生产法体系中这一层次的法律是适应安全生产要素的相关性、生产安全事故的复杂性和安全生产对策的综合性等的需要而出现的，是国家对安全生产的方针、政策、原则、制度和措施的基本规定，其特点是原则性和综合性，在整个安全生产体系中具有重要的地位和不可替代的意义，其效力仅次于《宪法》和国家基本法，是制定安全生产体系中某领域和某一方面安全生产单行法、安全生产法规、规章的基本依据。

《安全生产法》是我国第一部全面规范安全生产的专门法律，在安全生产法律法规体系中占有极其重要的地位。它是我国安全生产法律体系的主体法，是各类生产经营单位及其从业人员实现安全生产所必须遵循的行为准则，是各级人民政府及其有关部门进行监督管理和行政执法的法律依据，是制裁各种安全生产违法犯罪行为的有力武器。

针对社会主义市场经济体制下安全生产工作中出现的新问题、新特点，为适应新形势下安全生产工作的需要，《安全生产法》以规范生产经营单位的安全生产主体责任为重点，以确认从业人员安全生产基本权利和义务为基础，以强化安全生产监督执法为手段，立足于事故预防，确立了安全生产的七项基本法律制度，制定了当前急需的安全生产法律规范，明确了安全生产法律责任。

《安全生产法》是安全生产领域的一部综合性法律，是我国安全生产法律体系的核心，适用于矿山、危险物品、建筑业和其他方面的安全生产，对各行各业的安全生产行为都具有指导和规范作用，同时也是安全生产领域的普通法，所规定的安全生产基本方针原则和基本法律制度普遍适用于生产经营活动的各个领域。

（三）安全生产单行法

单行法的内容只涉及某一领域或者某一方面的安全生产问题。如《中华人民共和国矿山安全法》《中华人民共和国海上交通安全法》《中华人民共和国消防法》《中华人民共和国道路交通安全法》等。《安全生产法》规定，对于消防安全和道路交通安全、铁路交通安全、水上交通安全、民用航空安全以及核与辐射安全、特种设备安全领域存在的特殊问题，其他有关专门法律另有规定的，则应适用《中华人民共和国消防法》《中华人民共和国道路交通安全法》等特殊法。因此，在同一层级的安全生产立法对同一类问题的法律适用上，应当适用特殊法优于普通法的原则。

（四）其他部门法中的安全生产规范

其他部门法中的安全生产规范，如《中华人民共和国劳动法》《中华人民共和国建筑法》《中华人民共和国煤炭法》《中华人民共和国铁路法》《中华人民共和国民用航空法》《中华人民共和国工会法》《中华人民共和国全民所有制企业法》《中华人民共和国乡镇企业法》《中华人民共和国矿产资源法》等。还有一些与安全生产监督执法工作有关的法律，如《中华人民共和国刑法》《中华人民共和国刑事诉讼法》《中华人民共和国行政处罚法》《中华人民共和国行政复议法》《中华人民共和国国家赔偿法》《中华人民共和国标准化法》等。

（五）安全生产法规

安全生产法规分为安全生产行政法规和地方性安全生产法规。

1. 安全生产行政法规

安全生产行政法规是由国务院组织制定并批准公布的，是为实施安全生产法律或规范安全生产监督管理制度而制定并颁布的一系列具体规定，是实施安全生产监督管理和监察工作的重要依据。我国已颁布了多部安全生产行政法规，如《生产安全事故报告和调查处理条例》《煤矿安全监察条例》等。安全生产行政法规的法律地位和法律效力低于有关安全生产的法律，高于地方性安全生产法规、地方政府安全生产规章等下位法。

2. 地方性安全生产法规

地方性安全生产法规是指由有立法权的地方权力机关制定的安全生产规范性文件，是对国家安全生产法律、法规的补充和完善，以解决本地区某一特定的安全生产问题为目标，具有较强的针对性和可操作性。如目前我国有 27 个省（自治区、直辖市）人大制定了《劳动保护条例》或《劳动安全卫生条例》，有 26 个省（自治区、直辖市）人大制定了《矿山安全法》实施办法。

地方性安全生产法规的法律地位和法律效力低于有关安全生产的法律、行政法规，高于地方政府安全生产规章。经济特区安全生产法规和民族自治地方安全生产法规的法律地位和法律效力与地方性安全生产法规相同。

（六）安全生产规章

安全生产规章分为部门规章和地方规章。

1. 部门规章

安全生产规章由国务院有关部门为加强安全生产工作而颁布的规范性文件组成，按行业部门可划分为：交通运输业、化学工业、石油工业、机械工业、电子工业、冶金工业、电力工业、建筑业、建材工业、航空航天业、船舶工业、轻纺工业、煤炭工业、地质勘探业、农村和乡镇工业、技术装备与统计工作、安全评价与竣工验收、劳动保护用品、培训教育、事故调查与处理、职业危害、特种设备、防火防爆和其他部门等。安全生产规章作为安全生产法律法规的重要补充，在我国安全生产监督管理工作中起着十分重要的作用，其法律地位和法律效力低于法律、行政法规，高于地方政府规章。

2. 地方规章

地方安全生产规章既从属于法律和行政法规，又从属于地方性法规，并且不能与它们相抵触。

根据《中华人民共和国立法法》的有关规定，部门规章之间、部门规章与地方政府规章之间具有同等效力，在各自的权限范围内施行。

（七）安全生产标准

目前我国没有技术法规的正式用语且未将其纳入法律体系的范畴，但是国家制定的许多安全生产立法却将安全生产标准作为生产经营单位必须执行的技术规范而载入法律，安全生产标准法律化法与建立安全生产标准体系是我国安全生产立法的重要趋势。安全生产标准一旦成为法律规定必须执行的技术规范，就具有了法律上的地位和效力，执行安全生产标准是生产经营单位的法定义务，违反法定安全生产标准的要求，同样要承担法律责任。因此，将法定安全生产标准纳入安全生产法律体系范畴来认识，有助于构建完善的安全生产法律体系。法定安全生产标准分为国家标准和行业标准，两者对生产经营单位的安全生产具有同样的约束力，法定安全生产标准主要是指强制性安全生产标准。

安全生产标准体系是指根据安全生产标准的性质、内容和功能，以及它们之间的内在联系，将其进行分级、分类，构成一个有机联系的统一整体。

我国的安全生产标准应分为国家安全生产标准、行业安全生产标准两级，以及安全生产基础标准、安全生产产品标准和安全生产方法标准。安全生产标准体系的构成应具有协调性、层次性、配套性和发展性的特点。所谓协调性，是指各个安全生产标准之间是互相一致、互相衔接、互为条件、协调发展的。层次性，是指安全生产标准体系的构成具有层次性，如我国安全生产标准体系是由国家安全生产标准和行业安全生产标准两个层次构成的。配套性是指各种安全生产标准之间是互相联系、互相依存、互相补充的。发展性，是指安全生产标准体系不是一成不变的，是与一定时期的科学技术和经济发展水平，以及安全生产状况相适应的，同时还随着时间的推移、科学技术的进步和经济的发展，以及安全生产的需要而不断地发展和变化。

（八）我国参加和批准的国际法中的安全生产规范

我国参加和批准的国际法中的安全生产规范包括我国参加、批准并对我国生效的一般性国际条约中的安全生产规范，以及专门性国际安全生产条约中的安全生产规范。前者如《国际劳工安全公约》，国际劳工组织自1919年创立以来，一共通过了185个国际公约和为数较多的建议书，这些公约和建议书统称国际劳工标准，其中70%的公约和建议书涉及职业安全卫生问题。我国政府为国际性安全生产工作已签订了国际性公约，当我国安全生产法律与国际公约有不同时，应优先采用国际公约的规定（除保留条件的条款外）。后者如《职业安全和卫生公约》《职业卫生设施公约》《化学品公约》《建筑安全和卫生公约》，目前我国政府已批准的公约有二十多个。

阅读材料1　　　2021年新《安全生产法》主要修订内容

此次修改决定一共42条，大约占原来条款的三分之一，主要包括以下几个方面的内容：

一是贯彻新思想、新理念。将习近平总书记关于安全生产工作一系列重要指示批示的精神转化为法律规定，增加了安全生产工作坚持人民至上、生命至上，树牢安全发展理念，从源头上防范化解重大安全风险等规定，为统筹发展和安全两件大事提供了坚强的法治保障。

二是落实中央决策部署。这次修改深入贯彻中央文件的精神，增加规定了重大事故隐患排查治理情况的报告、高危行业领域强制实施安全生产责任保险、安全生产公益诉讼等重要制度。

三是健全安全生产责任体系。第一，强化党委和政府的领导责任。这次修改明确了安全生产工作坚持党的领导，要求各级人民政府加强安全生产基础设施建设和安全生产监管能力建设，所需经费列入本级预算。第二，明确了各有关部门的监管职责。规定安全生产工作实行"管行业必须管安全、管业务必须管安全、管生产经营必须管安全"。同时，对新兴行业、领域的安全生产监管职责，如果不太明确，法律规定了由县级以上地方人民政府按照业务相近的原则确定监管部门。第三，压实生产经营单位的主体责任，明确了生产经营单位的主要负责人是本单位的安全生产第一责任人。同时，要求各类生产经营单位落实全员的安全生产责任制、安全风险分级管控和隐患排查治理双重预防机制，加强安全生产标准化建设，切实提高安全生产水平。

四是强化新问题、新风险的防范应对。深刻汲取近年来的事故教训，对安全生产事故中暴露的新问题作了针对性规定。比如，要求餐饮行业使用燃气的生产经营单位要安装可燃气体报警装置，并且保障其正常使用；要求矿山等高危行业施工单位加强安全管理，不得非法转让施工的资质，不得违法分包、转包；还比如要求承担安全评价的一些机构实施报告公开制度，不得租借资质、挂靠、出具虚假报告。同时，对于新业态、新模式产生的新风险，也强调了应当建立健全并落实安全责任制，加强从业人员的教育和培训，履行法定的安全生产义务。

五是加大对违法行为的惩处力度。第一，罚款金额更高。现在对特别重大事故的罚款，最高可以达到1亿元的罚款。第二，处罚方式更严，违法行为一经发现，即责令整改并处罚款，拒不整改的，责令停产停业整改整顿，并且可以按日连续计罚。第三，惩戒力度更大。采取联合惩戒方式，最严重的要进行行业或者职业禁入等联合惩戒措施。通过"利剑高悬"，有效打击震慑违法企业，保障守法企业的合法权益。

阅读材料2　新《安全生产法》中的"三个必须"的要求

"管行业必须管安全、管业务必须管安全、管生产经营必须管安全"，是我们安全生产领域所讲的"三个必须"的要求，是习近平总书记在2013年考察中石化黄岛经济开发区输油管线泄漏引发爆燃事故抢险工作时首先提出来的。这次修改《安全生产法》将"三个必须"写入了法律，进一步明确了各方面的安全生产责任，应该说，建立起了一套比较完善的责任体系。

一是明确了部门的安全监管职责。管行业必须管安全，明确了负有安全监管职责的各个部门，要在各自的职责范围内对负责的行业和领域的安全生产工作实行监督管理。比如交通运输、住房和城乡建设、水利、民航这些部门，分别对各自的行业实行安全监管。应急管理部门既要负责对这些行业的综合安全进行监督管理，同时也要直接监管一些行业，比如冶金、有色、建材、轻工、纺织、机械、烟草、商贸这八大行业，以及危化品、烟花爆竹等。

二是明确新兴行业的安全监管职责。这几年新兴的一些行业领域的安全监管职责不明确，在法律上规定了以后，当不明确的时候，由县级以上地方人民政府按照业务相近的原则确定监督管理的部门，防止部门之间互相推责而形成监管的"盲区"。比如近些年来出现的"农家乐"，既涉及旅游，也涉及餐饮，还涉及农业农村，每一个部门的责任都不是唯一的，有时候哪个部门都不愿意接管，这时候怎么办？就按照现在修改后的法律规定，由地方人民政府按照业务相近的原则，指定一个行业部门来监督经营行为。

三是明确企业的决策层和管理层的安全管理职责。我们讲管业务必须管安全，管生产经营必须管安全，这在企业里除了主要负责人是第一责任人以外，其他的副职都要根据其分管的业务对安全生产工作负一定的职责，负一定的责任。例如：一个企业总部，董事长和总经理是主要负责人，那么他们就是企业安全生产第一责任人。但是还有很多副职，比如很多副总经理，分管人力资源的副总经理，也要对其分管领域的安全要负责任。下属企业里面，安全管理团队配备得不到位，缺人，由此导致的事故就要由该副职负责任。比如分管财务的副总经理，如果其下属企业里安全投入不到位，分管财务的副总经理是要承担责任的。这就是我们说的管业务必须管安全，管生产经营必须管安全。说到生产，很多企业里面都有管生产的副总经理，这个副总经理不能只抓生产，不顾安全，抓生产的同时必须兼顾安全，否则出了事故以后，管生产的是要负责任的，这就是"三个必须"的核心要义。

当然，职能部门之间也要相互配合协作。所以这次法律规定，负有安全监管职责的部门之间要相互配合、齐抓共管、信息共享、资源共用，这样才能依法加强安全监管工作，让部门之间既责任清晰，又齐抓共管，形成监管的合力。

习题

一、填空题

1. 生产经营单位的_____是本单位安全生产第一责任人，对本单位的安全生产工作全面负责。_____对职责范围内的安全生产工作负责。

2. 安全生产工作应当以人为本，坚持人民至上、生命至上，把保护人民生命安全摆在首位，树牢安全发展理念，坚持_____、_____、_____的方针，从源头上防范化解重大安全风险。

3. 对《安全生产法》的总体把握，主要宗旨是始终坚持_____的领导。

4. 安全生产工作实行管_____必须管安全、管_____必须管安全、管_____必须管安全的主体机制。

5. 生产经营单位必须遵守《安全生产法》和其他有关安全生产的法律、法规，加强安全生产管理，建立健全_____安全生产责任制和安全生产规章制度。

二、判断题

1. 各级人民政府应当加强安全生产基础设施建设和安全生产监管能力建设，所需经费列入本级预算。（　　）

2.《全国人民代表大会常务委员会关于修改〈中华人民共和国安全生产法〉的决定》已

由中华人民共和国第十三届全国人民代表大会常务委员会第二十九次会议于2021年6月10日通过，自2021年9月1日起施行。（　　）

3. 生产经营单位的工会依法组织职工参加本单位安全生产工作的民主管理和民主监督，维护职工在安全生产方面的合法权益。（　　）

4. 安全工作，重在一把手重视、重在全员参与、重在资金保障、重在体系完善，重在及时落实。（　　）

第三章 《安全生产法》的基本原则与基本制度

📚 学习目标

通过本章的学习，使学生掌握安全生产的管理方针和基本原则，并能将安全生产的管理方针和基本原则真正贯彻到生产经营单位的安全生产中去，确保安全生产。

安全生产管理，就是针对人们在生产过程中的安全问题，运用有效的资源，发挥人们的智慧，通过人们的努力，进行有关决策、计划、组织和控制等活动，实现生产过程中人与机器设备、物料、环境的和谐，达到安全生产的目标。

《安全生产法》第四条规定："生产经营单位必须遵守本法和其他有关安全生产的法律、法规，加强安全生产管理，建立健全全员安全生产责任制和安全生产规章制度，加大对安全生产资金、物资、技术、人员的投入保障力度，改善安全生产条件，加强安全生产标准化、信息化建设，构建安全风险分级管控和隐患排查治理双重预防机制，健全风险防范化解机制，提高安全生产水平，确保安全生产。"

第一节　安全生产管理方针

《安全生产法》第三条第二款规定："安全生产工作应当以人为本，坚持人民至上、生命至上，把保护人民生命安全摆在首位，树牢安全发展理念，坚持安全第一、预防为主、综合治理的方针，从源头上防范化解重大安全风险。"这一方针是开展安全生产工作总的指导方针，是长期实践的经验总结。

一、安全生产管理方针的由来

我国安全生产方针在不同历史时期有着不同的内涵，以适应我国安全生产不断发展的要求。根据历史资料，我国安全生产方针大体可以归纳为3次变化。

（一）"生产必须安全、安全为了生产"方针（1949—1983年）

1952年，在第二次全国劳动保护工作会议上明确提出了安全生产方针，即"生产必须安全、安全为了生产"的安全生产统一的方针。主要是针对当时在工业生产中实施增产节约的时候有人错误地"忘记或稍加忽视职工的安全、健康和必不可少的福利事业"而制定的"劳动保护的方针"——"安全生产"，强调的是生产与安全的统一，要安全的生产，在这样的背景下提出的安全生产方针，在当时为我国的劳动保护工作指明了方向，对劳动保护工作的发展，起到巨大的推动作用，产生了比较深远的影响。

（二）"安全第一，预防为主"方针（1984—2004 年）

1984 年，主管安全生产的劳动人事部在呈报给国务院成立全国安全生产委员会的报告中把"安全第一，预防为主"作为安全生产方针写进了报告，并得到国务院的正式认可。1987 年 1 月 26 日，劳动人事部在杭州召开会议把"安全第一，预防为主"作为劳动保护工作方针写进了我国第一部《劳动法（草案）》。从此，"安全第一，预防为主"便作为安全生产的基本方针而确立下来。1989 年 11 月党的十三届五中全会把"安全第一，预防为主"作为我国社会主义建设新的历史时期的安全生产方针。

进入 21 世纪，随着我国的市场经济体制的进一步完善，生产经营单位呈现多元化，安全形势日益严峻。党和政府重视安全生产的监管，逐步建立、完善了安全生产的法律体系。2002 年，"安全第一，预防为主"方针被列入《安全生产法》。以法律形式确立了"安全第一，预防为主"这一方针在安全生产中的地位和作用。

（三）"安全第一、预防为主、综合治理"方针（2005 年至今）

把"综合治理"充实到安全生产方针当中，始于 2005 年中国共产党第十六届中央委员会第五次全体会议通过的《中共中央关于制定十一五规划的建议》。《中共中央关于制定十一五规划的建议》指出："保障人民群众生命财产安全。坚持安全第一、预防为主、综合治理，落实安全生产责任制，强化企业安全生产责任，健全安全生产监管体制，严格安全执法，加强安全生产设施建设。切实抓好煤矿等高危行业的安全生产，有效遏制重特大事故。"

2014 年，在第二次修正的《安全生产法》中规定，"安全生产工作应当以人为本，坚持安全发展，坚持安全第一、预防为主、综合治理的方针"。

2021 年，新修改的《安全生产法》，进一步突出强调以人为本，坚持人民至上、生命至上，把人民生命安全摆在首位，树牢安全发展理念，坚持安全第一、预防为主、综合治理的方针，从源头上防范化解重大安全风险。

二、安全生产管理方针的内容

安全生产关系到人民群众生命和财产安全，关系到社会稳定和经济健康发展。"安全第一、预防为主、综合治理"的方针是我国安全生产工作长期经验的总结。实践证明，要做好安全生产工作，必须坚定不移地贯彻、执行这一方针。"安全第一、预防为主、综合治理"的方针，主要包括以下内容。

（一）必须坚持以人为本

生命安全是人民群众的根本利益，人民的利益高于一切，首先表现在要始终把保证人民群众的生命安全放在各项工作的首要位置。安全生产关系到人民群众生命安全，关系到人民群众的切身利益，关系到改革开放、经济发展和社会稳定的大局，关系到党和政府在人民群众中的形象。任何忽视安全生产的行为，都是对人民群众的生命安全不负责任的行为。各级人民政府、政府有关部门及其工作人员，都必须始终坚持以人为本的思想，把安全生产作为经济工作中的首要任务来抓，对人民群众的根本利益负责。

（二）安全是生产经营活动的基本条件

一切生产经营单位从事生产经营活动，首先必须确保安全，无法保证安全的，不得从事生产经营活动，绝不允许以生命为代价来换取经济的发展。安全生产是企业发展的基础，更是生产经营单位的基本义务。为了使安全生产的要求落到实处，我国先后制定了一系列涉及安全生产的法律、法规和规章，对各类生产经营单位的安全生产提出了基本要求，如《中华人民共和国劳动法》《中华人民共和国矿山安全法》《中华人民共和国煤炭法》《中华人民共和国消防法》《中华人民共和国海上交通安全法》《中华人民共和国建筑法》《煤矿安全监察条例》《危险化学品安全管理条例》《民用爆炸物品安全管理条例》《内河交通安全管理条例》《特种设备安全监察条例》等。这些法律、行政法规，规定了各种生产经营活动所应具备的基本安全条件和要求，不具备安全生产条件或达不到安全生产要求的，不得从事生产经营活动。

（三）把预防事故的发生放在安全生产工作的首位

隐患险于明火，防范胜于救灾，责任重于泰山。安全生产工作，重在防范事故的发生。总结生产安全事故的经验教训，生产安全事故发生的原因包括以下几点。

1. 对安全生产和防范安全事故工作重视不够

主要表现在一些地区、部门和单位的负责人重生产、轻安全，把安全生产和经济发展对立起来，对一些重大事故隐患视而不见，空洞说教多，具体落实少，安全监督检查流于形式。

2. 有法不依，有章不循，执法不严，违法不纠

有的企业安全管理混乱，有的企业未执行安全生产的有关规定，有的企业非法生产经营，有的地方地方保护主义严重，有的监督管理部门监管不力等。

3. 安全投入不足

由于安全投入不足以致对已经出现的重大隐患不能及时采取防护措施以防止事故的发生。

（四）不断健全和完善综合治理工作机制

综合治理，就是要秉承"安全发展"的理念，从遵循和适应安全生产的规律出发，运用法律、经济、行政等手段，多管齐下，并充分发挥社会、职工、舆论的监督作用，形成标本兼治、齐抓共管的格局。综合治理，是一种新的安全管理模式，它是保证"安全第一，预防为主"的安全管理目标实现的重要手段和方法，只有不断健全和完善综合治理工作机制，才能有效贯彻安全生产方针。

（五）依法追究生产安全事故责任人的责任

生产安全事故发生后，要在事故调查的基础上，明确应承担的责任。既要追究有关行政机关及其工作人员的法律责任，也要追究生产经营单位及其有关人员的法律责任。对漠视人民群众生命安全，不遵守安全生产法律、法规和规章的有关责任人员，要依法追究行政责任、民事责任和刑事责任。严肃追究有关生产安全事故责任人的责任，是"安全第一、预防为主、

综合治理"方针的具体要求和体现。

三、贯彻安全生产管理方针的要求

（一）"安全第一"

安全第一，即在生产经营活动中，在处理保证安全与生产经营活动关系上，要始终把安全放在首要位置，优先考虑从业人员和其他人员的人身安全，实行"安全优先"的原则。

（二）"预防为主"

预防为主，即按照系统化、科学化的管理思想，按照事故发生的规律和特点，千方百计预防事故的发生，做到防患于未然，将事故消灭在萌芽状态。在"事故处理"与"事故预防"之间的关系上，要把主要心思和精力用在落实预防措施上，未雨绸缪比"亡羊补牢"更为重要。关于预防为主的规定，主要体现为"六先"。

1. 安全意识在先

重视和实现安全生产，必须有强烈的安全意识。由于各种原因，我国公民的安全意识相对比较淡薄。随着经济发展和社会进步，安全生产已不再是生产经营单位发生事故、造成人员伤亡的个别问题，而是事关人民群众生命和财产安全、事关国民经济发展和社会稳定大局的社会问题和政治问题。《安全生产法》把宣传、普及安全意识作为各级人民政府及其有关部门和生产经营单位的重要任务，规定"各级人民政府及其有关部门应当采取多种形式，加强对有关安全生产的法律、法规和安全生产知识的宣传，增强全社会的安全生产意识"，要求"生产经营单位应当对从业人员进行安全生产教育和培训，保证从业人员具备必要的安全生产知识，熟悉有关的安全生产规章制度和安全操作规程，掌握本岗位的安全操作技能，了解事故应急处理措施，知悉自身在安全生产方面的权利和义务""从业人员应当接受安全生产教育和培训，掌握本职工作所需的安全生产知识，提高安全生产技能，增强事故预防和应急处理能力"。只有增强全体公民特别是从业人员的安全意识，才能使安全生产得到普遍的和高度的重视，极大地提高全民的安全素质，使安全生产变为每个公民的自觉行动，从而为实现安全生产的根本好转奠定深厚的思想基础和群众基础。

2. 安全投入在先

安全投入是生产经营单位的"救命钱"。生产经营单位要具备法定的安全生产条件，必须有相应的资金保障。有的生产经营单位特别是一些非国有生产经营单位重效益轻投入的现象时有存在，其安全投入较少或严重不足，导致安全技术装备陈旧落后，不能及时地得到维护、更新，这就必然使许多不安全因素和事故隐患存在，或明知事故隐患存在却无力及时消除，导致抗灾能力下降，易引发事故。要预防事故，必须有足够的、有效的安全投入。《安全生产法》把安全投入作为必备的安全保障条件之一，要求"生产经营单位应当具备的安全生产条件所必需的资金投入，由生产经营单位的决策机构、主要负责人或者个人经营的投资人予以保证，并对由安全生产所必需的资金投入不足导致的后果承担责任"。不依法保障安全投入的，将承担相应的法律责任。

3. 安全责任在先

《安全生产法》突出了安全生产监督管理部门和有关部门主要负责人和监督执法人员的安全责任，突出了生产经营单位主要负责人的安全责任，目的在于通过明确安全责任来促使他们重视安全生产工作，加强领导。实现安全生产，必须建立健全各级人民政府及其有关部门和生产经营单位的安全生产责任制，各负其责，齐抓共管。针对当前存在的安全责任不明确、权责分离的问题，《安全生产法》在明确赋予政府、有关部门、生产经营单位及其从业人员各自的职权、权力的同时设定其安全责任，是实现预防为主的必要措施。《安全生产法》第九条第一款规定："国务院和县级以上地方各级人民政府应当加强对安全生产工作的领导，建立健全安全生产工作协调机制，支持、督促各有关部门依法履行安全生产监督管理职责，及时协调、解决安全生产监督管理中存在的重大问题。"第十条对各级人民政府应急管理部门和有关部门的监督管理职权作出规定，并对其工作人员违法行政设定了相应的法律责任。《安全生产法》第五条规定："生产经营单位的主要负责人是本单位安全生产第一责任人，对本单位的安全生产工作全面负责。其他负责人对职责范围内的安全生产工作负责。"第二十一条明确了其应当履行的 7 项职责。第六章针对负有安全生产监督管理职责的部门的工作人员和生产经营单位的主要负责人的违法行为，规定了严厉的法律责任。法律的上述规定就是为了增强各有关部门及其工作人员和生产经营单位主要负责人的责任感，切实履行自己的法定职责。

4. 建章立制在先

《安全生产法》对生产经营单位建立健全和组织实施安全生产规章制度和安全措施等问题作出的具体规定，是生产经营单位必须遵守的行为规范。"没有规矩，不成方圆"，预防为主需要通过生产经营单位制定并落实各种安全措施和规章制度来实现。生产经营活动涉及安全的工种、工艺、设施设备、材料和环节错综复杂，必须制定相应的安全规章制度、操作规程，并采取严格的管理措施，才能保证安全。安全规章制度不健全或者荒废，安全管理措施不落实，埋下了不安全的因素和事故隐患，最终导致事故。因此，建章立制是实现预防为主的前提条件。

5. 隐患预防在先

预防为主，主要是为了防止、减少生产安全事故。《安全生产法》从生产经营的各个主要方面，对事故预防的制度、措施和管理都做出了明确的规定。无数案例证明，绝大多数生产安全事故是人为原因造成的，属于责任事故。在一般情况下，大部分事故发生前都有安全隐患，如果事故防范措施周密，从业人员尽职尽责，管理到位，都能够使隐患得到及时消除，可以避免或者减少事故。即使发生事故，也能够减轻人员伤害和经济损失。所以，消除事故隐患，预防事故发生是生产经营单位安全工作的重中之重。生产经营单位要认真贯彻实施《安全生产法》，努力把重大、特大事故大幅度地降下来。

6. 监督执法在先

预防事故，保证安全，首先要求各级人民政府及其负有安全生产监督管理职责部门和有关部门强化安全生产监督管理，加大行政执法力度。安全生产监督管理工作的重点、关口必须前移，放在事前、事中监管上。要通过事前、事中监管，依照法定的安全生产条件，把住安全准入"门槛",坚决把那些不符合安全生产条件的或者不安全因素多、事故隐患严重的生产经营单位排除在"安全准入大门"之外。要加大日常监督检查和重大危险源监控的力度,重点查处在生产经营过程中的安全生产违法行为,发现事故隐患应当依法采取监管措施或者处罚措施,并且严格追究有关人员的安全责任。

(三)综合治理

综合治理,即要综合运用法律、经济、行政等手段,从发展规划、行业管理、安全投入、科技进步、经济政策、教育培训、安全文化以及责任追究等方面着手,建立安全生产长效机制。

(四)从源头上防范化解重大安全风险

从源头上防范化解重大安全风险,就是要严格安全生产市场准入,要以安全为前提,严防风险演变、隐患升级导致生产安全事故发生。比如,地方各级政府、有关生产经营单位应当建立完善安全风险评估与论证机制,科学合理确定企业选址和基础设施建设、居民生活区空间布局;高危项目审批必须把安全生产作为前置条件,国土空间规划布局、设计、建设、管理等各项工作必须以安全为前提,建立和实施超前防范的制度措施,实行重大安全风险"一票否决",通过这些防范措施,最大限度地降低事故发生。

第二节 《安全生产法》的基本原则

一、《安全生产法》基本原则的概念

《安全生产法》的基本原则,是指安全生产法中规定或体现的,对安全生产实施法律调整的,适用于安全生产一切领域的基本指导方针或者基本准则。它具有以下一些特征。

第一,必须是为《安全生产法》确认的。包括在安全生产法律中规定或者对安全生产实行法律调整中所体现的,而不是可以任意确定的。它是《安全生产法》本质的集中体现。

第二,适用于《安全生产法》一切领域,在《安全生产法》领域中具有指导意义。不能把《安全生产法》的基本原则与《安全生产法》的立法原则相混淆。前者是安全生产法律规范的重要组成部分,是安全生产执法、司法、守法等安全生产活动必须遵守的基本准则;后者是安全生产立法的指导方针,是安全生产立法过程中必须遵守的基本准则,它不是《安全生产法》的组成部分。

二、《安全生产法》基本原则的主要内容

(一)人身安全第一的原则

安全生产工作应当以人为本,坚持人民至上、生命至上,把保护人民生命安全摆在首位。生产企业的从业人员从事着各种生产经营活动,往往面临着各种危险因素、事故隐患的威胁。一旦发生生产安全事故,从业人员的生命和健康将受到直接的损害。在生产经营活动中,要始终把安全特别是从业人员、其他人员的人身安全放在首要的位置,实行"安全优先"的原

则。按照这个原则，《安全生产法》第一条就将保障人民群众生命财产安全作为立法宗旨，并且在第三章专门对从业人员在生产经营活动中的人身安全方面所享有的权利做了明确的规定。针对一些生产经营单位业主忽视安全生产的问题，法律赋予从业人员依法享有工伤社会保险和获得民事赔偿的权利，充分体现了国家对尊重和保护从业人员生命和财产权利的高度重视。《安全生产法》的许多条文都是围绕着从业人员的人身安全规定的，要求生产经营单位必须围绕着保障从业人员的人身安全这个核心抓好安全生产管理工作。

（二）预防为主的原则

"安全第一、预防为主、综合治理"是党和国家的安全生产工作方针。但是目前各级政府和负有安全生产监管职责的部门牵扯精力最多、工作量最大的，往往是对生产安全事故的调查处理。如果从安全管理和监督的过程来说，可以分为事前、事中和事后的管理和监督。

事前管理是指生产经营单位的安全管理工作必须重点抓好生产经营单位申办、筹备和建设过程中的安全条件论证、安全设施"三同时"等工作，在正式投入生产经营之前就符合法定条件或者要求，把可能发生的事故隐患消灭在建设阶段。事中管理是指在生产经营全过程中的安全管理，其环节最多、过程最长，需要每时每处都保证安全，因此生产经营单位必须建章立制，加强管理，监管部门必须加强对生产经营单位的过程管理，以保证安全生产。事后管理是指发生事故后的抢救、调查和善后处理工作，《生产安全事故报告和调查处理条例》对此做了具体的规定。为了检查督促生产经营单位的安全预防工作，法律同时要求政府及其负有安全生产监管职责的部门把监督工作的重点前移，放在事前监管和事中监管上，重在预防性、主动性的监督。为此，法律明确规定赋予安全生产监管职责的部门要对生产经营单位的安全生产条件、安全设施的设计、验收和使用，生产经营单位主要负责人和特种作业人员的资格，安全机构及其人员，安全培训，安全规章制度，特种设备，重大危险源监控，危险物品和危险作业，作业现场安全等加强监管，由被动监管转向主动预防，将事故隐患消灭在萌芽状态，防止和减少重大、特大事故的发生。

（三）权责一致的原则

当前重大事故不断发生的一个重要原因，是一些拥有安全事项行政审批许可及安全监管权力的有关政府部门及其工作人员权责分离，出了事故，想方设法推卸责任。这种权责不一致现象的蔓延，必然导致某些政府部门及其工作人员玩忽职守、徇私枉法，对不该审批的安全事项违法批准，应当监督管理的不履行职责，其结果是一旦出了事故，负责行政审批发证和监督管理的部门和人员置身法外，不承担应负的法律责任。要从根本上解决这个问题，必须按照权责一致的原则依法建立权责追究制度，明确和加重地方各级人民政府的安全生产责任，使其在拥有职权的同时承担相应的职责，权力越大，责任越重。为了加强安全生产的监督管理，《安全生产法》等相关法律法规强化了各级人民政府和负有安全生产监管职责的部门的负责人和工作人员的相关职权和手段，同时也对其违法行政所应负的法律责任及约束监督机制做出了明确规定。

（四）社会监督、综合治理的原则

安全生产涉及社会各个方面和千家万户，仅靠负有安全生产监督管理职责的部门是难以实现的，还必须调动社会的力量进行监督，并发挥各有关部门职能的作用，齐抓共管，综合治理。要依靠群众、企业职工、工会等社会组织、新闻部门的大力协助和监督，实行群防群治。只有提高全社会的安全意识，才能形成全社会关注安全、关爱生命的社会氛围和机制。《安全生产法》主要是通过建立社区基层组织和公民对安全生产的举报制度和加强议论监督来强化社会监督的力度，将安全生产的视角和触角延伸到社会的各个领域、各个方面和各个地方，协助政府部门加强监管。各级安全生产监督管理部门在依法履行职责的同时，还应当在政府的统一领导下，依靠公安、监察、交通、市场监督管理、建筑、质监等有关部门的力量，加强沟通，密切配合，联合执法。只有加强社会监督，实现综合治理，才能从根本上扭转安全意识淡薄、安全隐患多、事故多发的状况，把事故降下来，实现安全生产的稳定好转。

（五）依法从重处罚的原则

安全生产形势严峻、重大责任事故时有发生的另一个原因，是安全生产相关法律的处罚力度过轻，不足以震慑和惩治各种安全生产和造成重大事故的违法犯罪分子。所以，对那些严重违反安全生产法律法规的违法者，必须追究其法律责任，依法从重处罚。《安全生产法》设定了安全生产违法应当承担的刑事责任、行政责任和民事责任。2021 年新修订的《安全生产法》进一步加大对生产经营单位及其负责人安全生产违法行为的处罚力度。一是在现行《安全生产法》的规定的基础上，普遍提高了对违法行为的罚款数额。二是增加生产经营单位被责令改正且受到罚款处罚，拒不改正的，监管部门可以按日连续处罚。三是针对安全生产领域"屡禁不止、屡罚不改"等问题，加大对违法行为恶劣的生产经营单位关闭力度，依法吊销有关证照，对主要负责人实施职业禁入。四是加大对违法失信行为的联合惩戒和公开力度，规定监管部门发现生产经营单位未按规定履行公示义务的，予以联合惩戒；有关部门和机构对存在失信行为的单位及人员采取联合惩戒措施，并向社会公示。

第三节 《安全生产法》的基本制度

《安全生产法》的基本制度，是指为实现安全生产法的目的、任务，依据安全生产法的基本原则而制定的，调整某一类或者某一方面安全生产法律关系的法律规范的总称。

安全生产法基本制度的建立与实施对保证安全生产工作的顺利进行是十分有效和必要的。根据我国安全生产法的规定，我国安全生产法的基本制度是：安全生产监督管理制度、生产经营单位安全保障制度、高危生产企业安全许可制度、生产经营单位主要负责人安全责任制度、从业人员安全生产的权利和义务制度、事故应急和调查处理制度和安全生产违法行为责任追究制度。现分述如下。

一、安全生产监督管理制度

《安全生产法》所确立的安全生产监督管理制度，充分体现了强化管理的宗旨和社会监督、齐抓共管的原则，把安全生产监督管理工作拓展到前所未有的领域。

安全生产监督管理制度涵盖了安全生产监督管理体制、各级政府及其部门职责、安全监管人员的职责、新闻单位及社区组织的权利和义务等重要内容。

（一）负有安全生产监督管理职责的部门的行政许可职责

1. 负有安全生产监督管理职责的部门

《安全生产法》第十条明确地定义了应急管理部门和对有关行业、领域的安全生产工作实施监督管理的部门，统称为"负有安全生产监督管理职责的部门"。

2. 负有安全生产监督管理职责的部门的行政许可职责

《安全生产法》第六十三条、第六十四条对负有安全生产监督管理职责的部门的行政许可职责从4个方面做出了规定。

（1）依照法律法规的规定，对涉及安全生产的事项需要审查批准（包括批准、核准、许可、注册、认证、颁发证照等）或者验收的，必须严格依照有关法律、法规和国家标准或者行业标准规定的安全生产条件和程序进行审查；不符合法律、法规和国家标准或者行业标准规定的安全生产条件的，不得批准或者验收通过。这项职责主要是通过行政许可解决安全生产主体的市场准入问题。

（2）对未依法取得批准或者验收合格的单位擅自从事有关活动的，负责行政审批的部门发现或者接到举报后应当立即予以取缔，并依法予以处理。

（3）对已经依法取得批准的单位，负责行政审批的部门发现其不再具备安全生产条件的，应当撤销原批准。这是对已经取得安全生产事项行政许可的生产经营单位安全生产条件的动态监督管理职责。

（4）规范行政许可的特别规定。《安全生产法》第六十四条规定，负有安全生产监督管理职责的部门对涉及安全生产的事项进行审查、验收，不得收取费用；不得要求接受审查、验收的单位购买其指定品牌或者指定生产、销售单位的安全设备、器材或者其他产品。

3. 负有安全生产监督管理职责的部门依法监督检查时行使的职权

《安全生产法》第六十五条规定，应急管理部门和其他负有安全生产监督管理职责的部门依法开展安全生产行政执法工作，对生产经营单位执行有关安全生产的法律、法规和国家标准或者行业标准的情况进行监督检查，行使以下职权。

（1）现场检查权　进入生产经营单位进行检查，调阅有关资料，向有关单位和人员了解情况。

（2）当场处理权　对检查中发现的安全生产违法行为，当场予以纠正或者要求限期改正；对依法应当给予行政处罚的行为，依照本法和其他有关法律、行政法规的规定做出行政处罚决定。

（3）紧急处置权　对检查中发现的事故隐患，应当责令立即排除；重大事故隐患排除前或者排除过程中无法保证安全的，应当责令从危险区域内撤出作业人员，责令暂时停产停业或者停止使用相关设施、设备；重大事故隐患排除后，经审查同意，方可恢复生产经营和使用。

（4）查封扣押权　对有根据认为不符合保障安全生产的国家标准或者行业标准的设施、设备、器材以及违法生产、储存、使用、经营、运输的危险物品予以查封或者扣押，对违法生产、储存、使用、经营危险物品的作业场所予以查封，并依法做出处理决定。同时还规定监督检查不得影响被检查单位的正常生产经营活动。

（二）安全生产监督检查人员依法履行职责的要求

《安全生产法》对安全生产监督检查人员履行职责提出了要求：一是应遵守基本执法准则，忠于职守，坚持原则，秉公执法；二是执行监督检查任务时，必须出示有效的行政执法证件；对涉及被检查单位的技术秘密和业务秘密，应当为其保密；三是应当将检查的时间、地点、内容、发现的问题及其处理情况，做出书面记录，并由检查人员和被检查单位的负责人签字；被检查单位的负责人拒绝签字的，检查人员应当将情况记录在案，并向负有安全生产监督管理职责的部门报告。

《安全生产法》规定，监察机关依照行政监察法的规定，对负有安全生产监督管理职责的部门及其工作人员履行安全生产监督管理职责实施监察，发现违法违纪的，要依法处理。

《应急管理综合行政执法技术检查员和社会监督员工作规定（试行）》规定了应急管理综合行政执法技术检查员和应急管理综合行政执法社会监督员的聘用聘任制度和执法、监督职责。

（三）新闻单位及社区组织的权利及义务

1. 舆论监督

《安全生产法》第七十七条明确规定，新闻、出版、广播、电影、电视等单位有进行安全生产宣传教育的义务，有对违反安全生产法律、法规的行为进行舆论监督的权利。

2. 社会监督

《安全生产法》第七十三条规定了负有安全生产监督管理职责的部门应当建立的举报制度。第七十四条规定了单位或者个人对事故隐患或者安全生产违法行为的举报权。第七十五条规定了居民委员会、村民委员会的举报权。

二、生产经营单位安全保障制度

《安全生产法》确立了生产经营单位安全保障制度，对生产经营活动安全实施全面的法律调整。该制度主要有生产经营单位的安全生产条件，安全生产管理机构和安全生产管理人员的配置，建设工程"三同时"等内容。

（一）生产经营活动的基本单元

生产经营单位是生产经营活动的基本单元。《安全生产法》作为我国安全生产的基本法律，其法律关系主体是相当广泛的。该法第二条规定："在中华人民共和国领域内从事生产经营活动的单位（以下统称生产经营单位）的安全生产，适用本法。"

（二）法定安全生产基本条件

各类生产经营单位必须具备法定的安全生产条件，这是实现安全生产的基本条件。

《安全生产法》第二十条规定："生产经营单位应当具备本法和有关法律、行政法规和国家标准或者行业标准规定的安全生产条件；不具备安全生产条件的，不得从事生产经营活动。"

（三）生产经营单位安全生产管理机构和安全生产管理人员的配置

《安全生产法》第二十四条对生产经营单位安全生产管理的机构和人员保障问题，从以下两方面做出了规定。

第一，高危行业的生产经营单位必须配置安全生产管理机构或者专职管理人员。《安全生产法》第二十四条第一款规定："矿山、金属冶炼、建筑施工、运输单位和危险物品的生产、经营、储存、装卸单位，应当设置安全生产管理机构或者配备专职安全生产管理人员。"

第二，按照从业人员的数量，配置安全生产管理机构或者安全生产管理人员。《安全生产法》对两种情况分别做出规定：一是强制性规定，必须配置机构或者专门人员，即除矿山、金属冶炼、建筑施工、运输单位和危险物品的生产、经营、储存、装卸单位以外的其他生产经营单位，其从业人员超过100人以上的，应当设置安全生产管理机构或者配备专职安全生产管理人员；二是选择性规定，即从业人员在100人以下的，可以不设专门机构，但应当配备专职或者兼职的安全生产管理人员。

（四）建设项目安全设施"三同时"

《安全生产法》第三十一条规定，生产经营单位的建设项目的安全设施必须做到"三同时"，即生产经营单位新建、改建、扩建工程项目的安全设施，必须与主体工程同时设计、同时施工、同时投入生产和使用。安全设施投资应当纳入建设项目概算。

三、高危生产企业安全许可制度

高危行业，如矿山企业、建筑施工企业和危险化学品、烟花爆竹、民用爆破器材生产企业。这些行业企业安全事故隐患较多，并且事故破坏力极大，安全生产工作面临较大的风险，为了严肃安全生产的法律效力，保护人民群众人身财产不受侵害，把安全生产纳入国家行政许可的范围，在行业的行政许可制度中，把安全生产作为一项重要内容，开办企业必须具备法律规定的安全生产条件，依法向政府有关部门申请、办理安全生产许可证，从源头上制止不具备安全生产条件的企业进入市场。

根据《安全生产法》的有关规定，国务院于2014年修订的《安全生产许可证条例》，第二条明文规定了国家对矿山企业、建筑施工企业和危险化学品、烟花爆竹、民用爆破器材生产企业（以下统称企业）实行安全生产许可制度。未取得安全生产许可证的企业，不得从事生产经营活动。

（一）安全许可制度对企业的要求

企业取得安全生产许可证，应当具备下列安全生产条件。

（1）建立健全安全生产责任制，制定完善的安全生产规章制度和操作规程。

（2）安全投入符合安全生产要求。

（3）设置安全生产管理机构，配备专职安全生产管理人员。

（4）主要负责人和安全生产管理人员经考核合格。

（5）特种作业人员经有关业务主管部门考核合格，取得特种作业操作资格证书。

（6）从业人员经安全生产教育和培训合格。

（7）依法参加工伤保险，为从业人员缴纳保险费。

（8）厂房、作业场所和安全设施、设备、工艺符合有关安全生产法律、法规、标准和规程的要求。

（9）有职业危害防治措施，并为从业人员配备符合国家标准或者行业标准的劳动防护用品。

（10）依法进行安全评价。

（11）有重大危险源检测、评估、监控措施和应急预案。

（12）有生产安全事故应急救援预案、应急救援组织或者应急救援人员，配备必要的应急救援器材、设备。

（13）法律、法规规定的其他条件。

（二）安全许可证的发放程序

企业进行生产前，应当向安全生产许可证颁发管理机关申请领取安全生产许可证，并提供详细的企业安全生产条件的相关文件、资料。

安全生产许可证颁发管理机关应当自收到申请之日起 45 日内审查完毕，经审查符合安全生产条件的，颁发安全生产许可证；不符合规定的安全生产条件的，不予颁发安全生产许可证，书面通知企业并说明理由。

安全生产许可证的有效期为 3 年。安全生产许可证有效期满需要延期的，企业应当于期满前 3 个月向原安全生产许可证颁发管理机关办理延期手续。

企业在安全生产许可证有效期内，严格遵守有关安全生产的法律法规，未发生死亡事故的，安全生产许可证有效期届满时，经原安全生产许可证颁发管理机关同意，不再审查，安全生产许可证有效期延期 3 年。

（三）安全许可证发放单位及其工作人员的责任

安全生产许可证颁发管理机关应当加强对取得安全生产许可证的企业的监督检查，发现其不再具备安全生产条件的，应当暂扣或者吊销安全生产许可证。

安全生产许可证颁发管理机关工作人员在安全生产许可证颁发、管理和监督检查工作中，不得索取或者接受企业的财物，不得谋取其他利益。

监察机关依照《行政监察法》的规定，对安全生产许可证颁发管理机关及其工作人员履行职责实施监察。

任何单位或者个人对违反《安全生产许可证条例》规定的行为，有权向安全生产许可证颁发管理机关或者监察机关等有关部门举报。安全许可证发放单位应及时调查。

（四）安全生产许可证监督管理

1. 安全生产许可证监督管理的对象

《安全生产许可证条例》规定国务院和省级人民政府有关主管部门负责安全生产许可证的颁发和管理。《安全生产许可证条例》所称的管理，包含两个方面：一是对安全生产许可证的申请和颁发工作实施管理；二是对取得安全生产许可证的生产活动的安全生产实施监督检查。

2. 对安全生产许可证的申请和颁发工作实施管理的主要事项

（1）制定安全生产许可证颁发工作的规章制度和工作程序。

（2）受理安全生产许可的申请。

（3）对申请人的安全生产条件进行审查。

（4）决定安全生产许可证的颁发。

（5）规定安全许可证的式样或者制作安全生产许可证。

（6）建立安全许可证档案管理制度。

（7）公布企业取得安全许可证的情况。

（8）协调、解决安全许可证颁发工作的有关事项。

3. 对取得安全生产许可证企业的生产活动的安全生产实施监督检查的主要事项

（1）监督检查企业取得安全生产许可证的情况。

（2）监督检查取得安全生产许可证的企业执行有关安全生产的法律、法规、规章和国家标准或者行业标准的情况。

（3）检查企业的安全生产条件和日常安全生产管理的情况。

（4）受理有关安全生产许可违法行为的举报。

（5）监督安全生产许可颁发机关工作人员履行职责的情况。

四、生产经营单位主要负责人安全责任制度

《安全生产法》确立了生产经营单位主要负责人安全责任制度，主要内容包括主要负责人的定义，安全生产管理人员的资质及其在安全生产中的主要职责。

（一）生产经营单位主要负责人

《安全生产法》使用了"生产经营单位主要负责人"的用语，生产经营单位的"主要负责人"包括企业法定代表人、实际控制人在内的对生产经营活动负全面领导责任、有主要决策指挥权的负责人。

第一，生产经营单位主要负责人必须是生产经营单位生产经营活动的主要决策人，必须享有本单位生产经营活动包括安全生产事项的最终决定权，全面领导生产经营活动，如厂长、经理等。

第二，生产经营单位主要负责人必须是实际领导、指挥生产经营单位日常生产经营活动的决策人。

第三，生产经营单位主要负责人必须是能够承担生产经营单位安全生产工作全面领导责任的决策人。

（二）生产经营单位主要负责人的地位和职责

1. 生产经营单位主要负责人是本单位安全生产工作的第一责任者

《安全生产法》第五条规定："生产经营单位的主要负责人是本单位安全生产第一责任人，对本单位的安全生产工作全面负责……"

2. 生产单位主要负责人的安全生产基本职责

《安全生产法》第二十一条第一次以法律形式确定了生产经营单位主要负责人对本单位安全生产负有的七项职责。

（1）建立健全并落实本单位全员安全生产责任制，加强安全生产标准化建设。

（2）组织制定并实施本单位安全生产规章制度和操作规程。

（3）组织制定并实施本单位安全生产教育和培训计划。

（4）保证本单位安全生产投入的有效实施。

（5）组织建立并落实安全风险分级管控和隐患排查治理双重预防工作机制，督促、检查本单位的安全生产工作，及时消除生产安全事故隐患。

（6）组织制定并实施本单位的生产安全事故应急救援预案。

（7）及时、如实报告生产安全事故。

（三）主要负责人和安全生产管理人员的资质

《安全生产法》从三个方面对此做出了规定：一是生产经营单位的主要负责人和安全生产管理人员必须具备与本单位所从事的生产经营活动相应的安全生产知识和管理能力；二是危险物品的生产、经营、储存、装卸单位以及矿山、金属冶炼、建筑施工、运输单位的主要负责人和安全生产管理人员，应当由主管的负有安全生产监督管理职责的部门对其安全生产知识和管理能力考核合格；三是生产经营单位的特种作业人员必须按照国家有关规定经专门的安全作业培训，取得特种作业操作资格证书，方可上岗作业。

（四）生产经营单位主要负责人的法律责任

《安全生产法》对生产经营单位主要负责人违法行为的法律责任做出了明确的规定。

（1）生产经营单位的主要负责人不依照本法规定保证安全生产所必需的资金投入，致使生产经营单位不具备安全生产条件的，责令限期改正，提供必需的资金；逾期未改正的，责令生产经营单位停产停业整顿。有前款违法行为，导致发生生产安全事故的，对生产经营单位的主要负责人给予撤职处分，对个人经营的投资人处二万元以上二十万元以下的罚款；构成犯罪的，依照刑法有关规定追究刑事责任。

（2）生产经营单位的主要负责人未履行本法规定的安全生产管理职责的，责令限期改正，处二万元以上五万元以下的罚款；逾期未改正的，处五万元以上十万元以下的罚款，责令生产经营单位停产停业整顿。生产经营单位的主要负责人有前款违法行为，导致发生生产安全事故的，给予撤职处分；构成犯罪的，依照刑法有关规定追究刑事责任。生产经营单位的主要负责人依照前款规定受刑事处罚或者撤职处分的，自刑罚执行完毕或者受处分之日起，五年内不得担任任何生产经营单位的主要负责人；对重大、特别重大生产安全事故负有责任的，终身不得担任本行业生产经营单位的主要负责人。

（3）生产经营单位与从业人员订立协议，免除或者减轻其对从业人员因生产安全事故伤亡依法应承担的责任的，该协议无效；对生产经营单位的主要负责人、个人经营的投资人处二万元以上十万元以下的罚款。

（4）生产经营单位的主要负责人在本单位发生生产安全事故时，不立即组织抢救或者在事故调查处理期间擅离职守或者逃匿的，给予降级、撤职的处分，并由应急管理部门处上一年年收入百分之六十至百分之一百的罚款；对逃匿的处十五日以下拘留；构成犯罪的，依照刑法有关规定追究刑事责任。生产经营单位的主要负责人对生产安全事故隐瞒不报、谎报或者迟报的，依照前款规定处罚。

（五）安全生产管理人员的基本职责

（1）对安全生产状况进行经常性检查。

（2）对检查中发现的安全问题，应当立即处理。

（3）不能处理的，应当及时报告本单位有关负责人。

（4）检查及处理情况应当记录在案。

五、从业人员安全生产的权利和义务制度

《安全生产法》将从业人员的安全生产权利义务上升为一项基本法律制度。从业人员有以下权利和义务。

（一）从业人员的人身保障权利

（1）获得安全保障、工伤保险和民事赔偿的权利。

（2）得知危险因素、防范措施和事故应急措施的权利。

（3）对本单位安全生产的批评、检举和控告的权利。

（4）拒绝违章指挥和强令冒险作业的权利。

（5）紧急情况下的停止作业和紧急撤离的权利。

（二）从业人员的安全生产义务

（1）遵章守规、服从管理的义务。

（2）正确佩戴和使用劳保用品的义务。

（3）接受安全培训，掌握安全生产技能的义务。

（4）发现事故隐患或者其他不安全因素及时报告的义务。

六、事故应急和调查处理制度

《安全生产法》突破了重视事后调查处理忽视事前应急准备的旧模式，将应急救援纳入事故调查处理制度之中。事故应急和处理制度主要包括事故应急体系的建立及事故应急预案的制定、事故报告、调查处理的原则和程序以及事故责任的追究，事故信息发布等内容。

（一）事故应急预案的制定

事故应急预案在应急体系中起到关键作用，它是整个应急体系的反映，不仅包括事故发生过程中的应急响应和救援措施，还应包括事故发生前的各种应急准备和事故发生后的紧急恢复，以及预案的管理与更新等。因此，一个完善的应急预案按相应的过程可分为 6 个关键环节，包括：方针与原则；应急策划；应急准备；应急响应；现场恢复；预案管理与评审改进。

各个环节相互之间既相对独立，又紧密相关，从应急的方针、策划、准备、响应、恢复

到预案的管理与评审改进，形成一个有机联系并持续改进的体系结构。

（二）生产安全事故报告和处置

《安全生产法》第八十三条和第八十四条对此做出了明确的法律规定。生产经营单位发生生产安全事故后，事故现场有关人员应当立即报告本单位负责人。单位负责人接到事故报告后，应当迅速采取有效措施，组织抢救，防止事故扩大，减少人员伤亡和财产损失，并按照国家有关规定立即如实报告当地负有安全生产监督管理职责的部门，不得隐瞒不报、谎报或者迟报，不得故意破坏事故现场、毁灭有关证据。

1. 现场有关人员应当立即报告本单位负责人

生产经营单位发生生产安全事故后，在事发现场的从业人员、管理人员和其他人员有义务采用任何方式以最快的速度立即报告，既可以逐级报告，也可以越级报告，不得耽误。

2. 生产经营单位应当组织抢救并报告事故

生产经营单位负责人接到事故报告后，应当迅速采取有效措施组织抢救，防止事故扩大，减少人员伤亡和财产损失，并按照国家有关规定立即如实报告当地负有安全生产监督管理职责的部门，不得隐瞒不报、谎报或者拖延不报，不得故意破坏事故现场、毁灭有关证据。生产经营单位主要负责人在事故报告和抢救中负有主要领导责任，必须履行及时、如实报告生产安全事故的法定职责。

（三）生产安全事故调查处理

1. 事故调查处理的原则

《安全生产法》没有对事故报告和调查处理做出详细的规定。但是确定了事故调查处理的原则，即应当按照实事求是、尊重科学的原则，及时、准确地查清事故原因，查明事故性质和责任，总结事故教训，提出整改措施，并对事故责任者提出处理意见。《安全生产法》第八十八条同时规定，任何单位和个人不得阻挠和干涉对事故的依法调查处理。

2. 事故责任的追究

《安全生产法》第八十七条规定的责任主体包括生产经营单位的主要负责人、个人经营的投资人和负有安全生产监督管理职责的部门的工作人员。

《安全生产法》第八十七条规定："生产经营单位发生生产安全事故，经调查确定为责任事故的，除了应当查明事故单位的责任并依法予以追究外，还应当查明对安全生产的有关事项负有审查批准和监督职责的行政部门的责任，对有失职、渎职行为的，依照本法第九十条的规定追究法律责任。"

3. 事故统计和公布

加强对事故的统计分析和事故发生及其调查处理情况的公布，是强化社会监督，总结事故教训，改进安全生产工作的重要手段。按照《安全生产法》第八十九条规定，凡是发生生产安全事故的单位及各有关部门，都应当依照有关事故报告、统计分析的规定，及时、准确地向当地应急管理部门报告，由县级以上地方人民政府应急管理部门逐级进行汇总、统计和分析，定期通过公共传媒予以公布。

七、安全生产违法行为责任追究制度

《安全生产法》第十六条规定："国家实行生产安全事故责任追究制度，依照本法和有关法律、法规的规定，追究生产安全事故责任单位和责任人员的法律责任。"生产安全事故责任追究制度主要包括安全生产责任制的建立、安全生产责任的落实和违法责任的追究三项内容，具体包含安全生产的责任主体，安全生产责任的确定和责任形式，追究安全责任的机关、依据、程序和安全生产法律责任等。

（一）事故责任主体

安全生产法律责任的主体亦称安全生产法律关系主体（简称责任主体），是指依照《安全生产法》的规定享有安全生产权利、负有相应安全生产义务和承担相应责任的社会组织和公民。

按照安全生产的生产主体和监管主体划分，事故责任主体包括发生生产安全事故的生产经营单位的责任人员和对发生生产安全事故负有监管职责的有关人民政府及其有关部门的责任人员。生产安全事故的生产经营单位的责任人员包括应负法律责任的生产经营单位主要负责人、主管人员、管理人员和从业人员。

负有监管职责的有关人民政府及其有关部门的责任人员包括对生产安全事故负有失职、渎职和应负领导责任的各级人民政府领导人，负有安全生产监督管理职责的部门的负责人、安全生产监督管理和行政执法人员等。

（二）追究安全责任的机关

《安全生产法》规定的行政执法主体有 4 种：县级以上人民政府负责安全生产监督管理职责的部门；县级以上人民政府；公安机关；法定的其他行政机关。

（三）法律责任追究

法律责任是指法律关系主体对违反法律规范、不履行法定义务所产生的法律后果所应当承担的社会责任。法律责任是国家管理社会事务所采用的强制当事人依法办事的法律措施。依照《安全生产法》的规定，各类安全生产法律关系的主体必须履行各自的安全生产法律义务，保障安全生产。《安全生产法》的执法机关将依照有关法律规定，追究安全生产违法犯罪分子的法律责任，对有关生产经营单位给予法律制裁。

依照《安全生产法》和有关法律、行政法规的规定，对生产安全事故的责任者，要由法定的国家机关追究其法律责任。生产安全事故责任者所承担的法律责任的主要形式包括行政责任、民事责任和刑事责任。安全生产违法行为责任的具体内容在第八章安全生产法律责任中将进一步详解。

📖 阅读材料

安全生产定律

一、海因里希法则

这个法则是 1941 年美国的海因里希从统计工伤事故的发生概率得出的。当时，海因里希统计了 55 万件机械事故，其中死亡、重伤事故 1666 件，轻伤事故 48334 件，其余则为无伤害事故。从而得出一个重要结论，即在机械事故中，伤亡、轻伤、不安全行为的比例为 1：29：300，国际上把这一法则叫事故法则，见图 3-1。这个法则说明，在机械生产过程中，每发生 330 件意外事件，有 300 件未产生人员伤害，29 件造成人员轻伤、1 件导致重伤或死亡。

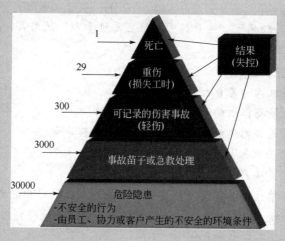

图 3-1 海因里希法则

对于不同的生产过程，不同类型的事故，上述比例关系不一定完全相同，但这个统计规律说明了在进行同一项活动中，无数次意外事件，必然导致重大伤亡事故的发生。

二、墨菲定律

墨菲定律是一种心理学效应。意为：如果有两种或两种以上的方式去做某件事情，而其中一种选择方式将导致灾难，则必定有人会做出这种选择。

1949 年，一位名叫爱德华·墨菲的空军上尉工程师，对他的某位运气不太好的同事随口开了句玩笑：如果一件事有可能被做坏，让他去做就一定会更坏。一句本无恶意的玩笑话最初并没有什么太深的含义，只是说出了坏运气带给人的无奈。这句话被迅速扩散，最后演绎成：如果坏事情有可能发生，不管这种可能性有多小，它总会发生，并引起最大可能的损失。

这一结论被爱德华·墨菲应用于安全管理，他指出：做任何一件事情，如果客观上存在着一种错误的做法，或者存在着发生某种事故的可能性，不管发生的可能性有多小，当重复去做这件事时，事故总会在某一时刻发生。也就是说，只要发生事故的可能性存在，不管可能性多么小，这个事故迟早是会发生的。

习　题

一、单项选择题

1. 以下属于现阶段我国安全生产工作方针的是（　　　）。
 A. 生产必须安全、安全为了生产　　　B. 安全第一
 C. 安全第一、预防为主　　　D. 安全第一、预防为主、综合治理

2. 以下不属于安全生产基本原则的是（　　　）。
 A. 人身安全第一　　　B. 预防为主
 C. 从轻处罚　　　D. 权责一致

3. 《安全生产法》使用了"生产经营单位主要负责人"的用语，生产经营单位的"主要负责人"不包括（　　　）。
 A. 企业法定代表人
 B. 安全管理机构的负责人
 C. 有主要决策指挥权的负责人
 D. 实际控制人在内的对生产经营活动负全面领导责任

4. 下列关于"安全投入"表述错误的一项是（　　　）。
 A. 安全投入是生产经营单位的"救命钱"
 B. 生产经营单位要具备法定的安全生产条件，必须有相应的资金保障
 C. 由于安全投入较少，导致安全技术装备不能及时地得到维护、更新而引发安全事故的，单位不应承担责任
 D. 不依法保障安全投入的，将承担相应的法律责任

5. 下列不属于安全生产的基本制度的是（　　　）。
 A. 安全生产监督管理制度
 B. 高危生产企业安全许可制度
 C. 生产经营单位安全负责人安全责任制度
 D. 安全生产违法行为责任追究制度

二、判断题

1. 安全生产最根本最重要的就是保障从业人员的人身安全，保障他们的生命权不受侵犯。（　　）

2. 各类生产经营单位必须具备法定的安全生产条件，这是实现安全生产的基本条件。（　　）

3. 生产经营单位的建设项目的安全设施必须做到"三同时"，即生产经营单位新建、改建、扩建工程项目的安全设施，必须与主体工程同时设计、同时施工、同时投入生产和使用。（　　）

4. 生产经营单位安全管理部门负责人是本单位安全生产工作的第一责任者。（　　　）

5. 任何单位和个人不得阻挠和干涉对事故的依法调查处理。（　　　）

第四章

生产经营单位的安全生产保障

通过本章的学习，使学生掌握《安全生产法》对生产经营单位的安全生产保障的相关要求，并能将这些知识运用到生产经营单位安全管理体系的建设中去，解决实际工作中的相关问题。

各类生产经营单位是生产经营活动的主体和安全生产工作的重点。能否实现安全生产，关键是生产经营单位能否具备法定的安全生产条件，保障生产经营活动的安全。为了保证生产经营单位依法从事生产经营活动，防止和减少生产安全事故，《安全生产法》确立了生产经营单位安全保障制度，对生产经营活动安全实施全面的法律调整，其内容最为丰富。

《安全生产法》第四条规定："生产经营单位必须遵守本法和其他有关安全生产的法律、法规，加强安全生产管理，建立健全全员安全生产责任制和安全生产规章制度，加大对安全生产资金、物资、技术、人员的投入保障力度，改善安全生产条件，加强安全生产标准化、信息化建设，构建安全风险分级管控和隐患排查治理双重预防机制，健全风险防范化解机制，提高安全生产水平，确保安全生产。平台经济等新兴行业、领域的生产经营单位应当根据本行业、领域的特点，建立健全并落实全员安全生产责任制，加强从业人员安全生产教育和培训，履行本法和其他法律、法规规定的有关安全生产义务。"

第一节　生产经营单位

一、生产经营单位的相关概念

生产经营单位，是指从事各类生产经营活动的企业、事业单位和个体经济组织以及其他组织。具体包括以下内容。

（一）企业法人

具有独立企业法人资格的、从事生产经营活动的生产经营企业主要有两种，即依照企业法注册登记或者经批准成立的企业和依照公司法设立的公司。

（1）依法设立的生产经营企业。

（2）从事生产经营活动的公司。

（二）个体工商户

在法律允许的范围之内，依法经核准登记，从事工商业经营的，为个体工商户。个体工商户可以个人经营，也可以家庭经营。由于个体工商户对债务负无限责任，所以个体工商户不具备法人资格。个体工商户虽然不是企业法人，但从事生产经营活动的，其安全生产也必须适用《安全生产法》。

（三）自然人

从事小规模生产经营活动的自然人，是最小的生产经营单元，也要遵守《安全生产法》。譬如从事安全评价、认证、检测、检验职责的人员（安全评价师、注册安全工程师等）从事有关活动，也适用《安全生产法》。

（四）其他生产经营单位

其他生产经营单位主要有以下几种。

（1）从事生产经营活动的事业单位。许多事业单位实行企业化管理，其生产经营活动的安全生产，适用《安全生产法》。

（2）承担安全评价、认证、检测、检验职责的机构。承担安全评价、认证、检测、检验职责的机构是具备国家规定的资质条件，符合国家法律、法规和行政法规，具有为安全生产服务的执业资格，进行安全评价、认证、检测、检验出具安全评价、认证、检测、检验结果，并为其结果的准确性、公正性负法律责任。依照《安全生产法》及有关法规、规章的规定，承担安全评价、认证、检测、检验职责的机构，也属于该法调整范围。

（3）《安全生产违法行为行政处罚办法》规定不具备企业法人资格的组织，非法从事生产或者经营活动的企业也是安全生产经营活动的基本单元。

二、生产经营活动

《安全生产法》是专门调整涉及安全生产的相关关系的法律，其适用范围只限定在生产经营领域。不属于生产经营活动中的安全问题，如公共场所集会活动中的安全问题、正在使用中的民用建筑发生坍塌造成的安全问题等，都不属于《安全生产法》调整的范围。这里所指的"生产经营活动"既包括资源的开采活动、各种产品的加工和制作活动，也包括各类工程建设和商业、娱乐业以及其他服务业的经营活动。

三、生产经营单位的安全生产条件

《安全生产法》第二十条规定："生产经营单位应当具备本法和有关法律、行政法规和国家标准或者行业标准规定的安全生产条件；不具备安全生产条件的，不得从事生产经营活动。"对法定安全生产基本条件的界定，应当把握下列 3 点。

第一，各类生产经营单位的安全生产条件千差万别，法律不宜也难以做出统一的规定。受行业、管理方式、规模和地区差别等因素的影响，不同生产经营单位的安全生产条件差异很大，各有自身的特殊性。如果法律不加区别地规定统一的安全生产条件，将会挂一漏万，并且也难以操作。法律只能实事求是地做出灵活的和可操作的规定，将各类生产经营单位的安全生产条件分解到相关的安全生产立法中去。

第二，相关安全生产立法中有关安全生产条件的规定，是生产经营单位必须遵循的行为规范。广义的安全生产立法是指调整生产经营单位安全生产活动的法律规范的总和，具体包括有关安全生产的法律、法规和标准等规范性文件。依照《安全生产法》第二十条的规定，凡是上述有关安全生产立法中明确规定了某个生产经营单位的安全生产条件，该生产经营单位必须具备。目前国家有关安全生产立法对绝大多数生产经营单位的安全生产条件已有规定，不论是有关法律、行政法规还是标准，只要其中规定了相应的安全生产条件的，有关生产经营单位都要具备。没有规定的，将在今后的立法中明确。

第三，安全生产条件是生产经营活动中始终都要具备，并需不断补充完善的。《安全生产法》和其他有关法律、法规和标准规定的安全生产条件是相对固定的，并且要求贯穿于生产经营活动的全过程。但随着安全生产新问题、新情况的不断产生，还需要通过相关立法规定一些新的安全生产条件。因此，生产经营单位不仅在开办时要具备法定安全生产条件，而且在其整个生产经营活动中始终都要具备安全生产条件。

本章将在以下几节的内容中逐一介绍《安全生产法》对生产经营单位安全生产条件的一些要求。

第二节　安全生产责任制

一、安全生产责任制的概念

所谓安全生产责任制是指明确生产经营单位负责人、管理人员、从业人员的安全岗位责任制，将安全生产责任层层分解落实到生产经营的各个场所、各个环节、各有关人员。一个单位安全工作的好坏首先取决于单位领导对安全生产认识和重视的程度，但关键是安全生产责任制是否全面落实。

安全生产责任制是各项安全生产规章制度的核心和基本制度，它将各级负责人员、各职能部门和各岗位人员在安全生产方面应承担的职责加以明确规定的一种制度。

二、安全生产责任制的重要性

安全生产是关系到全员、全层次、全过程的事，必须将"安全生产，人人有责"从制度上加以确定，形成纵向到底、横向到边、责任明确、协调配合的责任体系。此外，发生事故后还便于划分责任。安全生产责任制是企业岗位责任制的一个组成部分，是企业中最基本的一项安全制度，也是企业安全生产、劳动保护管理制度的核心。

第一，实行安全生产责任制，有利于增加生产经营单位和企业职工的责任感和调动他们搞好安全生产的积极性。

生产经营单位和企业由各个行政部门、采区、车间、班组（工段）和个人组成，各自具有本职任务或生产任务。安全不是离开生产独立存在的，而是贯穿于生产整个过程之中体现出来的。只有从上到下建立起严格的安全生产责任制，责任分明，各司其职，各负其责，将法规赋予生产经营单位和企业的安全生产责任由大家来共同承担，安全工作才能形成一个整体，各类生产中的事故隐患无机可乘，从而避免或减少事故的发生。

第二，实行安全生产责任制，有利于在发生事故时责任追究，顺利地进行事故分析处理。

安全工作最忌讳大家都抓，实际都不抓；大家都管，实际都不管，职责不清，发生事故互相推诿、扯皮，责任划分不清，使事故得不到处理。实行安全生产责任制，能够做到在安全生产工作中事事有人管，层层有专人负责，出了事故可以清楚地分析，找出从管理到实际操作各方面的问题和责任。为更好地吸取事故教训，搞好整改，避免事故重复发生起到保证作用。

三、安全生产责任制的基本要求

建立一个完善的安全生产责任制的总要求是：横向到边、纵向到底，并由生产经营单位的主要负责人建立。横向是指各职能部门的安全生产责任制，纵向是指各级岗位和人员的安全生产责任制。建立的安全生产责任制具体应满足如下要求。

（1）必须符合国家安全生产法律法规和政策、方针的要求。

（2）与生产经营单位管理体制协调一致。

（3）要根据本单位、部门、班组、岗位的实际情况制定，既明确、具体，又具有可操作性，防止形式主义。

（4）有专门的人员与机构制定和落实，并应适时修订。

（5）应有配套的监督、检查等制度，以保证安全生产责任制得到真正落实。

四、安全生产责任制的主要内容

安全生产责任制的内容主要包括下列两个方面。

（一）从上到下所有类型人员的安全生产职责（即纵向方面）

在建立安全生产责任制时，可首先将本单位从主要负责人一直到岗位工人分成相应的层级；然后结合本单位的实际工作，对不同层级的人员在安全生产中应承担的职责做出规定。

生产经营单位在建立安全生产责任制时，在纵向方面至少应包括下列几类人员。

（1）生产经营单位主要负责人。

（2）生产经营单位其他负责人。

（3）生产经营单位各职能部门负责人及其工作人员。

（4）班组长。

（5）岗位工人。

（二）各职能部门（包括党、政、工、团）的安全生产职责（即横向方面）

在建立安全生产责任制时，可按照本单位职能部门的设置（如安全、设备、计划、技术、生产、基建、人事、财务、设计、档案、培训、党办、宣传、工会、团委等部门），分别对其在安全生产中应承担的职责做出规定。

第三节　主要负责人的安全生产职责

生产经营单位的主要负责人对生产经营单位全面负责，有生产经营决策权。生产经营单位主要负责人是企业法定代表人、实际控制人在内的对生产经营活动负全面领导责任、有主要决策指挥权的负责人。正是由于生产经营单位主要负责人在安全生产工作中的特殊地位，必须建立安全生产责任制度，明确其安全生产职责。《安全生产法》第二十一条以法律形式确定了生产经营单位主要负责人对本单位安全生产的核心内容负有的七项职责。

一、建立健全并落实本单位全员安全生产责任制，加强安全生产标准化建设

（一）建立健全并落实安全生产责任制

安全生产责任制是"安全第一、预防为主、综合治理"方针的具体体现，是生产经营单位保障安全生产的最基本、最重要的管理制度。安全生产责任制的主要内容如下。

1. 生产经营单位主要负责人的安全生产责任制

生产经营单位主要负责人是安全生产的第一责任人，对本单位的安全生产全面负责，负责安全生产重大事项的决策并组织实施。

2. 生产经营单位的负责人或者副职的安全生产责任制

生产经营单位负责人或者副职在各自职责范围内，协助主要负责人或者正职搞好安全生产工作。

3. 生产经营单位安全管理机构负责人及其安全管理人员的安全生产责任制

生产经营单位专设或者指定的负责安全管理的机构的负责人、安全管理人员，应当按照分工，负责日常安全管理工作。

4. 班组长的安全生产责任制

班组长是生产经营作业的直接执行者，负责一线安全生产管理，责任重大。班组长应当检查、督促从业人员遵守安全生产规章制度和操作规程，遵守劳动纪律，不违章指挥、不强令工人冒险作业，对本班组的安全生产负责。

5. 岗位职工的安全生产责任制

从事生产经营作业的职工应当遵守安全生产规章制度和操作规程，服从管理，坚守岗位，不违章作业，对本岗位的安全生产负责。特种作业人员必须接受专门的培训，经考试合格取得操作资格证书，方可上岗作业。

（二）加强安全生产标准化建设

推进安全生产标准化建设，是加强安全生产工作的一项带有基础性、长期性、根本性的工作，是落实企业主体责任、建立安全生产长效机制的有效途径。企业在具体实践中，要通过落实安全生产主体责任，全员全过程参与，建立并保持安全生产管理体系，全面管控生产经营活动各环节的安全生产与职业卫生工作，实现安全健康管理系统化、岗位操作行为规范化、设备设施本质安全化、作业环境器具定置化，并持续改进。

二、组织制定并实施本单位安全生产规章制度和操作规程

生产经营单位的安全生产规章制度和操作规程是根据自身生产经营范围、危险程度、工作性质及具体工作内容，依照国家有关法律、行政法规、规章和标准的要求，有针对性规定的、具有可操作性的、保障安全生产的工作运转制度及工作方式、方法和操作程序。

安全生产规章制度是一个单位规章制度的重要组成部分，是保证生产经营活动安全、顺利的重要手段，其主要包括两个方面的内容：一是安全生产管理方面的规章制度，包括全员安全生产责任制、安全生产教育和培训、安全生产现场检查、生产安全事故报告、特殊区域内施工审批、危险物品安全管理、安全设施管理、要害岗位管理、特种作业安全管理、安全值班、安全生产竞赛、安全生产奖惩、劳动防护用品的配备和发放等；二是安全生产技术方面的规章制度，包括电气安全技术、锅炉压力容器安全技术、建筑施工安全技术、危险场所作业安全技术、矿山灾害治理等。规程是对工艺、操作、安装、检测、安全、管理等具体技术要求和实施程序所作的统一规定。安全操作规程是指在生产经营活动中，为消除能导致人身伤亡或者造成设备、财产破坏以及危害环境的因素而制定的具体技术要求和实施程序的统一规定。安全操作规程与岗位紧密联系，是保证岗位作业安全的重要基础。生产经营单位的主要负责人应当组织制定本单位的安全生产规章制度和操作规程，并保证有效实施。

三、组织制订并实施本单位安全生产教育和培训计划

生产经营单位的安全生产教育和培训计划是根据本单位安全生产状况、岗位特点、人员结构组成，有针对性地规定单位负责人、职能部门负责人、车间主任、班组长、安全生产管理人员、特种作业人员以及其他从业人员的安全生产教育和培训的统筹安排，包括经费保障、教育培训内容以及组织实施措施等内容。从业人员既是安全生产的保护对象，同时也是保证安全生产经营活动安全进行的前提。安全生产教育和培训计划是具体落实从业人员教育和培训任务，保证教育和培训质量，提高从业人员安全知识和安全操作技能的重要保障。因此，主要负责人有职责义务，组织有关人事培训、财务劳资、安全管理、业务主管等部门认真制订好本单位的安全生产教育和培训计划，并保证计划的落实，重点应当抓好新员工和调换工种的员工的安全生产教育和培训工作。

四、保证本单位安全生产投入的有效实施

要保证安全生产经营的连续进行，就要不断地进行资金投入；要保证生产经营单位达到规定的安全生产条件，实现安全生产，就要进行安全生产的投入。安全生产投入是保障生产经营单位安全生产的重要基础。作为生产经营单位的主要负责人，有责任保证安全生产投入的有效实施，发挥安全生产投入资金的作用。

法律规定生产经营单位主要负责人保证安全生产投入的有效实施：一是要求生产经营单位主要负责人必须支持必要的安全生产投入，不得拒绝投入或者减少投入；二是要求生产经营单位主要负责人对已经投入的安全资金必须管好用好，不得不用、少用或者挪用；三是要求生产经营单位主要负责人必须检查、监督安全生产投入的使用情况和使用效果，达到保障安全生产的预期效果。

五、组织建立并落实安全风险分级管控和隐患排查治理双重预防工作机制

安全风险分级管控和隐患排查治理双重预防工作机制，是贯彻落实坚持源头防范的重要预防措施，做到防患于未然，牢牢把握安全生产工作的主动权。"安全风险"是事故发生可能性和后果严重程度的综合。风险是客观存在的，针对不同的风险应当采取不同的管控手段进行控制，确保风险不会演变为事故，为了提高风险管控效能，节约管理成本，应当对风险进行分级，以便选择最优管控手段。

"事故隐患"是指生产经营单位在生产设施、设备以及安全管理制度等方面存在的可能引发事故的各种自然或者人为因素，包括物的不安全状态、人的不安全行为以及管理上的缺陷等。隐患是导致事故的根源，隐患不除、事故难断。生产经营单位的主要负责人应当经常性地对本单位的安全生产工作进行督促、检查，对检查中发现的问题及时解决，对存在的生产安全事故隐患及时予以排除。

六、组织制定并实施本单位的生产安全事故应急救援预案

事故应急救援预案是一种事故发生之前就已经预先制定好的事故救援方案，其作用是，一旦事故发生，生产经营单位就能立即按照事故应急救援预案中确定的救援方案开展工作。生产安全事故具有偶然性和突发性，往往会造成巨大的人员伤害和财产损失，后果严重。建立应急救援机制，建立应急救援组织，做好救援物资准备，制定实施现场救援的预案，对可能发生的生产安全事故实施应急救援，是及时应对事故和减少人员财产损失的重要措施。

生产经营单位主要负责人要根据本单位安全生产状况，组织有关部门、专家和专业技术人员认真研究本单位可能出现的安全生产事故，采取切实可行的安全措施，明确从业人员各自的责任，制定出符合实际、操作性强的事故应急救援预案。事故应急救援预案要发到每个职能部门、每个班组，并组织大家认真学习，使广大从业人员熟知。生产经营单位的生产状况发生变化时，应重新修改和制定事故应急救援预案。一旦发生事故，主要负责人要按照事故应急救援预案中的救援方案，立即开展各项工作。

七、及时、如实报告生产安全事故

生产安全事故难以避免，但是能否及时、真实地报告情况，及时采取措施实施救援，关系到生产安全事故能否得到有效控制和处理，能否避免或者减少人员伤亡和财产损失。隐瞒不报、谎报和拖延不报生产安全事故的，势必延误救援时机，扩大人员伤亡和财产损失，是一种严重违法的行为。为了保证生产安全事故报告的及时准确，减少人员伤亡和财产损失，《安全生产法》将事故发生时依法报告事故情况，纳入生产经营单位主要负责人的重要职责之中。所谓"及时"，是指发生生产安全事故后，生产经营单位主要负责人必须按照有关规定，以最快捷的速度、最短的时间向当地人民政府有关部门报告，不得故意拖延或者迟报。因故意拖延或者迟报而耽误生产安全事故救援和调查处理的，要承担相应的法律责任。所谓"如实"，是指发生生产安全事故后，事故报告的内容和情况必须真实、准确；暂时难以准确确定事故情况的，应尽快核实后补报或者续报。如果故意不报或者隐瞒事故的人员伤亡和财产损失，或者报告虚假情况的，要追究发生事故的生产经营单位主要负责人的法律责任。

第四节　生产经营单位的安全投入

实践证明，要实现本质生产安全，必须满足基本的、必要的安全投入，安全监管、安全科技、安全培训和安全技改，必须在大量投入的前提下才能实现。

《安全生产法》第二十三条第一款规定："生产经营单位应当具备的安全生产条件所必需的资金投入，由生产经营单位的决策机构、主要负责人或者个人经营的投资人予以保证，并对由于安全生产所必需的资金投入不足导致的后果承担责任。"

一、安全投入标准

由于各行各业生产经营单位的安全生产条件千差万别，其安全投入标准也不尽相同。为了使安全投入的标准更符合实际，更具有操作性，《安全生产法》第二十三条做出"生产经营单位应当具备的安全生产条件所必需的资金投入"的规定，明确了生产经营单位必须进行安全投入以及安全投入的标准。具备法定安全生产条件所必需的资金投入标准，应以安全生产法律、行政法规和国家标准或者行业标准规定生产经营单位应当具备的安全生产条件为基础进行计算。具备法定安全生产条件所需要的安全资金数额，即是生产经营单位应当投入的资金标准。如果投入的资金不能保障生产经营单位符合法定安全生产条件，即是资金投入不足并对其后果承担责任。

二、安全投入资金保证

《安全生产法》规定，生产经营单位应当具备的安全生产条件所需的资金投入，由生产经营单位的决策机构、主要负责人或者个人经营的投资人予以保证。由于生产经营单位的经济成分、经营方式不同，资金保证义务的承担主体也不同。一般说来，股份制企业、合资企业等安全生产投入资金由董事会予以保证；国有企业由厂长或者经理予以保证；个体工商户等个体经济组织由投资人予以保证。

三、安全投入资金的使用

安全投入资金应由企业按月提取，计入生产成本，专户存储，专项用于安全生产，不得挤占、挪用，并按财务会计制度的相关规定进行核算，年度结余的安全费用可结转下年度作用。安全生产投入主要用于以下方面。

（1）建设安全和卫生技术措施工程，如防火防爆工程、通风除尘工程等。

（2）增设和更新安全设备、器材、装备、仪器、仪表等以及这些安全设备的日常维护。

（3）重大安全生产课题的研究。

（4）按照国家标准为职工配备劳动保护用品和设施。

（5）职工的安全生产教育和培训。

（6）其他有关预防事故发生的安全技术措施费用，如用于制定及落实生产事故应急救援预案等。

生产经营单位的责任主体应当对由于安全生产所必需的资金投入不足导致的后果承担

责任。由于安全生产所需资金不足导致的后果，即有安全生产违法行为或者发生生产安全事故的，安全投入的决策主体将要承担相应的法律责任。

第五节　安全生产组织管理

生产经营单位的安全生产管理必须有组织上的保障，否则安全生产管理工作就无从谈起。所谓组织保障主要包括两方面：一是安全生产管理机构的保障；二是安全生产管理人员的保障。

一、安全生产管理机构及管理人员

安全生产管理机构是指生产经营单位中专门负责安全生产监督管理的内设机构。安全生产管理人员是指在生产经营单位从事安全生产管理工作的专职或兼职人员。在生产经营单位专门从事安全生产管理工作的人员则是专职安全生产管理人员。在生产经营单位既承担其他工作职责同时又承担安全生产管理职责的人员则为兼职安全生产管理人员。

安全生产管理机构和安全生产管理人员的作用是落实国家有关安全生产的法律法规，组织生产经营单位内部各种安全检查活动，负责日常安全检查，及时整改各种事故隐患，监督安全生产责任制的落实等。

二、安全生产管理机构及管理人员设置要求

《安全生产法》第二十四条对生产经营单位安全生产管理机构的设置和安全生产管理人员的配备原则做出了明确规定："矿山、金属冶炼、建筑施工、运输单位和危险物品的生产、经营、储存、装卸单位，应当设置安全生产管理机构或者配备专职安全生产管理人员。前款规定以外的其他生产经营单位，从业人员超过一百人的，应当设置安全生产管理机构或者配备专职安全生产管理人员；从业人员在一百人以下的，应当配备专职或者兼职的安全生产管理人员。"对于此条规定，可从以下两方面理解。

（一）高危行业

当前来讲，安全生产危险性较大的行业主要有五类：矿山开采、金属冶炼、建筑施工、运输单位和危险化学品生产、经营、储存、装卸的生产经营单位，为从组织上确保这些生产经营单位内部的安全管理工作，《安全生产法》要求应当设置安全生产管理机构或者配备专职安全管理人员。关于配备专职安全管理人员的规定，是针对那些生产经营规模小、无法设置专门安全管理机构的生产经营单位而言的。

（二）其他生产经营单位

其他生产经营单位按照从业人员的数量，配置安全生产管理机构或者安全生产管理人员。其从业人员超过一百人的，应当设置安全生产管理机构或者配备专职安全生产管理人员；从业人员在一百人以下的，可以不设专门机构，但应当配备专职或者兼职的安全生产管理人员。

第六节　安全生产教育培训

生产经营单位的安全教育培训工作是贯彻生产经营单位方针、目标，实现安全生产和文明生产，提高员工安全意识和安全素质，防止产生不安全行为，减少人为失误的重要途径。进行安全生产教育，首先要提高生产经营单位管理者及从业人员的安全生产责任感和自觉性，认真学习有关安全生产的法律、法规和安全生产基本知识；其次是普及和提高从业人员的安全技术知识，增强安全操作技能，从而保护自己和他人的安全与健康。

一、安全生产教育培训的重要性

第一，可以提高生产经营单位管理者及从业人员做好安全生产工作的责任感和自觉性，帮助其正确认识和学习安全生产法规和知识。

第二，能够普及和提高从业人员的安全技术知识，增强安全操作技能。

二、安全生产教育培训的法律要求

《安全生产法》对安全生产教育培训做出了明确规定。《安全生产法》第二十七至三十条针对生产经营单位的主要负责人和安全生产管理人员、生产经营单位从业人员、"四新"情况（四新是指：新工艺、新技术、新材料或者使用新设备）、特种作业人员的安全教育培训做出了明确规定。第四十四条针对生产经营单位的告知义务、第五十八条针对从业人员接受安全教育的义务分别做出了相应的规定。

其他配套法规有：《安全生产培训管理办法》（原国家安全生产监督管理总局令[2012]第44号公布，[2015]第80号修正）、《特种作业人员安全技术培训考核管理规定》（原国家安全生产监督管理总局令[2010]第30号公布，[2015]第80号修正）。

三、安全生产教育培训的对象和内容

（一）培训的对象

只要从事生产活动的员工都要经过安全生产教育培训。按照职能和岗位的不同，培训的对象主要分为以下四类。

1. 生产经营单位主要负责人

生产经营单位的主要负责人是本单位安全生产的第一责任者，对本单位的安全生产工作全面负责。一个生产经营单位的安全生产工作做得好不好，关键在于该单位的主要负责人。作为本单位安全生产第一责任者的主要负责人需要了解、熟悉国家有关安全生产的法律、法规、规章、规程和国家标准、行业标准，需要建立健全安全生产责任制，需要听取有关安全生产的汇报，需要参加各种安全大检查以及其他有关安全生产的工作等，这就迫切要求主要负责人掌握与本单位生产经营活动有关的安全生产知识。只有这样，才能真正做好安全生产工作，保障生产经营单位安全生产，防止和减少各类生产安全事故的发生。因此，具备必要的安全生产知识和管理能力，是对生产经营单位主要负责人的基本要求，也是生产经营单位安全生产的重要保证。

2. 安全生产管理人员

安全生产管理人员是生产经营单位专门负责安全生产管理的人员，是国家有关法律、法规、方针、政策在本单位的具体贯彻执行者，是本单位安全生产规章制度的具体落实者，是生产经营单位安全生产的"保护神"。安全生产管理人员的知识水平、工作责任心，对生产经营单位的安全生产起着重要作用。安全生产管理人员，是所有从事安全生产管理人员的总称。既包括安全生产管理机构的负责人，也包括生产经营单位主管安全生产的负责人；既指专职安全生产管理人员，也指兼职的安全生产管理人员。作为一名安全生产管理人员，必须具备与本单位所有从事的生产经营活动相应的安全知识和管理能力，因此生产经营单位应加强对安全生产管理人员的培训，提高他们的安全知识水平和安全管理能力，加强他们现场管理及时消除事故隐患的能力。

3. 从业人员

从业人员是指除生产经营单位的主要负责人和安全生产管理人员以外，从事生产经营活动的所有人员，包括其他负责人、管理人员、技术人员和各岗位的工人，以及临时聘用的人员。生产经营单位从业人员是生产经营活动的具体承担者，从业人员的素质高低直接影响到本单位的安全生产。生产经营单位要采取多种途径，加强对从业人员的教育和培训。

4. 特种作业人员

《特种作业人员安全技术培训考核管理规定》指出特种作业的范围包括：电工作业，压力焊作业、高处作业，制冷与空调作业，煤矿安全作业，金属非金属矿山安全作业，石油天然气安全作业，冶金（有色）生产安全作业，危险化学品安全作业，烟花爆竹安全作业，应急管理部认定的其他作业。从事特种作业的从业人员称为特种作业人员。特种作业人员既是从业人员中的一部分，又不同于一般的从业人员，其所从事的岗位，一般危险性较大。特种作业人员的工作好坏直接关系着生产经营单位的安全生产，对生产经营单位的安全生产起着举足轻重的作用。

（二）培训的内容

1. 对生产经营单位主要负责人、安全生产管理人员的安全培训

（1）基本要求 生产经营单位的主要负责人和安全生产管理人员必须具备与本单位所从事的生产经营活动相应的安全生产知识和管理能力。

危险物品的生产、经营、储存、装卸单位以及矿山、金属冶炼、建筑施工、运输单位的主要负责人和安全生产管理人员，应当由主管的负有安全生产监督管理职责的部门对其安全生产知识和管理能力考核合格。

（2）主要负责人安全培训的主要内容

① 国家安全生产方针、政策和有关安全生产的法律、法规、规章及标准；

② 安全生产管理基本知识、安全生产技术、安全生产专业知识；

③ 重大危险源管理、重大事故防范、应急管理和救援组织以及事故调查处理的有关规定；

④ 职业危害及其预防措施；

⑤ 国内外先进的安全生产管理经验；

⑥ 典型事故和应急救援案例分析；

⑦ 其他需要培训的内容。

（3）安全生产管理人员安全培训的主要内容

① 国家安全生产方针、政策和有关安全生产的法律、法规、规章及标准；

② 安全生产管理、安全生产技术，职业卫生等知识；

③ 伤亡事故统计、报告及职业危害的调查处理方法；

④ 应急管理、应急预案编制以及应急处置的内容和要求；

⑤ 国内外先进的安全生产管理经验；

⑥ 典型事故和应急救援案例分析；

⑦ 其他需要培训的内容。

（4）培训时间　煤矿、非煤矿山、危险化学品、烟花爆竹、金属冶炼等生产经营单位主要负责人和安全生产管理人员初次安全培训时间不得少于 48 学时，每年再培训时间不得少于 16 学时。其他单位主要负责人安全生产管理培训时间不得少于 32 学时；每年再培训时间不得少于 12 学时。

（5）再培训的主要内容　再培训的主要内容是新知识、新技术和新本领，主要包括：

① 有关安全生产的法律、法规、规章、规程、标准和政策；

② 安全生产的新技术、新知识；

③ 安全生产管理经验；

④ 典型事故案例。

2. 对生产经营单位从业人员的安全培训

（1）生产经营单位其他从业人员　通过安全生产教育和培训，从业人员要达到以下要求：一是要具备必要的安全生产知识，主要包括法律法规知识、生产过程中的安全知识、有关事故应急救援和逃离的知识等；二是要熟悉有关安全生产的规章制度和操作规程，主要包括国家及地方性的规章制度、本单位的规章制度和操作规程；三是要掌握本岗位的安全技能，操作人员只有熟练掌握本岗位的安全操作技能、作业规程才能降低每个岗位的事故发生率。

（2）新从业人员　对新从业人员应进行厂（矿）、车间（工段、区、队）、班组三级安全生产教育培训。

厂（矿）级安全生产教育培训的内容主要是：本单位安全生产情况及安全生产基本知识；本单位安全生产规章制度和劳动纪律；从业人员的安全生产权利和义务；有关事故案例等。煤矿、非煤矿山、危险化学品、烟花爆竹、金属冶炼等生产经营单位厂（矿）级安全培训除包括上述内容外，应当增加事故应急救援、事故应急预案演练及防范措施等内容。

车间（工段、区、队）级安全生产教育培训的内容主要是：工作环境及危险因素；所从事工种可能遭受的职业伤害和伤亡事故；所从事工种的安全职责、操作技能及强制性标准；自救互救、急救方法、疏散和现场紧急情况的处理；安全设备设施、个人防护用品的使用和维护；本车间（工段、区、队）安全生产状况和规章制度；预防事故和职业危害的措施及应注意的安全事项；有关事故案例；其他需要培训内容。

班组级安全生产教育培训的内容主要是：岗位安全操作规程；岗位之间工作衔接配合的

安全与职业卫生事项；有关事故案例；其他需要培训的内容。

新从业人员安全生产教育培训时间不得少于 24 学时。煤矿、非煤矿山、危险化学品、烟花爆竹、金属冶炼等生产经营单位新上岗的从业人员安全培训时间不得少于 72 学时，每年再培训的时间不得少于 20 学时。

（3）调整工作岗位或离岗一年以上重新上岗的从业人员　从业人员调整工作岗位或离岗一年以上重新上岗时，应进行相应的车间（工段、区、队）级安全生产教育培训。

企业实施新工艺、新技术或使用新设备、新材料时，应对从业人员进行有针对性的安全生产教育培训。

单位要确立终身教育的观念和全员培训的目标，对在岗的从业人员应进行经常性的安全生产教育培训。其内容主要是：安全生产新知识、新技术；安全生产法律法规；作业场所和工作岗位存在的危险因素、防范措施及事故应急措施；事故案例等。

3. 对特种作业人员的安全培训

特种作业，是指容易发生事故，对操作者本人、他人的安全健康及设备、设施的安全可能造成重大危害的作业。

（1）对特种作业人员的培训、考核和取证要求　特种作业人员必须经专门的安全技术培训并考核合格，取得《中华人民共和国特种作业操作证》（以下简称特种作业操作证）后，方可上岗作业。没有取得特种作业相应资格的，不得上岗从事特种作业。由主管的负有安全生产监督管理职责的部门实施特种作业人员的考核发证工作。

（2）特种作业人员重新考核和证件的复审要求　离开特种作业岗位 6 个月以上的特种作业人员，应当重新进行实际操作考试，经确认合格后方可上岗作业。取得特种作业操作证者，每 3 年进行 1 次复审。连续从事本工种 10 年以上，严格遵守有关安全生产法律法规的，经原考核发证机关或者从业所在地考核发证机关同意，特种作业操作证的复审时间可以延长至每 6 年 1 次。

特种作业操作证申请复审前，特种作业人员应当参加必要的安全培训并考试合格。安全培训时间不少于 8 个学时，主要培训法律、法规、标准、事故案例和有关新工艺、新技术、新装备等知识。复审的内容包括：健康检查，违章记录，安全生产违法行为，安全培训及考试等。未按期复审或复审不合格者，其特种作业操作证自行失效。

第七节　建设项目的"三同时"

一、建设项目"三同时"的法律依据

建设工程项目的安全设施，是整个工程项目的重要组成部分。由于多种原因，很多建设工程项目完成后，安全设施不完善，甚至根本未建立安全设施，最终造成生产经营单位先天不足，不具备起码的安全生产条件，事故不断发生。因此，《安全生产法》第三十一条规定："生产经营单位新建、改建、扩建工程项目的安全设施，必须与主体工程同时设计、同时施工、同时投入生产和使用。安全设施投资应当纳入建设项目概算。"对于安全设施"三同时"的要求，在其他法律法规中也有类似的要求，如下所示。

《中华人民共和国职业病防治法》第十八条第一款规定："建设项目的职业病防护设施所需费用应当纳入建设项目工程预算，并与主体工程同时设计、同时施工、同时投入生产和使用。"

《中华人民共和国劳动法》第五十三条规定："劳动安全卫生设施必须符合国家规定的标准。新建、改建、扩建工程的劳动安全卫生设施必须与主体工程同时设计、同时施工、同时投入生产和使用。"

《建设项目安全设施"三同时"监督管理办法》（原国家安全生产监督管理总局令[2010]第 36 号公布，[2015]第 77 号修正）是目前从事"三同时"监察工作最为明确、具体的法规。

二、建设项目"三同时"的概念及对象

（一）建设项目"三同时"的概念

建设项目"三同时"是指生产性基本建设项目中的安全设施，必须与主体工程同时设计、同时施工、同时投入生产和使用。以确保建设项目竣工投产后，符合国家规定的劳动安全卫生标准，保障劳动者在生产过程中的安全与健康。

（二）建设项目"三同时"针对的对象

对我国境内的新建、改建、扩建的基本建设项目、技术改造项目和引进的建设项目，包括在我国境内建设的中外合资、中外合作和外商独资的建设项目，都必须执行建设项目"三同时"的要求。

建设项目中引进的国外技术和设备应符合我国规定或认可的劳动安全卫生标准，全部设计应符合我国有关规范和规定的要求。

建设项目"三同时"是生产经营单位安全生产的重要保障措施，是一种事前保障措施。它对贯彻落实"安全第一、预防为主、综合治理"方针，改善劳动者的劳动条件，防止发生工伤事故，促进经济社会的可持续发展，具有重要意义。"三同时"是各级政府安全生产监督管理机构实施安全监督管理的主要内容，是一项根本性的基础工作，也是有效消除和控制建设项目中危险、有害因素的根本措施。随着经济建设的迅速发展，"三同时"作为"事前预防"的途径，将不断深化且提出更高的要求。

三、建设项目"三同时"的内容及要求

实施建设项目"三同时"制度，要求与建设项目配套的安全设施，从项目的可行性研究、设计、施工、试生产、竣工验收到投产使用均应同步进行。具体包括以下内容。

（一）可行性研究

建设单位或可行性研究承担单位在进行建设项目可行性研究时，应同时进行安全论证，按有关要求实施建设项目安全预评价。并将其作为专门章节编入建设项目可行性研究报告中。同时，将安全设施所需投资纳入投资计划。

下列建设项目在进行可行性研究时，生产经营单位应当按照国家规定，进行安全预评价：

（1）非煤矿矿山建设项目；

（2）生产、储存危险化学品（包括使用长输管道输送危险化学品，下同）的建设项目；

（3）生产、储存烟花爆竹的建设项目；

（4）金属冶炼建设项目；

（5）使用危险化学品从事生产并且使用量达到规定数量的化工建设项目（属于危险化学品生产的除外，下同）；

（6）法律、行政法规和国务院规定的其他建设项目。

建设项目安全预评价机构应采用先进、合理的定性、定量评价方法，分析和预测建设项目中潜在的危险、危害因素及其可能造成的后果，提出明确的预防措施，并形成预评价报告。

建设项目安全预评价工作应在建设项目初步设计会审前完成。预评价机构在完成预评价工作并形成预评价报告后，由建设单位将预评价报告交由具备评审资质的单位进行评审后，将预评价报告和评审意见按相关规定一并报送相应级别的安全生产监督管理部门审批。

（二）初步设计

初步设计是说明建设项目的技术经济指标、总图运输、工艺、建筑、采暖通风、给排水、供电、仪表、设备、环境保护、劳动安全卫生、投资概算等设计意图的技术文件（含图样），我国对初步设计的深度有详细规定。

安全设施设计必须符合《建设项目安全设施"三同时"监督管理办法》第七条规定的建设项目，还应当充分考虑建设项目安全预评价报告提出的安全对策措施。

设计单位在编制初步设计文件时，应严格遵守我国有关安全的法律、法规、规章和国家标准或者行业标准、技术规范的规定，并尽可能采用先进适用的工艺、技术和可靠的设备、设施，完善初步设计。

（三）施工

施工单位在进行主体工程施工时，应同时严格按照设计的施工图样和要求，对安全设施进行施工，并对安全设施的工程质量负责。

建设单位应对承担施工任务的单位提出落实"三同时"规定的具体要求，并负责提供相关的资料和条件。

（四）试生产

建设单位在试生产和设备调试阶段，应同时对安全设施进行试生产和设备调试，并对其效果做出评价。

建设单位在试生产之前，应制定出完整的安全方面的规章制度及事故预防和应急处理预案，并按照有关法规要求，对相关人员进行安全教育培训。

建设单位在建设项目试生产运行正常后、竣工验收之前，应自主选择、委托应急管理部门认可的机构进行劳动条件检测、危害程度分级和有关设备的安全检测、检验，并将试运行中安全设备运行情况、措施的效果、检测检验数据、存在的问题以及采取的措施写入建设项目安全验收专题报告。报告的主要内容如下。

（1）初步设计中安全设施，已按设计要求与主体工程同时建成、投入使用的情况。

（2）建设项目中特种设备已经由具有法定资格的单位检验合格，取得安全使用证（或检验合格证书）的情况。

（3）工作环境、劳动条件经测试符合国家有关规定的情况。

（4）建设项目中安全设施，经现场检查符合国家有关安全规定和标准情况。

（5）安全管理机构设立情况，必要的检测仪器、设备配备情况，安全规章制度和安全操作规程建立情况，安全培训教育情况，特种作业人员培训、考核情况，取得安全操作证的情况，事故预防和应急处理预案制定情况。

凡符合需要进行预评价条件的建设项目，还需根据国家有关安全验收评价的法规要求，由建设单位委托具有资质的机构进行安全验收评价，形成安全验收评价报告，并由建设单位将评价报告交由具备评审资质的机构进行评审和出具评审意见。

（五）竣工验收

建设单位在竣工验收之前，应将建设项目安全验收专题报告或验收评价报告及评审意见，按相关规定报送相应级别的应急管理部门审批。

应急管理机构根据建设部门报送并审批的建设项目安全验收专题报告或验收评价报告及评审意见，进行预验收或专项审查验收，并提出安全方面的改进意见，直至建设单位按照预验收或专项审查验收改进意见如期整改后，再进行正式竣工验收。

建设项目安全设施和技术措施经应急管理部门竣工验收通过后，建设单位应及时办理"建设项目劳动安全卫生验收审批表"。

（六）投产使用

建设项目正式投产使用后，建设单位必须同时将安全设施进行投产使用。不得擅自将安全设施闲置不用或拆除，并需进行日常维护和保养，确保其效果。

第八节　重大危险源的安全管理

一、重大危险源的相关概念

重大危险源的概念起源于 20 世纪初工业高速发展的欧美，当时在工业生产特别是化学品生产、储存、使用、运输过程中重大火灾、爆炸、泄漏等重大事故频频发生，为改变事故频发的状况和有效预防重大事故发生，1974 年 6 月英国弗利克斯巴勒（Flixborough）爆炸事故发生后，英国卫生与安全委员会设立了重大危险咨询委员会（简称 ACMH），负责研究重大危险源的辨识评价技术和控制措施，开始系统地研究重大危险源的控制技术。1976 年 ACMH 首次提出了重大危险源标准，在该标准中提出了 8 类危险物质及其相关事故物质的量，1979 年和 1984 年又对该标准进行了修改，所提出的辨识标准中提出了 4 类共 25 种物质（设施）及其临界量。1982 年欧共体以 ACMH 的工作为基础颁布了《工业活动中重大事故危险法令》，简称《塞韦索法令》，该法令列出了 180 种物质及其临界量。经过几年的运行，1996 年欧共体对《塞韦索法令》进行了修订，新增了 39 种物质和临界量。

在此期间，美国、澳大利亚等国也颁布了重大危险源控制的国家标准。国际劳工组织（ILO）为了推动各国工业事故的预防工作，于 1993 年通过了《预防重大工业事故公约》，明确了重大危险源的概念。亚太地区的印度、印尼、泰国、马来西亚和巴基斯坦等国逐步建立了国家重大危险源控制系统。

中国重大危险源控制的研究工作始于 20 世纪 90 年代，并列入了国家的"八五"发展计划，1997 年在北京、上海、天津、青岛、深圳和成都六大城市进行了重大危险源的普查试点，2000 年颁布了《重大危险源辨识》（GB18218—2000）的国家标准，为中国重大危险源的辨识提供了基本的法律依据。2018 年颁布了《危险化学品重大危险源辨识》（GB 18218—2018），规定了辨识重大危险源的依据和方法，以及计算重大危险源辨识临界量和最大量的方法。

（一）重大事故

1993 年 6 月第 80 届国际劳工大会通过的《预防重大工业事故公约》，将"重大事故"定义为：在重大危害设施内的一项活动过程中出现意外的、突发性的事故，如严重泄漏、火灾或爆炸，其中涉及一种或多种危险物质，并导致对工人、公众或环境造成即刻的或延期的严重危害。在《危险化学品重大危险源辨识》（GB 18218—2018）中，将"重大事故"定义为：工业活动中发生的重大火灾、爆炸或毒物泄漏事故，并给现场人员或公众带来严重危害，或对财产造成重大损失，对环境造成严重污染。

（二）重大危险源

我国国家标准《危险化学品重大危险源辨识》（GB 18218—2018）中将"危险化学品重大危险源"定义为：长期地或临时地生产、储存、使用和经营危险化学品，且危险化学品的数量等于或超过临界量的单元。单元指涉及危险化学品的生产、储存装置、设施或场所，分为生产单元和储存单元。生产单元是指危险化学品的生产、加工及使用等的装置及设施，当装置及设施之间有切断阀时，以切断阀作为分割界限划分为独立的单元。储存单元是指用于储存危险化学品的储罐或仓库组成的相对独立的区域，储罐区以罐区防火堤为界限划分为独立的单元，仓库以独立库房（独立建筑物）为界限划分为独立的单元。

危险化学品是指具有毒害、腐蚀、爆炸、燃烧、助燃等性质，对人体、设施、环境具有危害的剧毒化学品和其他化学品。判定单元是否构成重大危险源，所依据的标准是《危险化学品重大危险源辨识》（GB 18218—2018）。当单元内存在危险化学品的数量等于或超过上述标准中规定的临界量，该单元即被定为重大危险源。

二、重大危险源控制系统的组成

重大危险源控制的目的，不仅是要预防重大事故发生，而且要做到一旦发生事故，能将事故危害限制到最低程度。由于工业活动的复杂性，需要采用系统工程的思想和方法控制重大危险源。重大危险源控制系统主要由以下几个部分组成。

（一）辨别

防止重大工业事故发生的第一步，是辨识或确认高危险性的工业设施（危险源）。工业生产中往往存在各式各样的潜在危险，在不同行业、不同生产规模、不同的原料储存方式的情况下其潜在风险各有不同。作为政府、企业的管理部门以及安全评价人员重点应该关注的是可能造成群死群伤事故发生的场所和这些场所发生事故的概率。只有对这些可能发生重大危险的场所进行有效控制才能做到真正意义上的本质安全。进行重大危险源辨识最重要的目的和意义就是保证安全管理的有序和有效的进行。

重大危险源的辨识一般由政府主管部门和权威机构在物质毒性、燃烧、爆炸特性基础上，制定出危险物质及其临界量标准。通过危险物质及其临界量标准,确定哪些是可能发生事故的潜在危险源。

(二)评价

正确辨识重大危险源后的进一步工作就是评价。评价即对重大危险源的危险性、发生事故的可能性进行定性定量分析,得到能够反映评价对象发生事故危险性大小的一个相对数值。评价是预防重特大事故的关键措施之一,是一项复杂的技术工作,需要系统分析重大危险源的危险性、有害因素辨识与分析,可能发生的事故及发生概率、事故危险程度等,然后根据评价结果转换为危险等级,并制定出有效的管理和监控措施及应急救援措施,以降低危险源的等级和发生重大事故的可能性。一般来说,重大危险源的风险分析评价包括以下几个方面。

(1)辨识各类危险因素及其原因与机制;

(2)依次评价已辨识的危险事件发生的概率;

(3)评价危险事件的后果;

(4)进行风险评价,即评价危险事件发生概率和发生后果的联合作用;

(5)风险控制,即将上述评价结果与安全目标值进行比较,检查风险值是否达到了可接受水平,否则需进一步采取措施,降低危险水平。

(三)管理

在对重大危险源进行辨识和评价后,应针对每一个重大危险源制定出一套严格的安全管理制度,通过技术措施(包括化学品的选择,设施的设计、建造、运转、维修以及有计划的检查)和组织措施(包括对人员的培训与指导,提供保证其安全的设备,工作人员水平、工作时间、职责的确定,以及对外部合同工和现场临时工的管理),对重大危险源进行严格控制和管理。

(四)安全报告

企业应在规定的期限内,对已辨识和评价的重大危险源向政府主管部门提交安全报告。如属新建的有重大危害性的设施,则应在其投入运转之前提交安全报告。安全报告应详细说明重大危险源的情况,可能引发事故的危险因素以及前提条件,安全操作和预防失误的控制措施,可能发生的事故类型,事故发生的可能性及后果,限制事故后果的措施,现场事故应急救援预案等。安全报告应根据重大危险源的变化以及新知识和技术进展的情况进行修改和增补,并由政府主管部门经常进行检查和评审。

(五)事故的应急救援

事故应急救援预案是重大危险源控制系统的重要组成部分。企业应负责制定现场事故应急救援预案,并且定期检验和评估现场事故应急救援预案和程序的有效程度,以及在必要时进行修订。场外事故应急救援预案,由政府主管部门根据企业提供的安全报告和有关资料制定。事故应急救援预案的目的是抑制突发事件,减少事故对工人、居民和环境的危害。因此,事故应急救援预案应提出详尽、实用、明确和有效的技术措施与组织措施。政府主管部门应保证将发生事故时要采取的安全措施和正确做法的有关资料散发给可能受事故影响的公众,并保证公众充分了解发生重大事故时的安全措施,一旦发生重大事故,应尽快报警。每隔适当的时间应修订和重新散发事故应急救援预案宣传材料。

（六）工厂选址和土地使用规划

政府有关部门应制定综合性的土地使用政策，确保重大危险源与居民区和其他工作场所、机场、水库、其他危险源和公共设施安全隔离。

（七）对重大危险源的监察

政府主管部门必须派出经过培训的、合格的技术人员定期对重大危险源进行监察、调查、评估和咨询。

三、重大危险源安全管理的主要法律要求

《安全生产法》第四十条要求："生产经营单位对重大危险源应当登记建档，进行定期检测、评估、监控，并制定应急预案，告知从业人员和相关人员在紧急情况下应当采取的应急措施。生产经营单位应当按照国家有关规定将本单位重大危险源及有关安全措施、应急措施报有关地方人民政府应急管理部门和有关部门备案。有关地方人民政府应急管理部门和有关部门应当通过相关信息系统实现信息共享。"

《危险化学品安全管理条例》第十九条规定："危险化学品生产装置或者储存数量构成重大危险源的危险化学品储存设施（运输工具加油站、加气站除外），与下列场所、设施、区域的距离应当符合国家有关规定。

（1）居住区以及商业中心、公园等人口密集场所；

（2）学校、医院、影剧院、体育场（馆）等公共设施；

（3）饮用水源、水厂及水源保护区；

（4）车站、码头（依法经许可从事危险化学品装卸作业的除外）、机场以及通信干线、通信枢纽、铁路线路、道路交通干线、水路交通干线、地铁风亭以及地铁站出入口；

（5）基本农田保护区、基本草原、畜禽遗传资源保护区、畜禽规模化养殖场（养殖小区）、渔业水域以及种子、种畜禽、水产苗种生产基地；

（6）河流、湖泊、风景名胜区、自然保护区；

（7）军事禁区、军事管理区；

（8）法律、行政法规规定的其他场所、设施、区域。

已建的危险化学品生产装置或者储存数量构成重大危险源的危险化学品储存设施不符合前款规定的，由所在地设区的市级人民政府安全生产监督管理部门会同有关部门监督其所属单位在规定期限内进行整改；需要转产、停产、搬迁、关闭的，由本级人民政府决定并组织实施。"

《危险化学品安全管理条例》第二十五条规定："储存危险化学品的单位应当建立危险化学品出入库核查、登记制度。对剧毒化学品以及储存数量构成重大危险源的其他危险化学品，储存单位应当将其储存数量、储存地点以及管理人员的情况，报所在地县级人民政府安全生产监督管理部门（在港区内储存的，报港口行政管理部门）和公安机关备案。"

《危险化学品安全管理条例》第六十七条规定："危险化学品生产企业、进口企业，应当向国务院安全生产监督管理部门负责危险化学品登记的机构（以下简称危险化学品登记机构）办理危险化学品登记。

危险化学品登记包括下列内容：

（1）分类和标签信息；

（2）物理、化学性质；

（3）主要用途；

（4）危险特性；

（5）储存、使用、运输的安全要求；

（6）出现危险情况的应急处置措施。

对同一企业生产、进口的同一品种的危险化学品，不进行重复登记。危险化学品生产企业、进口企业发现其生产、进口的危险化学品有新的危险特性的，应当及时向危险化学品登记机构办理登记内容变更手续。危险化学品登记的具体办法由国务院安全生产监督管理部门制定。"

《国务院关于进一步加强安全生产工作的决定》要求："搞好重大危险源的普查登记，加强国家、省（区、市）、市（地）、县（市）四级重大危险源监控工作，建立应急救援预案和生产安全预警机制。"

四、重大危险源的辨别标准和方法

《危险化学品重大危险源辨识》（GB 18218—2018）中辨识单元内存在危险物质的数量是否超过临界量需根据处理物质种类的多少区分为以下两种情况。

第一种，单元内存在的危险物质为单一品种，则物质的数量即为单元内危险物质的总量，若等于或超过相应的临界量，则定为重大危险源。

第二种，单元内存在的危险物质为多品种时，按下式计算，若满足下式，则定为重大危险源：

$$S=q_1/Q_1+q_2/Q_2+\cdots+q_n/Q_n\geqslant 1 \tag{4-1}$$

式中　　　S——辨识指标；

$q_1,q_2\cdots q_n$——每种危险化学品的实际存在量，吨（t）；

$Q_1,Q_2\cdots Q_n$——与每种危险化学品相对应的临界量，吨（t）。

对于危险化学品混合物，如果混合物与其纯物质属于相同危险类别，则视混合物为纯物质，按混合物整体进行计算。如果混合物与其纯物质不属于相同危险类别，则应按新危险类别考虑其临界量。

五、重大危险源的分级

《危险化学品重大危险源监督管理暂行规定》第八条规定，危险化学品单位应当对重大危险源进行安全评估并确定重大危险源等级。重大危险源根据其危险程度，分为一级、二级、三级和四级，一级为最高级别。

按照《危险化学品重大危险源监督管理暂行规定》，危险化学品重大危险源分级方法以单元内各种危险化学品实际存在（在线）量与其在《危险化学品重大危险源辨识》（GB 18218—2018）中规定的临界量比值，经校正系数校正后的比值之和 R 作为分级指标。根据计算出来的 R 值，按照重大危险源级别与 R 值的对应关系（表4-1）确定危险化学品重大危险源的级别。

表 4-1　危险化学品重大危险源级别和 R 值的对应关系

危险化学品重大危险源级别	R 值
一级	$R \geq 100$
二级	$100 > R \geq 50$
三级	$50 > R \geq 10$
四级	$R < 10$

（一）R 的计算方法

$$R = \alpha \left(\beta_1 \frac{q_1}{Q_1} + \beta_2 \frac{q_2}{Q_2} + \cdots + \beta_n \frac{q_n}{Q_n} \right) \tag{4-2}$$

式中：$q_1 q_2 \cdots q_n$ ——每种危险化学品实际存在（在线）量，吨（t）；

$Q_1 Q_2 \cdots Q_n$ ——与各危险化学品相对应的临界量，吨（t）；

$\beta_1 \beta_2 \cdots \beta_n$ ——与各危险化学品相对应的校正系数；

α ——该危险化学品重大危险源厂区外暴露人员的校正系数。

（二）校正系数 β

与各危险化学品相对应的校正系数 β 见表 4-2 和表 4-3。

表 4-2　校正系数 β 取值表

危险化学品类别	毒性气体	爆炸品	易燃气体	其他类危险化学品
β	见表 4-3	2	1.5	1

注：危险化学品类别依据"危险货物品名表"中分类标准确定。

表 4-3　常见毒性气体校正系数 β 值取值表

毒性气体名称	一氧化碳	二氧化硫	氨	环氧乙烷	氯化氢	溴甲烷	氯
β	2	2	2	2	3	3	4
毒性气体名称	硫化氢	氟化氢	二氧化氮	氰化氢	碳酰氯	磷化氢	异氰酸甲酯
β	5	5	10	10	20	20	20

注：未在表 4-3 中列出的毒性气体校正系数 β 值取值可查阅《危险化学品重大危险源辨识》（GB 18218—2018）。

（三）校正系数 α 的取值

根据重大危险源的厂区边界向外扩展 500m 范围内常住人口数量，设定厂外暴露人员校正系数 α 值，见表 4-4。

表 4-4　厂外暴露人员校正系数 α 取值表

厂外可能暴露人员数量	α
100 人以上	2.0
50 人～99 人	1.5
30 人～49 人	1.2
1～29 人	1.0
0 人	0.5

六、重大危险源的安全管理

《危险化学品重大危险源监督管理暂行规定》对重大危险源的安全管理也做了规定，主要包括以下几个方面：

（一）安全设施和安全监测监控系统

危险化学品单位应当根据构成重大危险源的危险化学品种类、数量、生产、使用工艺（方式）或者相关设备、设施等实际情况，按照下列要求建立健全安全监测监控体系，完善控制措施。

（1）重大危险源配备温度、压力、液位、流量、组分等信息的不间断采集和监测系统以及可燃气体和有毒有害气体泄漏检测报警装置，并具备信息远传、连续记录、事故预警、信息存储等功能；一级或者二级重大危险源，具备紧急停车功能。记录的电子数据的保存时间不少于 30 天。

（2）重大危险源的化工生产装置装备满足安全生产要求的自动化控制系统；一级或者二级重大危险源，装备紧急停车系统。

（3）对重大危险源中的毒性气体、剧毒液体和易燃气体等重点设施，设置紧急切断装置；毒性气体的设施，设置泄漏物紧急处置装置。涉及毒性气体、液化气体、剧毒液体的一级或者二级重大危险源，配备独立的安全仪表系统（SIS）。

（4）重大危险源中储存剧毒物质的场所或者设施，设置视频监控系统。

（5）安全监测监控系统符合国家标准或者行业标准的规定。

危险化学品单位应当按照国家有关规定，定期对重大危险源的安全设施和安全监测监控系统进行检测、检验，并进行经常性维护、保养，保证重大危险源的安全设施和安全监测监控系统有效、可靠运行。维护、保养、检测应当作好记录，并由有关人员签字。

（二）重大危险源的关键装置和责任方

危险化学品单位应当明确重大危险源中关键装置、重点部位的责任人或者责任机构，并对重大危险源的安全生产状况进行定期检查，及时采取措施消除事故隐患。事故隐患难以立即排除的，应当及时制定治理方案，落实整改措施、责任、资金、时限和预案。

（三）重大危险源的管理和操作人员的培训

危险化学品单位应当对重大危险源的管理和操作岗位人员进行安全操作技能培训，使其了解重大危险源的危险特性，熟悉重大危险源安全管理规章制度和安全操作规程，掌握本岗位的安全操作技能和应急措施。

（四）重大危险源的安全警示及应急处理

危险化学品单位应当在重大危险源所在场所设置明显的安全警示标志，写明紧急情况下的应急处置办法。危险化学品单位应当将重大危险源可能发生的事故后果和应急措施等信息，以适当方式告知可能受影响的单位、区域及人员。

危险化学品单位应当依法制定重大危险源事故应急预案，建立应急救援组织或者配备应急救援人员，配备必要的防护装备及应急救援器材、设备、物资，并保障其完好和方便使用；配合地方人民政府应急管理部门制定所在地区涉及本单位的危险化学品事故应急预案。

对存在吸入性有毒、有害气体的重大危险源，危险化学品单位应当配备便携式浓度检测设备、空气呼吸器、化学防护服、堵漏器材等应急器材和设备；涉及剧毒气体的重大危险源，还应当配备两套以上（含本数）气密型化学防护服；涉及易燃易爆气体或者易燃液体蒸气的重大危险源，还应当配备一定数量的便携式可燃气体检测设备。

🖥 阅读材料　　安全生产教育培训的重要性

2021年7月20日上午，浙江某建材加工有限公司三名电焊工人董某（带班电焊老师）、刘某及张某在厂房西边工作台上焊水罐。刘某负责靠西的水罐，张某负责靠东的水罐，董某在中间焊两个水罐连接处。

上午10点30分许，董某听到刘某的叫声，转头看见刘某蹲靠在罐体边，胳膊皮肤直接接触到罐体（铁质），一手拿焊钳、一手拿焊条。董某意识到刘某可能触电，立即转身将电焊线甩开，把刘某手中的焊钳甩掉，扶着刘某，并通知别人来帮忙。众人将刘某抬放到地面上，主要负责人邹某为其做心肺复苏，工人胡某拨打120电话求救。不久，120救护车到达，将刘某送至瑞安市人民医院抢救。当日12点许，抢救无效，刘某死亡。

一、事故单位概况

浙江某建材加工有限公司位于瑞安市某街道；法定代表人黄某；主要负责人邹某；该公司经营范围是一般项目：建筑用石加工，轻质建筑材料制造，建筑防水卷材产品制造，非金属矿物制品制造，非金属废料和碎屑加工处理，建筑材料销售，土石方工程施工；类型为有限责任公司。

二、事故单位安全状况

（一）该建材加工有限公司电焊特种作业人员刘某未取得焊工特种作业操作证。

（二）该建材加工有限公司电焊特种作业人员董某未取得电焊作业的特种作业操作证。

三、人员伤亡情况及直接经济损失

该事故造成1人死亡，经市公安司法鉴定中心鉴定书显示鉴定意见：死者刘某符合电击死。事故造成直接经济损失1065000元。

四、事故原因分析及事故性质

（一）直接原因

电焊工刘某未取得电焊作业的特种作业操作证，无证上岗电焊作业，在电焊作业中因操作不当不慎触电，导致死亡。

（二）间接原因

1. 该建材加工有限公司未对从业人员刘某进行安全生产教育和培训，没有保证从业人员刘某具备必要的安全生产知识、熟悉有关的安全生产规章制度和安全操作规程、掌握本岗位的安全操作技能、了解事故应急处理措施、知悉自身在安全生产方面的权利和义务；没有做到"未经安全生产教育和培训合格的从业人员，不得上岗作业"的法律规定；

2. 该建材加工有限公司主要负责人邹某未依法履行组织制定并实施本单位安全生产教育和培训计划的安全生产工作职责，雇用无电焊作业特种作业操作证的刘某上岗进行电焊作业；

3. 该建材加工有限公司电焊带班老师董某未取得电焊作业的特种作业操作证，无证上岗电焊作业，并且带领电焊工刘某无证上岗电焊作业。

综合以上分析，认定该事故为一起生产安全责任事故。

五、事故责任认定及处理意见

（一）该公司电焊工特种作业人员刘某未取得电焊作业的特种作业操作证，进行电焊作业，后因操作不当而触电，导致事故发生；因其本人已经死亡，不予追究责任。

（二）该公司未对从业人员刘某进行安全生产教育和培训，没有保证从业人员刘某具备必要的安全生产知识、熟悉有关的安全生产规章制度和安全操作规程、掌握本岗位的安全操作技能、了解事故应急处理措施、知悉自身在安全生产方面的权利和义务；没有做到"未经安全生产教育和培训合格的从业人员，不得上岗作业"的法律规定，以致发生电焊工特种作业人员刘某在无证上岗进行电焊作业时触电身亡的事故。该公司违反了《中华人民共和国安全生产法》第二十八条第一款规定，对事故负有责任，建议由瑞安市应急管理局依法对该公司进行行政处罚。

（三）该建材加工有限公司主要负责人邹某未依法履行组织制定并实施本单位安全生产教育和培训计划的安全生产工作职责，雇用无电焊作业特种作业操作证的刘某上岗进行电焊作业，对事故的发生负有责任，涉嫌重大责任事故罪，建议瑞安市公安局立案调查，依法追究其刑事责任。

（四）该建材加工有限公司电焊带班老师董某未取得电焊作业的特种作业操作证，无证上岗电焊作业，并且带领电焊工刘某无证上岗电焊作业，对事故的发生负有责任，建议瑞安市公安局立案调查，依法追究其责任。

六、防范整改措施

该公司要认真分析"7·20"触电事故原因，深刻吸取事故教训，切实加强安全管理：

（一）认真学习并严格遵守《中华人民共和国安全生产法》有关规定，督促、检查本单位的安全生产工作，及时消除生产安全事故隐患。

（二）加强员工安全生产教育培训，提高员工安全生产知识和自我防范能力，杜绝类似事故发生。

附：案例相关法律规定

《安全生产法》第二十一条规定："生产经营单位的主要负责人对本单位安全生产工作负有下列职责：

（一）建立健全并落实本单位全员安全生产责任制，加强安全生产标准化建设；

（二）组织制定并实施本单位安全生产规章制度和操作规程；

（三）组织制定并实施本单位安全生产教育和培训计划；

（四）保证本单位安全生产投入的有效实施；

（五）组织建立并落实安全风险分级管控和隐患排查治理双重预防工作机制，督促、检查本单位的安全生产工作，及时消除生产安全事故隐患；

（六）组织制定并实施本单位的生产安全事故应急救援预案；

（七）及时、如实报告生产安全事故。"

《安全生产法》第二十八条第一款规定："生产经营单位应当对从业人员进行安全生产教育和培训，保证从业人员具备必要的安全生产知识，熟悉有关的安全生产规章制度和安全操作规程，掌握本岗位的安全操作技能，了解事故应急处理措施，知悉自身在安全生产方面的权利和义务。未经安全生产教育和培训合格的从业人员，不得上岗作业。"

《安全生产法》第三十条第一款规定："生产经营单位的特种作业人员必须按照国家有关规定经专门的安全作业培训，取得相应资格，方可上岗作业。"

《安全生产法》第九十四条规定："生产经营单位的主要负责人未履行本法规定的安全生产管理职责的，责令限期改正，处二万元以上五万元以下的罚款；逾期未改正的，处五万元以上十万元以下的罚款，责令生产经营单位停产停业整顿。

生产经营单位的主要负责人有前款违法行为，导致发生生产安全事故的，给予撤职处分；构成犯罪的，依照刑法有关规定追究刑事责任。

生产经营单位的主要负责人依照前款规定受刑事处罚或者撤职处分的，自刑罚执行完毕或者受处分之日起，五年内不得担任任何生产经营单位的主要负责人；对重大、特别重大生产安全事故负有责任的，终身不得担任本行业生产经营单位的主要负责人。"

《安全生产法》第九十五条规定："生产经营单位的主要负责人未履行本法规定的安全生产管理职责，导致发生生产安全事故的，由应急管理部门依照下列规定处以罚款：

（一）发生一般事故的，处上一年年收入百分之四十的罚款；

（二）发生较大事故的，处上一年年收入百分之六十的罚款；

（三）发生重大事故的，处上一年年收入百分之八十的罚款；

（四）发生特别重大事故的，处上一年年收入百分之一百的罚款。"

习 题

一、单项选择题

1. 生产经营单位的（　　　）是本单位安全生产的第一责任者，对安全生产工作全面负责。

    A. 班组长   B. 岗位工人

    C. 主要负责人   D. 主管单位负责人

2. 对于矿山建设工程的安全设施，必须和主体工程（　　　）。

    A. 同时策划、同时施工、同时投入使用

    B. 同时计划、同时设计、同时生产和使用

    C. 同时设计、同时施工、同时投入生产和使用

    D. 同时设计、同时生产、同时施工

3. 从业人员超过（　　　）人的生产经营单位，必须设置安全生产管理机构或者配备专职安全生产管理人员。

    A. 100   B. 200   C. 300   D. 1000

4. 生产经营单位对新入厂的从业人员，应进行三级教育培训，以下（　　　）不属于三级安全教育培训的内容。

    A. 厂矿级安全生产培训教育

    B. 车间级安全生产培训教育

    C. 岗位安全生产培训教育

    D. 班组安全生产培训教育

5. 重大危险源评价以（　　　）作为评价对象。

    A. 生产经营单元   B. 危险源性质

    C. 危险程度   D. 危险单元

二、判断题

1. 规模小的企业没有必要对从业人员进行安全生产教育和培训。（　　　）

2. 某企业对重大危险源登记建档，但是未进行评估、监控，也没制定应急预案。（　　　）

3. 危险化学品生产经营单位的生产规模较小，可以不建立应急救援组织的，应当制定兼职的应急救援人员。（　　　）

4. 未经安全生产教育和培训合格的从业人员，不得上岗，有经验的从业人员除外。（　　　）

5. "三同时"的要求是针对我国境内的新建、改建、扩建的基本建设项目、技术改造项目，它不包括在我国境内建设的中外合资、中外合作和外商独资的建设项目。（　　　）

第五章

从业人员的权利和义务

通过本章的学习，使学生掌握《安全生产法》中规定的从业人员的基本权利和义务，而且能够正确地行使作为一名从业人员在生产中保证安全的基本权利，同时也要自觉地履行安全生产的基本义务。

《安全生产法》确立的"以人为本，安全发展"的基本理念，是安全生产工作的根本。安全生产的核心与关键，就是其从业人员。所谓从业人员，就是指从事生产经营活动各项工作的人员，包括生产经营单位主要负责人、管理人员、技术人员和各岗位的工作人员，也包括生产经营单位临时聘用的人员和被派遣劳动者。从业人员，我国《劳动法》称为劳动者或职工，是在生产经营单位工作，并取得劳动报酬的人员，是各项生产经营活动最直接的劳动者，是各项法定安全生产的权利享有者和义务承担者。从业人员能否安全、熟练地操作各种生产经营工具或者作业，能否得到人身安全和健康的切实保障，能否严格遵守安全规程和安全生产规章制度，往往决定了一个生产经营单位的安全水平。从业人员进行劳动，其生命安全和健康受法律保护，法律赋予其安全生产保障的权利。同时现代化的大生产中，要实现安全生产，没有从业人员的积极参与是不可能的，从业人员是实现安全生产的基本要素，安全生产规程、安全技术标准等都需要从业人员通过其具体的劳动来实现。因此不仅生产经营单位应承担安全生产保障义务，从业人员也应承担安全生产保障义务。

第一节　从业人员安全生产保障的权利

《安全生产法》第三条规定："安全生产工作坚持中国共产党的领导。安全生产工作应当以人为本，坚持人民至上、生命至上，把保护人民生命安全摆在首位，树牢安全发展理念，坚持安全第一、预防为主、综合治理的方针，从源头上防范化解重大安全风险……"随着社会化大生产的不断发展，劳动者在生产经营活动中的地位不断提高，人的生命价值也越来越受到党和国家的重视。关心和维护从业人员的人身安全权利，是实现安全生产的重要条件。就从业人员在安全生产中的地位和作用而言，保障从业人员的安全生产权利是安全生产立法的重要内容。以人为本，重视和保护从业人员的生命权，是贯穿《安全生产法》的主线。

《安全生产法》第六条规定："生产经营单位的从业人员有依法获得安全生产保障的权利，并应当依法履行安全生产方面的义务。"《安全生产法》第三章对从业人员的安全生产权利和义务做了比较全面、明确的规定，并且设定了严格的法律责任，为保障从业人员的合法权益提供了法律依据。《安全生产法》以其安全生产基本法律的地位，将从业人员的安全生产权利和义务上升为一项基本法律制度，这对强化从业人员的权利意识和自我保护意识、提升从业人员的安全素质、改善生产经营条件、促使生产经营单位加强管理和追究侵犯从业人员安全生产权利行为的法律责任，都具有重要意义。

从业人员既是各类生产经营活动的直接承担者，又是安全生产事故的受害者或责任者。只有高度重视和充分发挥从业人员在生产经营活动中的主观能动性，充分保护他们的人身权利，最大限度地提高从业人员的安全素质，才能调动他们的积极性，才能把不安全因素和事故隐患降到最低限度，预防事故，减少人身伤亡，实现安全生产。这是社会进步与法制进步的客观要求。党和国家历来重视生产经营单位从业人员的安全生产权利，《宪法》（2018年修正）第四十二条规定："中华人民共和国公民有劳动的权利和义务。国家通过各种途径，创造劳动就业条件，加强劳动保护，改善劳动条件，并在发展生产的基础上，提高劳动报酬和福利待遇。"《劳动法》《矿山安全法》和《煤炭法》等都明确规定了其从业人员的权利。《安全生产法》规定了各类从业人员必须享有的、有关安全生产和人身安全的最重要、最基本的权利，这就要求各级政府领导人和各类生产经营单位负责人，必须以对人民群众高度负责的精神和强烈的政治责任感，尊重和保障从业人员在安全生产方面依法享有的基本权利。这些基本安全生产权利，可以概括为以下五项。

一、获得安全保障、工伤保险和民事赔偿的权利

工伤社会保险是从业人员在从事生产劳动或与之相关的工作时，发生意外伤害，包括事故伤残、职业病以及因这两种情况造成死亡时，有权获得的物质帮助，从业人员因生产安全事故受到损害时，除依法享受工伤社会保险待遇外，依照有关民事法律，尚有获得赔偿的权利的，有向本单位提出赔偿要求的权利。参加工伤保险是用人单位承担的法定义务，它保障劳动者在受到工伤伤害时，及时获得工伤保险待遇；同时为了防止用人单位在参加工伤保险后，忽视工伤事故的预防及职业病的防治，安全生产法赋予受到工伤事故伤害的从业人员在享受工伤保险待遇的同时，有要求生产经营单位给予民事赔偿的权利。按照民事法律规定，生产经营单位对工伤事故的发生主观上有过错，给从业人员造成物质和精神损失的，生产经营单位应承担赔偿责任，即从业人员可以获得《安全生产法》和《民法》的双重保护。

《安全生产法》明确赋予了从业人员享有工伤保险和获得伤亡赔偿的权利，同时规定了生产经营单位的相关义务。《安全生产法》第五十二规定："生产经营单位与从业人员订立的劳动合同，应当载明有关保障从业人员劳动安全、防止职业危害的事项，以及依法为从业人员办理工伤社会保险的事项。""生产经营单位不得以任何形式与从业人员订立协议，免除或者减轻其对从业人员因生产安全事故伤亡依法应承担的责任。"第五十六条规定："因生产安全事故受到损害的从业人员，除依法享有工伤保险外，依照有关民事法律尚有获得赔偿的权利的，有权向本单位提出赔偿要求。"第五十一条规定："生产经营单位必须依法参加工伤保险，为从业人员缴纳保险费。"此外，《安全生产法》第一百零六条还对生产经营单位与从业人员订立协议，免除或者减轻其对从业人员因生产安全事故伤亡依法应承担的责任的，规定

该协议无效。并对生产经营单位主要负责人、个人经营的投资人处以二万元以上十万元以下的罚款。

《安全生产法》的这些规定，明确了以下四个问题。

第一，从业人员依法享有工伤保险和伤亡求偿的权利。法律规定这项权利必须以劳动合同必要条款的书面形式加以确认。没有依法载明或者免除或者减轻生产经营单位对从业人员因生产安全事故伤亡依法应承担的责任的，是一种非法行为，应当承担相应的法律责任。

第二，依法为从业人员缴纳工伤社会保险费和给予民事赔偿，是生产经营单位的法律义务。生产经营单位不得以任何形式免除该项义务，不得变相以抵押金、担保金等名义强制从业人员缴纳工伤社会保险费。

第三，发生生产安全事故后，从业人员首先依照劳动合同和工伤社会保险合同的约定，享有相应的赔付金。如果工伤保险金不足以补偿受害者的人身损害及经济损失的，依照有关民事法律应当给予赔偿的，从业人员或其亲属有要求生产经营单位给予赔偿的权利，生产经营单位必须履行相应的赔偿义务。否则，受害者或其亲属有向人民法院起诉和申请强制执行的权利。

第四，从业人员获得工伤社会保险赔付和民事赔偿的金额标准、领取和支付程序，必须符合法律、法规和国家的有关规定。

二、危险因素、防范措施和事故应急措施的知情权

从业人员有了解其作业场所和工作岗位存在的危险因素、防范的措施和事故应急措施的权利。知情权保障从业人员知晓并掌握有关安全知识和处理办法，从而可以消除许多不安全因素和事故隐患，避免事故发生或者减少人员伤亡。

生产经营单位特别是从事矿山、金属冶炼、建筑施工、运输、危险物品的生产经营单位，往往存在着一些对从业人员生命和健康带有危险、危害的因素，直接接触这些危险因素的从业人员往往是生产安全事故的直接受害者。过去，许多生产安全事故从业人员伤亡严重的教训之一，就是法律没有赋予从业人员获知危险因素以及发生事故时应当采取的应急措施的权利。

《安全生产法》第四十四条规定："生产经营单位应当教育和督促从业人员严格执行本单位的安全生产规章制度和安全操作规程；并向从业人员如实告知作业场所和工作岗位存在的危险因素、防范措施以及事故应急措施。"生产经营单位应当关注从业人员的生理、心理状况和行为习惯，加强对从业人员的心理疏导、精神慰藉，严格落实岗位安全生产责任，防范从业人员行为异常导致事故发生。

《安全生产法》第五十三条规定："生产经营单位的从业人员有权了解其作业场所和工作岗位存在的危险因素、防范措施及事故应急措施，有权对本单位的安全生产工作提出建议。"要保证从业人员这项权利的行使，生产经营单位就有义务事前告知有关危险因素和事故应急措施。否则，生产经营单位就侵犯了从业人员的权利，并对由此产生的后果承担相应的法律责任。

《中华人民共和国职业病防治法》（2018年12月29日修正版）第三十三条规定："用人单位与劳动者订立劳动合同（含聘用合同，下同）时，应当将工作过程中可能产生的职业病危害及其后果、职业病防护措施和待遇等如实告知劳动者，并在劳动合同中写明，不

得隐瞒或者欺骗。劳动者在已订立劳动合同期间因工作岗位或者工作内容变更，从事与所订立劳动合同中未告知的存在职业病危害的作业时，用人单位应当依照前款规定，向劳动者履行如实告知的义务，并协商变更原劳动合同相关条款。用人单位违反前两款规定的，劳动者有权拒绝从事存在职业病危害的作业，用人单位不得因此解除与劳动者所订立的劳动合同。"

《职业病防治法》第三十五条规定："对从事接触职业病危害的作业的劳动者，用人单位应当按照国务院卫生行政部门的规定组织上岗前、在岗期间和离岗时的职业健康检查，并将检查结果如实告知劳动者。职业健康检查费用由用人单位承担。"

三、安全生产管理的批评、检举和控告权

从业人员有对本单位安全生产管理工作中存在的问题提出批评、检举、控告的权利。从业人员是生产经营单位的主人，他们对安全生产情况尤其是安全管理中的问题和事故隐患最了解、最熟悉，具有他人不能替代的作用。只有依靠他们，并且赋予他们必要的安全生产监督权和自我保护权，才能做到预防为主，防患于未然，才能保障他们的人身安全和健康。

生产经营单位不提供法律规定的劳动条件，违章指挥、强令冒险作业等行为，是发生事故的重要原因之一，对这种危害生命安全和身体健康的行为，从业人员可发挥群众监督的作用，有权批评、检举和控告。

《安全生产法》第五十四条规定："从业人员有权对本单位安全生产工作中存在的问题提出批评、检举、控告；有权拒绝违章指挥和强令冒险作业。"

四、拒绝违章指挥和强令冒险作业权

从业人员有拒绝违章指挥和强令冒险作业的权利。违章指挥、强令冒险作业是对从业人员生命安全和身体健康的极大威胁，在生产经营活动中经常出现企业负责人或者管理人员违章指挥和强令从业人员冒险作业的现象，由此导致事故，造成大量人员伤亡。因此，法律赋予从业人员拒绝违章指挥和强令冒险作业的权利，使其能够能与生产经营单位的违法行为抗衡，保护自身利益。

《劳动法》（2018 年修正）第五十六条第二款规定："劳动者对用人单位管理人员违章指挥、强令冒险作业，有权拒绝执行；对危害生命安全和身体健康的行为，有权提出批评、检举和控告。"

《安全生产法》第五十四条第二款规定："生产经营单位不得因从业人员对本单位安全生产工作提出批评、检举、控告或者拒绝违章指挥、强令冒险作业而降低其工资、福利等待遇或者解除与其订立的劳动合同。"

五、紧急情况下的停止作业和紧急撤离权

从业人员发现直接危及人身安全的紧急情况时，具有采取紧急避险措施的权利，可以停止作业或者在采取可能的应急措施后撤离作业场所。与贵重的生产设备相比，人的生命始终是第一位的。在确认有生命危险的情况下，从业人员有权停止作业或者采取可能的应急措施后撤离作业场所。紧急避险权体现了法律以人为本的精神。

《安全生产法》第五十五条规定："从业人员发现直接危及人身安全的紧急情况时，有权停止作业或者在采取可能的应急措施后撤离作业场所。生产经营单位不得因从业人员在前款

紧急情况下停止作业或者采取紧急撤离措施而降低其工资、福利等待遇或者解除与其订立的劳动合同。"

从业人员在行使这项权利的时候，必须明确以下四个方面：

（1）危及从业人员人身安全的紧急情况必须有确实可靠的直接根据，凭借个人猜测或者误判而实际并不属于危及人身安全的紧急情况除外，该项权利也不能滥用；

（2）紧急情况必须直接危及人身安全，间接或者可能危及人身安全的情况不应撤离，而应采取有效的处理措施；

（3）出现危及人身安全的紧急情况时，首先是停止作业，然后要采取可能的应急措施；采取应急措施无效时，再撤离作业场所；

（4）该项权利不适用于某些从事特殊职业的从业人员，比如飞行人员、船舶驾驶人员、车辆驾驶人员等，根据有关法律、国际公约和职业惯例，在发生危及人身安全的紧急情况下，他们不能撤离或者不能先行撤离从业场所或者岗位。

此外，从业人员还有获得各项安全生产保护条件和保护待遇的权利，即从业人员有获得安全生产卫生条件的权利，有获得符合国家标准或者行业标准劳动防护用品的权利；有获得定期健康检查的权利等。从业人员有获得安全生产教育和培训的权利，即从业人员获得本职工作所需的安全生产知识，安全生产教育和培训的权利，使从业人员提高安全生产技能，增强事故预防和应急处理能力。

综上所述，从业人员的权利即：知情权、建议权、批评权、检举权、控告权、拒绝权、紧急避险权、申请赔偿权，简称为从业人员的八项权利。

第二节　从业人员的义务

作为法律关系内容的权利与义务是对等的。没有无权利的义务，也没有无义务的权利。从业人员依法享有权利，同时必须承担相应的法律义务和法律责任。《安全生产法》赋予了从业人员安全生产权利，也设定了相应的法定义务，主要有以下四项。

一、遵章守规，服从管理的义务

从业人员在作业过程中，应当严格遵守本单位的安全生产规章制度和操作规程，服从管理。安全生产规章制度和操作规程是生产经营单位进行安全生产的基本要求和保证，安全生产管理是维护生产经营单位正常生产秩序的保障，作为本单位职工的从业人员，有义务严格遵守和服从。

《劳动法》第五十六条第一款规定："劳动者在劳动过程中必须严格遵守安全操作规程。"

《安全生产法》第五十七条规定："从业人员在作业过程中，应当严格落实岗位安全责任，遵守本单位的安全生产规章制度和操作规程，服从管理，正确佩戴和使用劳动防护用品。"

遵守规章制度和操作规程，实际上就是依法进行安全生产。事实表明，从业人员违反规章制度和操作规程是导致生产安全事故的主要原因。生产经营单位的负责人和管理人员有权依照规章制度和操作规程进行安全管理，监督检查从业人员遵章守规的情况。对这些安全生产管理措施，从业人员必须接受并服从管理。

二、正确佩戴和使用劳动防护用品的义务

从业人员在作业过程中，应当正确佩戴和使用劳动防护用品，严禁在作业过程中放弃使用劳动防护用品或者不正确佩戴、不正确使用劳动防护用品。劳动防护用品是劳动者在劳动过程中为免遭或减轻事故伤害或职业危害所配备的防护装备。利用劳动防护用品实施个体防护是保护职工安全与健康所采取的必不可少的辅助措施，在某种意义上，个体防护是劳动者防止职业毒害和伤害的最后一项有效措施。按照法律、法规的规定，为保障人身安全，生产经营单位必须为从业人员提供必要的、安全的劳动防护用品，以避免或者减轻作业和事故中的人身伤害。正确佩戴和使用劳动防护用品可以避免和减轻职业危害的发生，从业人员应遵守此项法定义务。

三、接受安全培训，掌握安全生产技能的义务

不同行业、不同生产经营单位、不同工作岗位和不同的生产经营设施、设备都具有不同的安全技术特性和要求。随着生产经营领域的不断扩大和高新安全技术装备的大量使用，生产经营单位对从业人员的安全素质要求越来越高。从业人员的安全生产意识和安全技能的高低，直接关系到生产经营活动的安全可靠性。特别是从事矿山、建筑、危险物品生产作业和使用高科技安全技术装备的从业人员，更需要具有系统的安全知识，熟练的安全生产技能，以及对不安全因素和事故隐患、突发事故的预防、处理能力和经验。要适应生产经营活动对安全生产技术知识和能力的需要，必须对新招聘、转岗的从业人员进行专门的安全生产教育和业务培训。许多国有和大型企业一般比较重视安全培训工作，从业人员的安全素质比较高。但是许多非国有和中小企业不重视、不搞安全培训，企业的从业人员没有经过专门的安全生产培训，其中部分从业人员不具备应有的安全素质。因此违章违规操作，酿成事故的事例比比皆是。

为了明确从业人员接受培训、提高安全素质的法定义务，《安全生产法》第五十八条规定："从业人员应当接受安全生产教育和培训，掌握本职工作所需的安全生产知识，提高安全生产技能，增强事故预防和应急处理能力。"这项义务的履行能够提高从业人员的安全意识和安全技能，进而提高生产经营活动的安全可靠性。

四、发现事故隐患或者其他不安全因素及时报告的义务

从业人员是进行生产经营活动的主体，往往是发现事故隐患和不安全因素的第一当事人，及时报告，方能及时处理，方能避免和减少生产安全事故的发生。许多生产安全事故是由从业人员在作业现场发现事故隐患和不安全因素后没有及时报告，以至延误了采取措施进行紧急处理的时机而导致的。如果从业人员尽职尽责，及时发现并报告事故隐患和不安全因素，并及时有效地处理，完全可以避免事故的发生和降低事故的损失。发现事故隐患并及时报告是贯彻预防为主的安全生产方针，加强事前防范的重要措施。因此，《安全生产法》第五十九条规定："从业人员发现事故隐患或者其他不安全因素，应当立即向现场安全生产管理人员或者本单位负责人报告；接到报告的人员应当及时予以处理。"这就要求从业人员必须具有高度的责任心，防微杜渐，防患于未然，及时发现事故隐患和不安全因素，预防事故发生。

《安全生产法》明确规定了从业人员安全生产的法定义务和责任，具有重要的意义：第

一是安全生产是从业人员最基本的义务和不容推卸的责任，从业人员必须具有高度的法律意识；第二是安全生产是从业人员的天职，安全生产义务是所有从业人员进行生产经营活动必须遵守的行为规范，从业人员必须尽职尽责，严格照章办事，不得违章违规；第三是从业人员如不履行法定义务，必须承担相应的法律责任；第四是安全生产义务的设定，可为事故处理及其从业人员责任追究提供明确的法律依据。

第三节　工会的权利和义务

在我国，工会是依照法律规定由职工自愿结合的工人阶级的群众组织。代表和维护职工合法权益是工会的基本职责。生产经营单位的从业人员是《中华人民共和国工会法》意义上的职工。安全生产直接涉及职工的生命安全与身体健康，是职工根本利益的具体体现，维护职工在安全生产方面的权益是工会的职责。

工会在安全生产工作中代表从业人员对生产经营单位的安全生产进行监督。工会是维护从业人员合法权益的群众性组织，是协助生产经营单位加强安全管理的助手，是政府监督管理的重要补充。

《安全生产法》第七条规定："工会依法对安全生产工作进行监督。生产经营单位的工会依法组织职工参加本单位安全生产工作的民主管理和民主监督，维护职工在安全生产方面的合法权益。生产经营单位制定或者修改有关安全生产的规章制度，应当听取工会的意见。"

法律对工会在安全生产工作中的基本定位，就是依法组织职工参加管理和监督，履行维权职责。生产经营单位必须重视工会的地位和作用，吸收工会参与管理，自觉接受工会的监督，切实保护从业人员的合法权益。根据《中华人民共和国工会法》和《安全生产法》的规定，工会在安全生产保障上主要有如下职责。

（1）工会依法组织职工参加本单位安全生产工作的民主管理和民主监督，维护职工在安全生产方面的合法权益。

（2）工会依照国家规定对新建、扩建生产经营单位和技术改造工程中的安全设施与主体工程同时设计、同时施工、同时投产使用进行监督。

生产经营单位新建、改建或扩建的工程项目中的安全设施是否符合要求，是确保安全生产和从业人员人身安全和健康的重要条件。许多生产安全事故都是由于建设项目的安全设施的设计、施工和投产使用存在着重大事故隐患，导致生产安全事故和人员伤亡。为了发挥工会在"三同时"中的作用，《安全生产法》第六十条第一款规定："工会有权对建设项目的安全设施与主体工程同时设计、同时施工、同时投入生产和使用进行监督，提出意见。"对工会提出的意见，生产经营单位应当认真处理，并将处理结果书面通知工会。

（3）工会对生产经营单位违反安全生产法律、法规，不提供安全生产条件，侵犯从业人员合法权益的行为，有权要求纠正。

（4）发现生产经营单位违章指挥、强令冒险作业或者发现事故隐患时，工会有权提出解决的建议，生产经营单位应当及时研究答复。生产经营单位拒不改正的，工会可以请求当地人民政府作出处理。

（5）发现危及从业人员生命安全的情况时，工会有权向生产经营单位建议组织从业人员撤离危险场所，生产经营单位必须立即作出处理。

（6）工会有权依法参加事故调查，向有关部门提出处理意见，并要求追究有关人员的责任。

阅读材料　　　　几种常见的职业病典型案例及防治指南

一、尘肺病

【典型案例】

陕西一小镇某村是"尘肺病"村，至 2016 年 1 月，被查出的 100 多个尘肺病（肺尘埃沉着病）人中，已有 30 多人去世。起因是 20 世纪 90 年代后，部分村民自发前往矿区务工，长期接触粉尘却没有采取有效防护措施。医疗专家组在普查和义诊中发现，当地农民对于尘肺病的危害及防治知识一无所知，得了病后认为"无法治疗"，很多患者只是苦熬，失去了最佳治疗时机。

【专家解读】

尘肺病，是指在职业活动中，吸入生产性粉尘而引起的以肺组织弥漫性纤维化为主的全身性疾病，是我国目前发病率最高、危害最严重的职业病种，以矽肺、煤工尘肺、石棉肺、水泥尘肺等最为常见。

尘肺病起病缓慢，一般接触一年或几年后才发病，早期无明显症状，难以发现。随着病变发生，逐渐出现咳嗽、咳痰、胸痛、呼吸困难，并伴有喘息、咯血、全身乏力等症状。一旦患上尘肺病，即使脱离了粉尘环境，部分患者病情仍会继续恶化，且容易发生肺结核、支气管炎、肺炎、肺气肿、慢性肺心病等并发症，重者丧失劳动能力，甚至危及生命。

粉尘的接触行业有哪些？如矿山开采，是粉尘危害最严重行业，最多的工种是凿岩工、放炮工等，在煤矿业主要是掘进工、采煤工、搬运工等。其次，是机械制造、冶炼、建筑材料、筑路业、水电业等。

【预防指南】

目前防尘八字方针是"革、水、密、风、护、管、教、查"，其含义是工艺改革和技术革新、湿式作业、密闭尘源、通风除尘、个体防护、加强管理、宣传教育、监督检查。对于粉尘作业劳动者，防尘口罩有着"防火墙"的作用。

二、噪声聋

【典型案例】

老魏是某大型机械制造企业工程制造部的员工，从事铆焊已 11 年，其工作场所是大车间。近年来，老魏时常感觉耳膜震痛，与同事、朋友日常交谈力不从心，听力明显下降。2014 年 7 月，老魏前往疾控部门进行职业健康体检，专家调取了其近 5 年的体检资料，发现他的听力测试结果异常，但他没按医生建议定期复查，最终被诊断为职业性重度噪声聋。

【专家解读】

噪声性耳聋，是由于听觉长期遭受噪声影响，而发生缓慢的、进行性的感音性耳聋，早期表现为听觉疲劳，离开噪声环境后可以逐渐恢复，久之则难以恢复，终致耳聋。主要临床表现包括耳鸣、耳聋、头痛、头晕，有的伴有失眠、脑胀感等。早期表现为，工作后几小时内有耳鸣，以后变为顽固性耳鸣，症状不再消失。有的患者还伴有眩晕、恶心或呕吐等。

劳动者出现以下情况时，应怀疑听力受到损害：下班后耳朵仍有嗡嗡声；与人交谈时，觉得声音变小或听不清楚；别人发现你说话声音变大；听不到门铃或电话声；听音乐时觉得音质有改变；习惯把电视或收音机的音量调得十分大。产生噪声的主要工种包括：机械加工、制造工种，金属表面处理工种，纺织服装工种，热电工种、建筑工种等。

【预防指南】

对于职业性噪声聋，关键在预防。比如用人单位，要组织接触噪声的劳动者，按照规定做好上岗前、在岗期间、离岗时职业健康体检。而劳动者，如果怀疑自身有职业性噪声聋，应到相关机构进行健康检查等。

三、慢性苯中毒

【典型案例】

在某包装印刷公司从事制版工作的女工周某，由于工作需要，每月有 26 天、每天有 8 小时要接触香蕉水。工作 2 年后，在职业健康体检中发现白细胞和中性粒细胞计数均低于正常值。经对其工作现场的空气检测，结果显示空气中苯含量明显超标，且无任何防护设施和个人防护用品，最后被诊断为"职业性慢性中度苯中毒"。

【专家解读】

短时间吸入高浓度苯蒸气，可导致急性中毒，主要损害中枢神经系统，表现为头晕、头痛、恶心、呕吐、步态不稳等醉酒状态，严重者可出现烦躁不安、昏迷、抽搐、血压下降，极严重者因呼吸中枢麻痹而死亡。较长时间接触苯可致慢性苯中毒，主要损害造血系统，患者常伴有头晕、头痛、乏力、失眠、记忆力减退等表现。造血系统损害会引起白细胞减少、再生障碍性贫血、骨髓增生异常综合征及各种类型的白血病（即"血癌"）。

苯是一种常见而且重要的化工原料，广泛用于制造苯乙烯、染料、药物、农药、炸药，还可用于油漆、油墨、树脂、人造革、粘胶等。从事上述作业的人员都有可能接触苯，应高度预防苯中毒。

【预防指南】

预防苯中毒，尽量做到生产过程密闭化、自动化，使用机械通风；用无毒或低毒物质代替苯做溶剂等；佩戴有效的防毒口罩或面罩；特别要做好作业工人的健康监护工作；女工怀孕期及哺乳期必须调离苯岗位；开展职业安全卫生知识的宣传教育，做好个人职业卫生防护等。

四、铬鼻病

【典型案例】

扬州某电镀厂 5 人在进行职业性健康检查时发现铬中毒，检查发现鼻中隔穿孔 2 名，鼻粘膜糜烂 2 名，鼻粘膜溃疡 1 名，经专家诊断，5 名病人均被确诊为铬鼻病。

【专家解读】

铬鼻病患者一般有流涕、鼻塞、嗅觉减退等症状，有鼻黏膜充血、肿胀、干燥或萎缩等特征。凡鼻中隔黏膜糜烂、溃疡，鼻中隔软骨部穿孔者，即可疑似为铬鼻病。

职业活动中，接触铬及其化合物的机会较多。如铬矿石和铬冶炼时会产生含铬粉尘和烟雾，电镀时会产生铬酸雾。冶金工业中，铬还用于生产合金、不锈钢、铬铁，及与铁、镍、钼、钨等冶炼成特殊钢材。某些颜料、油漆也含有大量的铬酸盐、重铬酸盐，照相的感光剂中有铬酸铵。

【预防指南】

防范铬及其化合物危害，应改善工作环境，降低工作车间铬尘浓度。加强健康教育，提高生产工人健康意识，加强个人防护措施，如戴加厚口罩、戒除挖鼻等不良习惯、下班后洗手等。鼻腔局部可滴用维生素 E 滴鼻油，防治职业性铬鼻病。通过定期健康体检，建立个体化、系统化的健康风险评估和管理系统。

习　题

一、单项选择题

1. 以下不属于从业人员安全生产保障权利的是（　　）。

　　A. 紧急情况下的停止作业和紧急撤离权

　　B. 安全生产管理的批评、检举和控告权

　　C. 危险因素、防范措施和事故应急措施的知情权

　　D. 根据个人需要调整岗位权

2. 以下不属于从业人员安全生产义务的是（　　）。

　　A. 遵章守规，服从管理　　　　　　　B. 紧急情况下坚守岗位

　　C. 接受安全培训，掌握安全生产技能　D. 正确佩戴和使用劳动防护用品

3. 以下说法不正确的是（　　）。

　　A. 出现危及人身安全的紧急情况时，首先撤离作业场所

　　B. 危机从业人员人身安全的紧急情况必须有确实可靠的直接根据

　　C. 某些从事特殊职业的从业人员如飞行员在发生危及人身安全的紧急情况下不能先行撤离岗位

　　D. 从业人员有权拒绝违章指挥和强令冒险作业

4. 下述中有关职业病防治法内容，说法不正确的是（　　）。

　　A. 职业病病人变动工作单位，其依法享有的待遇不变

　　B. 职业病病人的诊疗、康复费用，伤残以及丧失劳动能力的职业病病人的社会保障，按照国家有关工伤保险的规定执行

　　C. 用人单位对不适宜继续从事原工作的职业病病人，应当从单位辞退

　　D. 用人单位对从事接触职业病危害的作业的劳动者，应当给予适当岗位津贴

5. 下述中有关工伤保险条例内容，说法不正确的是（　　）。

　　A. 在上下班途中，受到非本人主要责任的交通事故伤害的认定为工伤

  B. 患职业病的，认定为工伤

  C. 在抢险救灾等维护国家利益、公共利益活动中受到伤害的认定为工伤

  D. 在工作时间和工作岗位，突发疾病死亡的视同工伤

二、判断题

1. 生产经营单位制定或者修改有关安全生产的规章制度，可以不听取工会的意见。（　　　）

2. 从业人员发现可能危及人身安全的紧急情况时，有权停止作业或者在采取可能的应急措施后撤离作业场所。（　　　）

3. 劳动者对用人单位管理人员违章指挥、强令冒险作业，有权拒绝执行。（　　　）

4. 从事接触职业病危害的作业的劳动者，职业健康检查费用由个人承担。（　　　）

5. 依法为从业人员缴纳工伤社会保险费和给予民事赔偿，是生产经营单位的法律义务。（　　　）

第六章 安全生产监督管理

📚 学习目标

　　通过本章的学习，使学生掌握我国的安全生产监督管理体制，增强对国家安全管理工作程序的认识，提升安全生产工作的管理意识。

第一节　中国安全生产监督管理体制的发展

　　国家安全生产监督管理，是指国家法律授权行政部门设立的监督管理机构为主体实施的，以国家名义并运用国家权力，对企业、事业和有关机关履行安全生产职责和执行安全生产法规、政策和标准的情况，依法进行监督、监察、纠正和惩戒的工作。与社会经济相适应，安全生产工作管理体制也在不断地调整。

　　我国的安全监督管理体制的发展大致经历了如下几个阶段。

一、新中国成立初期——安全生产工作体制建设的探索期

　　自新中国成立至 1957 年，我国政治、经济、文化等各领域百业待举，百废待兴，安全生产工作处于"行业管理、工会监督、劳动部门检查"的萌芽状态，安全生产形势平稳。

　　根据《中国人民政治协商会议共同纲领》的规定，"实行工矿检查制度，以改进工矿的安全和卫生设备"。党和政府提出了加强安全生产的一系列方针政策。新中国成立后，中央人民政府设立了劳动部。劳动部下设劳动保护司，各地方劳动保护部门设劳动保护处、科，作为劳动保护工作的专管机构。政府许多产业部相继在内部的生产或人事部门设立了专管劳动保护工作的机构。中华全国总工会在各级工会中设立了劳动保护部，工会基层组织一般设立劳动保护委员会，以加强对企业劳动保护的监督。八年间，由于执行安全生产方针坚决，措施得力，企业安全条件、劳动环境不断改善，安全形势稳定，伤亡事故得到控制。

二、改革开放时期——安全生产监管体制的形成调整期

　　1958～1976 年，我国安全生产工作处于不稳定时期，不断发生重特大事故，出现了两次事故高峰。1961～1965 年，国家进行经济调整，1963 年国务院颁布了《关于加强企业生产中安全工作的几项规定》，国民经济出现好转。

　　1975～1986 年，我国开始勾画"行业管理、国家监察、社会监督"的安全生产监管体制轮廓。

　　1975 年，国务院设立了国家劳动总局（即原国家计委劳动局扩编为国家劳动总局）全面

恢复了劳动安全卫生管理和监督检查工作。党的十一届二中全会以后，国家劳动总局分设了劳动保护局和锅炉压力容器安全监察局，1981 年为加强对矿山安全卫生监督检查工作，又成立了矿山安全卫生监察局。

1987～1997 年为社会主义计划经济向社会主义市场经济理性转变期。这个时期安全工作体制为"企业负责、行业管理、国家监察、群众监督"。

1988 年劳动部和人事部分开设立，劳动部是在国务院领导下综合管理全国劳动工作的职能部门，综合管理职业安全卫生、矿山安全、锅炉压力容器安全工作，实行国家监察。1993 年，在劳动部设立安全生产管理局、职业安全卫生与锅炉压力容器安全监察局、矿山安全监察局。

在此期间，伴随着多种经营方式的出现和国家一些政策放开，企业片面追求效益，安全投入不足，国家安全监察力量没有强化，分别在 1988 年和 1994 年出现了新中国成立后第三次和第四次事故高峰。

三、市场经济初步建立时期——安全生产监管体制的初创期

1998 年国家进行了较为深层次的政府机构改革，将专业管理部门（行业管理部门）撤销，使企业从政府直接管理中解脱出来，安全监督工作体制体现为"企业负责、国家监察、群众监督"新三结合结构。2000 年，设立国家安全生产监督管理局，与国家煤矿安全监察局合署办公（一个机构、两块牌子），由国家经贸委负责管理。

2005 年 2 月，国务院决定把国家安全生产监督管理局升格为国家安全生产监督管理总局，同时专设由总局管理的国家煤矿安全监察局，提高监察的权威性，强化煤矿安全监察执法。

2007 年 10 月，党的十七大召开。2008 年 3 月，第十一届全国人民代表大会第一次会议和中国人民政治协商会议第十一届全国委员会第一次会议相继召开，全面贯彻落实党的十七大精神是全国两会的显著特点。在国务院机构改革的新形势下，安全生产工作机遇与挑战并存。全国安全生产工作总体要求是：全面贯彻落实科学发展观，自觉坚持安全发展指导原则和"安全第一，预防为主，综合治理"方针，进一步完善以"安全发展"为核心的安全生产理论体系和法律法规、政策措施、目标指标、监管监察工作保障体系，加强安全监管监察队伍建设和基层建设，提升执法水平和履职能力，积极探索安全生产综合监管的科学方式和有效途径，理顺综合监管与部门监管、行业管理的关系，健全完善协调配合机制，推动相关部门明确安全监管职责，为到 2010 年安全生产实现明显好转奠定坚实基础。

四、中国特色社会主义新时代——安全生产监管体制的逐步完善期

2012 年 11 月 8 日，中国共产党第十八次全国代表大会召开。党的十八大以来，以习近平同志为核心的党中央高度重视生产安全，把安全作为民生大事。

2013 年 6 月习近平就做好安全生产工作作出重要指示。习近平强调，要始终把人民生命安全放在首位，以对党和人民高度负责的精神，完善制度，强化责任、加强管理，严格监管，把安全生产责任制落到实处，切实防范重特大安全生产事故的发生。人命关天，发展决不能以牺牲人的生命为代价。这必须作为一条不可逾越的红线。

2013 年 7 月，在中央政治局第 28 次常委会上，习近平做了安全生产工作的重要讲话。第一，要强化各级党委和政府的安全监管职责。第二，要强化中央企业的安全生产责任。第三，要严格事故调查，严肃责任追究。第四，要抓好安全生产大检查。

2014 年 8 月 31 日，第十二届全国人大常委会第 10 次会议通过关于修改《安全生产法》的决定，明确将"以人为本，坚持安全发展"作为安全生产工作的基本理念，对生产经营单位、生产经营单位主要负责人、监管人员的行政责任等加大处罚力度。2014 年 12 月 1 日起，《安全生产法》（2014 年版）正式施行。

党的十八大以来，一项项法律条例的推进落实，一部部专项措施的出台，安全生产立法体制机制日渐完善：《矿山安全法》《安全生产法实施条例》《生产安全事故应急条例》等立法工作稳步推进；建立了以 11 部有关专项法律、3 部司法解释、20 余部国家行政法规、30 余部地方性法规、100 余部部门规章、近 400 部安全行业标准为支撑的安全生产法律法规标准制度体系。

按照《国务院安全生产委员会 2017 年安全生产宣传教育工作要点》要求，从 2017 年起，将每年 12 月的第一周作为《安全生产法》宣传周，集中开展宣传活动。

2018 年 3 月，根据第十三届全国人民代表大会第一次会议批准的国务院机构改革方案，中华人民共和国应急管理部设立，原安全生产监督管理总局撤消。

应急管理部的主要职责包括：

（1）组织编制国家应急总体预案和规划，指导各地区各部门应对突发事件工作，推动应急预案体系建设和预案演练；

（2）建立灾情报告系统并统一发布灾情，统筹应急力量建设和物资储备并在救灾时统一调度，组织灾害救助体系建设，指导安全生产类、自然灾害类应急救援，承担国家应对特别重大灾害指挥部工作；

（3）指导火灾、水旱灾害、地质灾害防治；

（4）负责安全生产综合监督管理和工矿商贸行业安全生产监督管理等；

（5）处理防灾和救灾的关系，明确与相关部门和地方各自职责分工，建立协调配合机制。

应急管理部成立之后，中国的综合应急管理体系从强调全灾害管理走向重视全过程管理，这是新时代国家应急管理创新发展的主逻辑。从体制上看，新时代应急管理创新发展的关键是建立和完善以应急管理部为牵头组织的多主体协同网络。从机制上看，新时代应急管理创新发展的关键是流程重塑，从准备、预防、减缓、响应和恢复五个环节全面优化应急管理的运行机制。

2021 年 6 月 10 日，第十三届全国人民代表大会常务委员会第二十九次会议通过了关于修改《安全生产法》的决定。2021 年 9 月 1 日起，《安全生产法》（2021 年版）正式施行。

我国的安全生产监督管理经过半个多世纪的摸索，形成了具有中国特色的管理体制，并且经过逐步完善，进入快速发展成熟的时期。

第二节　安全生产监督管理体制

一、安全生产监督管理的基本原则与基本特征

安全生产监督管理，主要指政府或者其他有关组织对生产经营单位安全生产工作的监督和管理，不包括生产经营单位内部的管理和监督，如很多矿山企业集团内部设立安全监察局，对下属企业的监督，属企业内部的监督。

1. 基本原则

应急管理部门和其他负有安全生产监督管理职责的部门对生产经营单位实施监督管理职责时，遵循以下基本原则。

① 坚持"有法必依、执法必严、违法必究"的原则。

② 坚持以事实为依据，以法律为准绳的原则。

③ 坚持预防为主的原则。

④ 坚持行为监察与技术监察相结合的原则。

⑤ 坚持监察与服务相结合的原则。

⑥ 坚持教育与惩罚相结合的原则。

2. 基本特征

政府对安全生产监督管理的职权是由法律法规所规定，是以国家机关为主体实施的，对生产经营单位履行安全生产职责和执行安全生产法规、政策和标准的情况，依法进行监督、监察、纠正和惩戒。

（1）权威性。国家对安全生产监督管理的权威性首先源于法律的授权。法律是由国家的最高权力机关全国人民代表大会制定和认可的，体现的是国家意志。《安全生产法》《矿山安全法》等有关法律对安全生产监督管理都有明确的规定。

（2）强制性。国家的法律都必然要求由国家强制力来保证其实施。各级人民政府应急管理部门和其他有关部门对安全生产工作实施的监督管理，由于是依法行使的监督管理权，它就是以国家强制力作为后盾的。

（3）普遍约束性。所有在中华人民共和国领域内从事生产经营活动的单位，凡有关涉及安全生产方面的工作，都必须接受统一的监督管理，履行《安全生产法》等有关法律所规定的职责，不允许逃避、抗拒法律所规定的监督管理。这种普遍约束性，实际上就是法律的普遍约束力在安全生产工作中的具体体现。

二、我国安全生产监督管理的体制

目前我国安全生产监督管理的体制是：综合监管与行业监管相结合、国家监察与地方监管相结合、政府监督与其他监督相结合。

1. 综合监管与行业监管

2005 年 2 月，国家安全生产监督管理局调整为国家安全生产监督管理总局，是国务院主管安全生产综合监督管理的直属机构，依法对全国安全生产实施综合监督管理。2018 年 3 月，第十三届全国人民代表大会第一次会议批准了《国务院机构改革方案》，组建应急管理部，不再保留国家安全生产监督管理总局。现在，国务院应急管理部门依法对全国安全生产工作实施综合监督管理。公安、交通、铁道、民航、水利、电监、建设、国防科技、邮政、信息产业、旅游、质检、环保等国务院有关部门分别对交通、铁路、民航、水利、电力、建筑、国防工业、邮政、电信、旅游、特种设备、消防、核安全等行业和领域的安全生产工作负责监督管理，即行业监管。应急管理部不取代这些部门具体的安全生产监督管理工作，仅从综合监督管理全国安全生产工作的角度，指导、协调和监督这些部门的安全生产监督管理工作。

除此之外，综合监督管理还体现在组织起草安全生产方面的综合性法律、行政法规和规章，研究拟定安全生产方针政策等。地方各级人民政府也都以不同形式成立了相应的安全生产综合监督管理部门和行业监督管理部门，履行综合监管和行业监管的职能。中华人民共和国应急管理部和国务院其他安全生产的行业监督管理部门，对地方的安全生产综合监督管理部门和行业监督管理部门在业务上进行指导。

《安全生产法》第十条明确规定，国务院应急管理部门依照本法，对全国安全生产工作实施综合监督管理；县级以上地方各级人民政府应急管理部门依照本法，对本行政区域内安全生产工作实施综合监督管理。

国务院交通运输、住房、城乡建设、水利、民航有关部门依照本法和其他有关法律、行政法规的规定，在各自的职责范围内对有关行业、领域的安全生产工作实施监督管理；县级以上地方各级人民政府有关部门依照本法和其他有关法律、法规的规定，在各自的职责范围内对有关行业、领域的安全生产工作实施监督管理。对新兴行业、领域的安全生产监督管理职责不明确的，由县级以上地方各级人民政府按照业务相近的原则确定监督管理部门。

应急管理部门和对有关行业、领域的安全生产工作实施监督管理的部门，统称负有安全生产监督管理职责的部门。负有安全生产监督管理职责的部门应当相互配合、齐抓共管、信息共享、资源共用，依法加强安全生产监督管理工作。

另外，为了加强国家对整个安全生产工作的领导，加强综合监管与行业监管之间的协调配合，国务院成立了安全生产委员会，设立国务院安全生产委员会办公室，其工作由中华人民共和国应急管理部承担，具体职责之一就是研究提出安全生产重大方针政策和重要措施的建议，监督检查、指导协调国务院有关部门和各省、自治区、直辖市人民政府的安全生产工作。各省、自治区、直辖市人民政府也建立了相应的安全生产委员会，部分市、县也建立了安全生产委员会。通过安全生产委员会的作用，对安全生产的监督管理起到了相互协调、相互配合的作用，大大加强了安全生产的监督管理工作。

2. 国家监察与地方监管

除了综合监督管理与行业监督管理之外，针对某些危险性较高的特殊领域，国家为了加强安全生产监督管理工作，专门建立了国家监察机制。如矿山，国家专门建立了垂直管理的矿山安全监察机构，国家设立国家矿山安全监察局，各省设立省级矿山安全监察局，省级矿山安全监察局下设分局，监察机构与地方政府没有任何关系，财、权、物全部由中央负责，避免实行监察过程中受地方政府的干扰。同时，考虑到目前全国矿山数量很大，点多面广，矿山安全监察机构的力量不足的特点，国家赋予某些权力给地方政府，由地方政府明确相应的部门行使对矿山安全生产的监督管理权，即实行地方监管。

矿山安全监察机构主要履行以下职责：第一，拟订矿山安全生产（含地质勘探，下同）方面的政策、规划、标准，起草相关法律法规草案、部门规章草案并监督实施。第二，负责国家矿山安全监察工作。监督检查地方政府矿山安全监管工作。组织实施矿山安全生产抽查检查，对发现的重大事故隐患采取现场处置措施，向地方政府提出改善和加强矿山安全监管工作的意见和建议，督促开展重大隐患整改和复查。第三，指导矿山安全监管工作。制定矿山安全准入、监管执法、风险分级管控和事故隐患排查治理等政策措施并监督实施，指导地方矿山安全监督管理部门编制和完善执法计划，提升地方矿山安全监管水平和执法能力。依法对煤矿企业贯彻执行安全生产法律法规情况进行监督检查，对煤矿企业安全生产条件、设备设施安全情况进行监管执法，对发现的违法违规问题实施行政处罚、监督整改落实并承担相应责任。第四，负责统筹矿山安全生产监管执法保障体系建设，制定监管监察能力建设规划，完善技术支撑体系，推进监管执法制度化、规范化、信息化。第五，参与编制矿山安全生产应急预案，指导和组织协调煤矿事故应急救援工作，参与非煤矿山事故应急救援工作。依法组织或参与煤矿生产安全事故和特别重大非煤矿山生产安全事故调查处理，监督事故查处落实情况。负责统计分析和发布矿山安全生产信息和事故情况。第六，负责矿山安全生产宣传教育，组织开展矿山安全科学技术研究及推广应用工作。指导矿山企业安全生产基础工作，会同有关部门指导和监督煤矿生产能力核定工作。对煤矿安全技术改造和瓦斯综合治理与利用项目提出审核意见。

3. 政府监督与其他监督

加强生产经营单位外部的监督和管理是安全生产的重要保证，是整个安全生产监督管理体制的一个重要组成部分，在安全生产工作中发挥着重要的作用。

政府方面的监督主要有：应急管理部门和其他负有安全生产监督管理职责的部门及监察部门，其他方面的监督主要有：安全中介机构的监督；社会公众的监督；工会的监督；新闻媒体的监督；居民委员会、村民委员会等组织的监督。

第三节　安全生产监督管理部门的职责

一、负有安全生产监督管理职责部门的职责

《安全生产法》规定"负有安全生产监督管理职责的部门"，包括应急管理部门和对有关行业、领域的安全生产工作实施监督管理的部门。为了充分发挥负有安全生产监督管理职责的部门的作用，保证负有安全生产监督管理职责的部门严格、规范地依法履行监督管理职责，《安全生产法》从以下几个方面对负有安全生产监督管理职责的部门的监督管理做了规定。

（1）采取多种形式，加强对有关安全生产的法律、法规和安全生产知识的宣传，提高职工的安全生产意识。

（2）配合有关政府进行安全检查。县级以上地方各级人民政府应当根据本行政区域的安全生产状况，组织有关部门按照职责分工，对本行政区域内容易发生重大生产安全事故的生产经营单位进行严格检查。应急管理部门应当按照分类分级监督管理的要求，制定安全生产年度监督检查计划，并按照年度安全生产监督检查计划进行监督检查，发现事故隐患，应当及时处理。

（3）严格依法对涉及安全生产的事项进行审查批准并加强监督检查。

（4）依法开展安全生产行政执法工作，对生产经营单位执行有关安全生产的法律、法规和国家标准、行业标准的情况进行监督检查，行使以下职权：

第一，进入生产经营单位进行检查，调阅有关资料，向有关单位和人员了解情况。

第二，对检查中发现的安全生产违法行为当场予以纠正或者要求限期改正，对依法应当给予行政处罚的行为，依照本法和其他有关法律、行政法规的规定作出行政处罚决定。

第三，对检查中发现的事故隐患，应当责令立即排除；重大事故隐患排除前或者排除过

程中无法保证安全的，应当责令从危险区域内撤出作业人员，责令暂时停产停业或者停止使用相关设施、设备；重大事故隐患排除后，经审查同意，方可恢复生产经营和使用。

第四，对有根据认为不符合保障安全生产的国家标准或者行业标准的设施、设备、器材以及违法生产、储存、使用、经营、运输的危险物品予以查封或者扣押，对违法生产、储存、使用、经营危险物品的作业场所予以查封，并依法做出处理决定。

（5）接受监察机关的监督。

（6）建立举报制度。

（7）制定有关奖励制度，对报告重大事故隐患或者举报安全生产违法行为的有功人员，给予奖励。

（8）配合地方政府制定应急救援体系。

（9）事故报告，负有安全生产监督管理职责的部门接到事故报告后，应当立即按照国家有关规定上报事故情况，不得隐瞒不报、谎报或者拖延不报。

（10）积极支援事故抢救。

（11）组织事故调查。

（12）进行事故发布。

（13）依法实施行政处罚。

二、安全生产监督管理人员的职责

行政执法部门的职责决定其行政执法人员的职责，根据上述规定，安全生产监督管理人员有以下主要职责。

1. 宣传安全生产法律、法规和国家有关方针和政策

安全生产工作事关国家和人民群众的生命财产安全，做好安全生产工作，必须要有广大职工群众积极主动地参与。安全生产监督管理人员熟悉国家法律、法规和方针政策，向社会公众进行宣传，有其有利条件。另外，安全生产监督管理人员是国家公务人员，宣传法律、法规和方针政策是其应尽的义务。

2. 监督检查生产经营单位执行安全生产法律、法规和标准的情况

根据《安全生产法》规定：负有安全生产监督管理职责的部门依法对生产经营单位执行有关安全生产的法律、法规和国家标准或者行业标准的情况进行监督检查，可以进入生产经营单位进行检查，调阅有关资料，向有关单位和人员了解情况。这是负有安全生产监督管理职责的部门最基本的职权，也是其依法履行监督检查职责的基础，是安全生产监督管理人员履行监督检查职责的基础。安全生产监督管理人员在履行监督检查职责时，有权进入生产经营单位，包括进入其行政办公地点和相应的生产、作业场所或者营业场所进行检查；有权调阅有关资料，包括可能涉及该单位安全生产情况的所有资料；有权向有关单位和人员了解情况，包括被检查单位及其有关负责人和其他有关人员，也包括可能了解情况的其他有关单位和人员。

3. 严格履行有关行政许可的审查工作

依照有关法律、法规的规定，涉及安全生产的许多事项均设立了行政许可制度，如安全

生产许可、建筑施工许可、危险化学品经营许可、主要负责人的安全资格、安全设施的设计审查与竣工验收等，这些都要求负有安全生产监督管理职责的部门严格依法把关并加强监督检查，安全生产监督管理人员有权对上述许可内容进行审查，对符合条件的，建议行政许可部门颁发行政许可；对不符合条件的，建议行政许可部门不予颁发许可；配合负有安全生产监督管理职责的部门严把审批关，对于不符合有关法律、法规和国家标准或者行业标准规定的安全生产条件的，一律不得批准或者验收通过，不能"先批准，后整改"；严肃处理未依法取得批准或者未验收合格擅自从事有关活动的单位，无论是日常监督检查中发现，还是经单位或者个人举报并经查实，都应当立即予以取缔，并依法予以处理。

"依法予以处理"，是指在予以取缔的同时，必须依照《安全生产法》和其他有关法律、法规的规定，进行相应的处理，主要包括：应当给予相应的行政处罚的，给予行政处罚；应当对有关责任人员给予相应的行政处分的，给予行政处分；认为涉嫌犯罪，需要追究有关单位和有关人员刑事责任的，依照《行政执法机关移送涉嫌犯罪案件的规定》移送有关司法机关处理。对不再具备安全生产条件的单位，应当撤销原批准。

4. 依法处理安全生产违法行为，实施行政处罚

根据法律规定，负有安全生产监督管理职责的部门对检查中发现的安全生产违法，应当场予以纠正或者要求限期改正；对依法应当给予行政处罚的行为，依照法律、行政法规的规定做出行政处罚。除当场行政处罚，按照简易程序由安全生产监督管理人员代表行政执法机构对违法行为做出行政处罚外，大多数行政处罚都需执行一般程序，即立案调查、做出处罚决定，实施行政处罚，有些还要听证。在整个过程中，安全生产监督管理人员对行政处罚只是建议，最终做出决定的是行政执法部门。但是，行政处罚的多少，是否要给予行政处罚，给予什么样的行政处罚，很大程度上取决于安全生产监督管理人员。另外，针对很多轻微的安全生产违法，不需要实施行政处罚，可以由安全生产监督管理人员代表行政执法部门当场予以纠正或者要求限期改正。因此，尽管大部分行政处罚由行政执法机关做出，安全生产监督管理人员仅有行政处罚建议权。从根本上说，安全生产监督管理人员对安全生产违法行为有处理权，一方面表现在直接的处理，另一方面表现在间接的建议。

在实际操作中，对检查中发现的生产经营单位及其有关人员的安全生产违法行为，能够立即纠正的，如违章指挥或者违章操作，未按要求佩戴、使用劳动防护用品等，负有生产监督管理职责的部门有权当场予以纠正；对难以立即纠正的，如未建立安全生产责任制，未按要求建立安全生产管理机构、安全生产资金投入不到位等，有权要求生产经营单位在一定的限期内改正；同时，对依法应当给予行政处罚的行为，还有权依照本法和其他有关法律、行政法规的规定做出行政处罚决定。其他有关法律、行政法规，既包括其他有关安全生产的法律、行政法规，如矿山安全法、消防法、建筑法、煤炭法、煤矿安全监察条例、危险化学品安全管理条例等，也包括行政处罚法等专门规定行政处罚程序的法律、行政法规。

5. 正确处理事故隐患，防止事故发生

根据法律规定，负有安全生产监督管理职责的部门对检查中发现的事故隐患，应当责令立即排除；重大事故隐患排除前或者排除过程中无法保证安全的，应当责令从危险区域内撤出作业人员，责令暂时停产停业或者停止使用；重大事故隐患排除后，经审查同意，方可恢复生产经营和使用。实际上，对生产经营单位的现场检查，由安全生产监督管理人员履行。

对于轻微的事故隐患，安全生产监督管理人员可能直接责令立即排除；对于较大严重的事故隐患，可能责令立即排除，如立即排除难以做到的，可能责令立即从危险区域内撤出作业人员，暂时停产停业或者停止使用，同时向行政执法部门报告。实际如何操作，要根据现场的实际情况确定。需要注意的是，这里的"责令暂时停产停业"只是一种临时性的行政强制措施，而不是正式的行政处罚，因此，不需要经过行政处罚法规定的有关程序。重大事故隐患排除后，负有安全生产监督管理职责的部门应当对隐患排除情况和安全生产条件依法进行审查，经审查同意后，才能恢复生产经营或者使用相关的设备、器材等。

6. 依法处理不符合法律法规和标准的有关设施、设备、器材

生产经营单位使用的设施、设备、器材是否符合保障安全生产的国家标准或者行业标准的要求，直接关系到生产经营单位的安全生产。因此，《安全生产法》和其他有关安全生产的法律、行政法规都明确要求生产经营单位使用的设施、设备、器材应当符合保障安全生产的国家标准或者行业标准的要求。根据法律规定，负有安全生产监督管理职责的部门对有根据认为不符合保障安全生产的国家标准或者行业标准的设施、设备、器材予以查封或者扣押，并应当在15日内依法做出处理决定。在检查中，安全生产监督管理人员发现生产经营单位的设施、设备、器材不符合保障安全生产国家标准或者行业标准的，代表或者建议负有安全生产监督管理部门对其实施采取查封或者扣押措施。查封或者扣押后，经调查确认，该实施行政处罚的，依法实施行政处罚；该移送其他执法部门处理的，及时移送其他执法部门处理。赋予负有安全生产监督管理职责的部门这项职权，是为了防止生产经营单位继续使用不能保障安全生产的设施、设备和器材，给安全生产造成威胁。查封主要适用于不可移动的设施、设备及器材等。采取查封措施的，未经允许，生产经营单位不得擅自启用。采取查封、扣押措施要慎重，其适用对象只能是"有根据认为不符合保障安全生产的国家标准或者行业标准的设施、设备、器材"。"有根据"，实践中应当视具体情况而定。例如，对属于"三无"产品的设备、器材以及其他不需要检验、检测就可以发现其不符合有关保障安全生产的国家标准或者行业标准的设施、设备、器材等，当然属于"有根据"；对于需要检验、检测后才能判断其是否符合要求的设施、设备、器材等，应当以检验、检测的结果来确定是否属于"有根据"。负有安全生产监督管理职责的部门采取查封、扣押措施后，应当根据实际情况，在15日内依法做出相应的处理决定：对设备、器材等，能够修理、更换的，责令予以修理、更换；不能修理、更换的，予以没收或者销毁；对于有关设施，能够整改的，责令整改，不能整改的，责令停产停业；需要给予行政处罚的，依法做出处罚决定。

7. 接受监察机关的监督

《中华人民共和国监察法》规定："中华人民共和国国家监察委员会是最高监察机关。省、自治区、直辖市、自治州、县、自治县、市、市辖区设立监察委员会。""各级监察委员会是行使国家监察职能的专责机关，依照本法对所有行使公权力的公职人员进行监察，调查职务违法和职务犯罪，开展廉政建设和反腐败工作，维护宪法和法律的尊严。"

《安全生产法》第七十一条规定，监察机关依照行政监察法的规定，对负有安全生产监督管理职责的部门及其工作人员履行安全生产监督管理职责实施监察。这是与行政监察法有关规定相衔接的。安全生产监督管理人员是国家公务员，应当自觉接受监察机关的监督。

8. 及时报告事故

发生生产安全事故后，及时报告事故既是负有安全生产监督管理职责的部门的职责，也是每个安全生产监督管理人员应尽的职责。不论通过何种途径知道事故发生，安全生产监督管理人员都应当及时报告，不得与生产经营单位相互勾结，隐瞒不报、谎报或者拖延不报。

9. 参加安全事故应急救援与事故调查处理

发生生产安全事故，安全生产监督管理人员应当积极参与政府及其有关部门组织的应急救援，服从应急救援领导机构和指挥部门的指挥，协助政府做好人员的疏散工作及其他相关工作。服从政府及其有关部门的安排，积极参与事故调查工作。

10. 忠于职守，坚持原则，秉公执法

《安全生产法》第六十七条规定："安全生产监督检查人员应当忠于职守，坚持原则，秉公执法。安全生产监督检查人员执行监督检查任务时，必须出示有效的行政执法证件；对涉及被检查单位的技术秘密和业务秘密，应当为其保密。"这是对安全生产监督检查人员应当具备的道德素质和执行监督检查任务时应当遵守的义务的规定。安全生产监督检查人员是依法对生产经营单位执行有关安全生产法律、法规情况进行监督检查的具体实施者，肩负着重要的职责。

11. 其他

法律法规规定的其他职责。

第四节 安全生产监督管理的程序、方式与内容

一、安全生产监督管理的程序

1. 对生产经营单位作业场所的监督检查

一般程序如下：

① 监督检查前的准备。召开有关会议，通知生产经营单位等。

② 监督检查用人单位执行安全生产法律、法规及标准的情况。检查有关许可证的持证情况，有关会议记录，安全生产管理机构及安全管理人员配合情况，安全投入，安全费用提取等。

③ 作业现场检查。

④ 提出意见或建议。检查完后，与被检查单位交换意见，提出查出的问题，提出整改意见。

⑤ 发出《整改指令书》《处罚决定书》。

2. 颁发管理有关安全生产事项的许可

（1）申请 申请人向安全生产许可证颁发管理机关提交申请书、文件、资料。

（2）受理　许可证颁发管理机关按有关规定受理。申请事项不属于本机关职权范围的，应当即时做出不予受理的决定，并告知申请人向有关机关申请；申请材料存在可以当场更正的错误的，应当允许或者要求申请人当场更正，并即时出具受理的书面凭证；申请材料不齐全或者不符合要求的，应当场或者在规定时间内告知申请人需要补正的全部内容，逾期不告知的，自收到申请材料之日起即为受理；申请材料齐全、符合要求或者按照要求全部补正的，自收到申请材料或者全部补正材料之日起为受理。

（3）征求意见　对有些行政许可，按照有关规定应当听取有关单位和人员的意见，有些还要向社会公开，征求社会的意见。

（4）审查和调查　经同意后，许可证颁发管理机关指派有关人员对申请材料和安全生产条件进行审查；需要到现场审查的，应当到现场进行审查。负责审查的有关人员提出审查意见。

（5）做出决定　许可证颁发管理机关对负责审查的有关人员提出的审查意见进行讨论，并在受理申请之日起规定的时间内做出颁发或者不予颁发安全生产许可证的决定。

（6）送达　对决定颁发的，许可证颁发管理机关应当自决定之日起在规定的时间内送达或者通知申请人领取安全生产许可证；对决定不予颁发的，应当在规定时间内书面通知申请人并说明理由。

二、安全生产监督管理的方式

安全生产监督管理有很多方式，例如，召开有关会议，安全大检查，许可证管理，专项整治等。综合来说，分为事前、事中和事后3种监督管理，其中事中监督管理对作业场所的监督检查主要有两种。

（1）行为监察　即监督检查生产经营单位安全生产的组织管理、规章制度建设，职工教育培训、各级安全生产责任制的实施等工作。其目的和作用在于提高用人单位各级管理人员和普通职工的安全意识，落实安全措施，对违章操作、违反劳动纪律的不安全行为，严肃纠正和处理。

（2）技术监察　即是对物质条件的监督监察，包括对新建、扩建、改建和技术改造工程项目的"三同时"监察；对用人单位现有防护措施与设施完好率、使用率的监察；对个人防护用品的质量、配备与作用的监察；对危险性较大的设备、危害性较严重的作业场所和特殊工种作业的监察等，其特点是专业性强，技术要求高。技术监察多从设备的本质安全入手。

三、安全生产监督管理的内容

安全生产监督管理的内容很多，主要包括以下几个方面。

1. 安全管理和技术

安全管理和技术方面的内容包括：是否建立、健全以安全生产责任制为核心的各项安全管理制度，并能贯彻执行；是否按照有关法律、法规、标准的规定要求，做好特种作业人员安全管理；特种设备安全管理、危险化学品安全管理；重大危险源监控等。对生产性建设项目的"三同时"监察，建设单位是否按照有关法律、法规、标准的规定要求，做到"三同时"。特别是矿山和涉及危险化学品的建设项目，是否进行安全条件论证和安全评价；安全设施设计审查和竣工验收。设计单位、审查单位和施工单位是否对"三同时"各负其责。特种设备的制造生产、使用、检测检验是否符合有关法律、法规、标准的规定要求。对劳动防护用品的监察，是否按照有关法律、法规、标准的规定要求，为从业人员配备合格的劳动防护用品，并教育、督促其正确佩戴、使用。生产工艺、工作场所和机械设备、建筑设施、易燃易爆危险场所等是否符合安全生产法律、法规和标准。

2. 机构和安全教育培训

机构和安全教育培训方面的内容包括：是否按照规定建立安全生产管理机构，是否按照有关法律、法规、标准的规定要求，对单位各类人员进行安全教育培训。单位主要负责人、安全管理人员、特种作业人员持证上岗；其他从业人员按规定培训合格后上岗。

3. 隐患治理

隐患治理方面的内容包括：是否按照有关法律、法规、标准的规定要求，对各类事故隐患进行动态管理，做到"及时发现，及时治理"，落实"预防为主"的方针。

4. 伤亡事故

伤亡事故方面的内容包括：是否按照有关法律、法规、标准的规定要求，做好事故的报告、登记；事故的调查、处理；事故统计、分析；事故的预测和防范，以及事故应急救援预案等。

5. 职业危害

职业危害方面的内容包括：职业危害与职业病；毒物危害；粉尘危害；噪声危害；振动危害；非电离辐射危害；体力劳动强度、高温和低温作业、冷水作业等。是否按照有关法律、法规、标准的规定要求，进行有毒有害作业场所的检测、分级、建档，将分级结果上报行政主管部门，并根据单位实际情况，进行有毒有害作业场所的治理。

6. 对女职工和未成年工特殊保护

对女职工和未成年工特殊保护方面的内容包括：是否按照有关法律、法规的规定要求，对女职工和未成年工实施特殊保护。

7. 行政许可

行政许可方面的内容包括：对涉及有关安全生产的事项需要审查批准的，严格依照有关法律、法规和国家标准或者行业标准规定的安全生产条件和程序进行审查并加强监督检查。

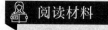 阅读材料

《深化党和国家机构改革方案》（摘要）
（中共中央 2018 年 3 月印发）

（一）组建国家监察委员会

将监察部、国家预防腐败局的职责和最高人民检察院查处贪污贿赂、失职渎职以及预防职务犯罪等反腐败相关职责整合，组建国家监察委员会，同中央纪律检查委员会合署办公，履行纪检、监察两项职责，实行一套工作机构、两个机关名称。

职责：维护党的章程和其他党内法规，检查党的路线方针政策和决议执行情况，对党员领导干部行使权力进行监督，维护宪法法律，对公职人员依法履职、秉公用权、廉洁从政以及道德操守情况进行监督检查，对涉嫌职务违法和职务犯罪的行为进行调查并作出政务处分决定，对履行职责不力、失职失责的领导人员进行问责，负责组织协调党风廉政建设和反腐败宣传等。

国家监察委员会由全国人民代表大会产生，接受全国人民代表大会及其常务委员会的监督。

不再保留监察部和国家预防腐败局。

（二）组建中央全面依法治国委员会

职责：统筹协调全面依法治国工作，坚持依法治国、依法执政、依法行政共同推进，坚持法治国家、法治政府、法治社会一体建设，研究全面依法治国重大事项、重大问题，统筹推进科学立法、严格执法、公正司法、全民守法，协调推进中国特色社会主义法治体系和社会主义法治国家建设等。

中央全面依法治国委员会办公室设在司法部。

（三）组建中央审计委员会

职责：研究提出并组织实施在审计领域坚持党的领导、加强党的建设方针政策，审议审计监督重大政策和改革方案，审议年度中央预算执行和其他财政支出情况审计报告，审议决策审计监督其他重大事项等。

中央审计委员会办公室设在审计署。

……

（三十）组建应急管理部

提高国家应急管理能力和水平，提高防灾减灾救灾能力，确保人民群众生命财产安全和社会稳定，是我们党治国理政的一项重大任务。为防范化解重特大安全风险，健全公共安全体系，整合优化应急力量和资源，推动形成统一指挥、专常兼备、反应灵敏、上下联动、平战结合的中国特色应急管理体制，将国家安全生产监督管理总局的职责，国务院办公厅的应急管理职责，公安部的消防管理职责，民政部的救灾职责，国土资源部的地质灾害防治、水利部的水旱灾害防治、农业部的草原防火、国家林业局的森林防火相关职责,中国地震局的震灾应急救援职责以及国家防汛抗旱总指挥部、国家减灾委员会、国务院抗震救灾指挥部、国家森林防火指挥部的职责整合，组建应急管理部，作为国务院组成部门。

主要职责是，组织编制国家应急总体预案和规划，指导各地区各部门应对突发事件工作，推动应急预案体系建设和预案演练。建立灾情报告系统并统一发布灾情，统筹应急力量建设和物资储备并在救灾时统一调度，组织灾害救助体系建设，指导安全生产类、自然灾害类应急救援，承担国家应对特别重大灾害指挥部工作。指导火灾、水旱灾害、地质灾害等防治。负责安全生产综合监督管理和工矿商贸行业安全生产监督管理等。公安消防部队、武警森林部队转制后，与安全生产等应急救援队伍一并作为综合性常备应急骨干力量，由应急管理部管理，实行专门管理和政策保障，采取符合其自身特点的职务职级序列和管理办法，提高职业荣誉感，保持有生力量和战斗力。应急管理部要处理好防灾和救灾的关系，明确与相关部门和地方各自职责分工，建立协调配合机制。

中国地震局、国家煤矿安全监察局由应急管理部管理。

不再保留国家安全生产监督管理总局。

习　题

一、单项选择题

1. 技术监察是对（　　）的监督监察。
   A. 生产条件　　　　　　　　　B. 技术方案
   C. 物质条件　　　　　　　　　D. 安全措施
2. 负责煤矿安全监察工作的行政执法机构是（　　），依法对煤矿安全履行国家监察职责。
   A. 公安部　　　　　　　　　　B. 应急管理部
   C. 自然资源部　　　　　　　　D. 国家安全部
3. 一般监察是在日常情况下进行的监察工作，这种监察具有（　　），亦常称常规监察。
   A. 定期性　　　B. 经常性　　　C. 随机性　　　D. 个别性
4. 履行《安全生产法》所规定的职责，不允许在超越法律之上和逃避、抗拒《安全生产法》所规定的监督管理，这体现了安全生产监督监察具有（　　）。
   A. 权威性　　　B. 强制性　　　C. 特殊性　　　D. 普遍约束性
5. 人民政府有关部门对安全生产工作实施的综合监督管理和监察管理，是依法行使的监督管理权，它是以国家强制力作为后盾的，这是安全生产监督监察的（　　）。
   A. 权威性　　　B. 强制性　　　C. 组织性　　　D. 普遍约束性

二、判断题

1. 安全生产监督检查人员执行监督检查任务时，必须出示有效的行政执法证件；对涉及被检查单位的技术秘密和业务秘密，应当为其保密。（　　）
2. 目前我国安全生产监督管理的体制是：综合监管与行业监管相结合、国家监察与地方监管相结合、政府监督与其他监督相结合。（　　）
3. 发生生产安全事故，安全生产监督管理人员不必参与政府及其有关部门组织的应急救援。（　　）
4. 安全生产监督管理，主要指政府或者其他有关组织对生产经营单位安全生产工作的监督和管理，也包括生产经营单位内部的管理和监督。（　　）
5. 对新兴行业、领域的安全生产监督管理职责不明确的，由省级以上地方各级人民政府按照业务相近的原则确定监督管理部门。（　　）

第七章 生产安全事故的应急救援与调查处理

学习目标

　　通过本章的学习，使学生掌握生产安全事故的应急救援知识，能够根据实际安全生产状况正确地制定事故应急预案以及建立事故应急体系；掌握及时、真实、有效的事故报告与调查处理制度，从而减少人员伤亡、降低事故损失。

　　随着现代工业的迅猛发展，生产过程中存在着巨大能量和大量有害物质，目前受科学技术和生产力发展水平的限制，难以杜绝安全生产事故，一旦发生重大生产安全事故，往往造成惨重的生命代价、财产损失和环境破坏。安全生产工作是要遏制重特大事故，预防和减少一般事故，但是在发生紧急重大事故时，能够快捷、有序、有效地采取各种应变措施，及时控制处理险情，最大限度地减少人员伤亡、财产损失和环境污染也是非常重要的。因此，做好事故应急救援和调查处理工作是安全生产工作中的重要一环。"凡事预则立，不预则废。"对于事故救援应采取积极主动的措施以应急需，制定应急救援预案和进行事故的调查处理是各级人民政府及其负有安全生产监督管理职责的部门和生产经营单位义不容辞的法定职责。《安全生产法》确立了事故应急救援和事故调查处理制度，该制度主要包括事故应急预案的制定和事故应急体系的建立、高危生产经营企业的应急救援、事故报告、调查处理的原则等内容。

第一节　生产安全事故的应急救援

　　21 世纪以来，随着工业化进程的迅猛发展，危险化学品的使用种类和数量急剧增加，各种事故呈不断上升的趋势，群死群伤的重大、特别重大事故时有发生，对人民生命安全、国家财产和环境构成了重大的威胁。重大事故的应急救援是近年来国内外开展的一项社会性防灾救灾举措。应急救援可以提高对重大事故的处理能力，一旦重大事故发生，可以根据预先制定的应急处理的方法和措施，做到临变不乱，高效、快速地做出应急反应，尽可能缩小事故的影响范围，减小事故对生命、财产和环境所造成的危害。

　　社会生产发展过程中，一次次生产事故的应急救援经历说明，重视对重大事故预防和控制的研究，建立应急救援系统，制定应急救援计划，及时有效地实施应急救援行动，不但可以预防重大灾害，而且一旦紧急情况出现，人们就可以按照计划和步骤行动，有效地减少经济损失和人员伤亡。对应急救援的计划和行动重视不够，将会受到更大事故的惩罚。有关资料统计表明，有效的应急救援系统可有效地降低事故损失。

应急救援预案是指为减轻事故后果而预先制定的抢险救灾方案，是进行事故救援活动的行动指南。一个完整的应急救援预案由两部分组成：现场预案（企业预案）和场外预案（区域预案）。现场预案和场外预案应当分开，但它们彼此应协调一致，即它们必须是涉及同一估计的紧急情况。现场预案由企业负责准备，而场外预案则由地方政府负责。

应急计划的目的主要有以下两个：一是紧急事件局部化，如有可能就予以消除；二是尽量缩小事故对人员、财产和环境的影响，降低事故后果。消除事故影响要求操作人员和工厂紧急事件人员必须迅速行动，使用消防设备，紧急关闭阀门和水幕等。降低事故后果包括：营救、急救、疏散和恢复正常生产，立即通知附近居民等。

一、生产安全事故应急救援的基本任务及特点

生产安全事故的突发性和巨大破坏性的特点决定了应急救援的目标和任务。事故应急救援预案的总目标是通过有效的应急救援行动，尽可能地降低事故发生的后果，包括人员伤亡、财产损失和环境影响等。

1. 事故应急救援的基本任务

事故应急救援的基本任务包括以下几个方面。

（1）立即组织营救受害人员，组织撤离或者采取其他措施保护危害区域内的其他人员。抢救受害人员是应急救援的首要任务。在应急救援行动中，快速、有序、有效地实施现场急救与安全转送伤员，是降低伤亡率、减少事故损失的关键。由于重大事故发生突然、扩散迅速、涉及范围广、危害大，应及时指导和组织群众采取各种措施进行自身防护，必要时迅速撤离出危险区域或可能受到危害的区域，并积极组织群众开展自救和互救工作。

（2）迅速控制事态，并对事故造成的危害进行检测、监测，测定事故的危害区域、危害性质以及危害程度。及时控制造成事故的危险源是应急救援工作的重要任务。只有及时地控制危险源，防止事故的继续扩展，才能及时有效地进行救援。特别是对发生在城市或人口稠密地区的化学事故，应尽快组织工程抢险队与事故单位技术人员一起及时控制事故继续扩散。

（3）消除危害后果，做好现场恢复。针对事故对人体、动植物、土壤、空气等造成的现实危害和可能的危害，迅速采取封闭、隔离、洗消、监测等措施，防止对人的继续危害和对环境的污染。及时清理废墟和恢复基本设施，将事故现场恢复至相对稳定的状态。

（4）查清楚事故原因，评估危害程度。事故发生后应及时调查事故的发生原因和事故性质，评估出事故的危害范围和危险程度，查明人员的伤亡情况，并总结救援工作中的经验和教训。

2. 事故应急救援的特点

应急工作涉及技术事故、自然灾害（引发）、城市供给线、重大工程、公共活动场所、公共交通、公共卫生和人为突发事件等多个公共安全领域，构成一个复杂巨大的系统，具有以下特点。

（1）不确定性和突发性。不确定性和突发性是各类公共安全事故、灾害与事件的共同特征，大部分事故都是突然爆发，爆发前基本没有明显征兆，而且一旦发生，发展蔓延迅速，甚至失控。因此，要求应急行动必须在极短的时间内，在事故的第一现场做出有效的反应，在事故产生重大灾难后果之前采取各种有效的防护、救助、疏散和控制事态等措施。

　　为保证迅速对事故做出有效的初始响应，并及时控制住事态，应急救援工作应坚持属地化为主的原则，强调地方的应急准备工作，包括建立全天候的昼夜值班制度，确保报警、指挥通信系统始终保持完好状态，明确各部门的职责，确保各种应急救援的装备、技术器材、有关物资随时处于完好可用的状态，制定科学有效的突发事件应急预案等措施。

　　（2）应急活动的复杂性。应急活动的复杂性主要表现在：事故、灾害或事件影响因素与演变规律的不确定性和不可预见性的多变性；众多来自不同部门参与应急救援活动的单位，在信息沟通与指挥、行动协调、授权与职责、通信等方面的有效组织和管理；应急响应过程中公众的恐慌心理、公众过急等突发行为的复杂性等。这些复杂因素的影响，给现场应急救援工作带来了严峻的挑战，应对应急救援工作中各种复杂的情况做出足够的估计，制定随时应对各种复杂变化的相应方案。

　　应急活动的复杂性还表现为现场处置措施的复杂性。重大事故的处置措施往往涉及较强的专业技术支持，包括易燃、有毒危险物质，复杂危险工艺以及矿山井下事故处置等，对每一行动方案、监测以及应急人员防护等都需要在专业人员的支持下进行决策。因此，针对生产安全事故应急救援的专业化要求，必须高度重视建立和完善重大事故的专业应急救援力量、专业检测力量和专业应急技术与信息支持等。

　　（3）后果、影响易猝变、激化和放大。公共安全事故、灾害与事件虽然是小概率事件，但后果一般比较严重，能造成广泛的公众影响，应急处理稍有不慎，就可能改变事故、灾害与事件的性质，使平稳、有序、和平状态向动态、混乱和冲突方面发展，引起事故、灾害与事件波及范围扩散，卷入人群数量增加和人员伤亡与财产损失后果加大。事故后果、影响的猝变、激化与放大造成的失控状态，不但迫使应急响应升级，甚至可导致社会性危机出现，使公众立即陷入巨大的动荡与恐慌之中。因此，重大事故（件）的处置必须坚决果断，防止事态扩大。

　　因此，为尽可能降低重大事故的后果及影响，减少重大事故所导致的损失，要求应急救援行动必须做到迅速、准确和有效。所谓迅速，就是要求建立快速的应急响应机制，能迅速准确地传递事故信息，迅速地调集所需的大规模应急力量和设备、物质等资源，迅速地建立起统一指挥与协调系统，开展救援活动。所谓准确，要求有相应的应急决策机制，能基于事故的规模、性质、特点、现场环境等信息，正确地预测事故的发展趋势，准确地对应急救援行动和战术进行决策。所谓有效，主要指应急救援行动的有效性，很大程度它取决于应急准备的充分与否，包括应急队伍的建设与训练、应急设备（设施）、物资的配备与维护、预案的制定与落实以及有效的外部增援机制等。

二、生产安全事故应急救援的相关法律法规要求

　　近年来，我国政府相继颁布的一系列法律法规，如《安全生产法》《危险化学品安全管理条例》《关于特大安全事故行政责任追究的规定》《特种设备安全监察条例》《安全生产事故报告和调查处理条例》等，对危险化学品、特大安全事故、重大危险源等应急救援工作提出了相应的规定和要求。

1. 关于行政监管部门的要求

　　《安全生产法》第八十条规定："县级以上地方各级人民政府应当组织有关部门制定本行政区域内生产安全事故应急救援预案，建立应急救援体系。乡镇人民政府和街道办事处，以

及开发区、工业园区、港区、风景区等应当制定相应的生产安全事故应急救援预案，协助人民政府有关部门或者按照授权依法履行生产安全事故应急救援工作职责。"

国务院《关于特大安全事故行政责任追究的规定》第七条规定："市（地、州）、县（市、区）人民政府必须制定本地区特大安全事故应急处理预案……"

《危险化学品安全管理条例》第六十九条规定："县级以上地方各级人民政府安全生产监督管理部门应当会同工业和信息化、环境保护、公安、卫生、交通运输、铁路、质量监督检验检疫等部门，根据本地区实际情况，制定危险化学品事故应急预案，报本级人民政府批准。"

2. 关于生产经营单位的要求

《安全生产法》第二十一条规定，生产经营单位的主要负责人具有组织制定并实施本单位的生产安全事故应急救援预案的职责。第四十条第一款规定："生产经营单位对重大危险源应当登记建档，进行定期检测、评估、监控，并制定应急预案，告知从业人员和相关人员在紧急情况下应当采取的应急措施。"第八十一条规定："生产经营单位应当制定本单位生产安全事故应急救援预案，与所在地县级以上地方人民政府组织制定的生产安全事故应急救援预案相衔接，并定期组织演练。"

《危险化学品安全管理条例》第七十条规定："危险化学品单位应当制定本单位危险化学品事故应急预案，配备应急救援人员和必要的应急救援器材、设备，并定期组织应急救援演练。危险化学品单位应当将其危险化学品事故应急预案报所在地设区的市级人民政府安全生产监督管理部门备案。"

国务院《特种设备安全监察条例》第六十五条第一款规定："特种设备安全监督管理部门应当制定特种设备应急预案。特种设备使用单位应当制定事故应急专项预案，并定期进行事故应急演练。"第六十六条第一款规定："特种设备事故发生后，事故发生单位应当立即启动事故应急预案，组织抢救，防止事故扩大，减少人员伤亡和财产损失，并及时向事故发生地县以上特种设备安全监督管理部门和有关部门报告。"

国务院《使用有毒物品作业场所劳动保护条例》规定，从事使用高毒物品作业的用人单位，应当配备应急救援人员和必要的应急救援器材、设备，制定事故应急救援预案，并根据实际情况变化对应急预案适时进行修订，定期组织演练。事故应急救援预案和演练记录应当报当地卫生行政部门、安全生产监督管理部门和公安部门备案。

《职业病防治法》规定："用人单位应当建立、健全职业病危害事故应急救援预案。"

《消防法》规定："消防安全重点单位应当制定灭火和应急疏散预案，定期组织消防演练。"

《生产安全事故报告和调查处理条例》第十四条规定："事故发生单位负责人接到事故报告后，应当立即启动事故相应应急预案，或者采取有效措施，组织抢救，防止事故扩大，减少人员伤亡和财产损失。"

3. 关于公共事务管理的要求

2006 年 1 月 8 日，国务院发布了《国家突发公共事件总体应急预案》，明确了各类突发公共事件分级分类和预案框架体系，规定了国务院应对特别重大突发公共事件的组织体系、工作机制等内容。该文件是指导、预防和处置各类突发公共事件的规范性文件。预案中规定，国务院是突发公共事件应急管理工作的最高行政领导机构；国务院办公厅设国务院应急管理办公室，履行值守应急、信息汇总和综合协调职责，发挥运转枢纽作用；国务院有关部门依据有关法律、行政法规和各自职责，负责相关类别突发公共事件的应急管理工作；地方各级人民政府是本行政区域突发公共事件应急管理工作的行政领导机构。预案将突发公共事件分为自然灾害、事故灾难、公共卫生事件、社会安全事件4类，按照各类突发公共事件的性质、严重程度、可控性和影响范围等因素，将公共突发事件分为四级，即Ⅰ级（特别重大）、Ⅱ级（重大）、Ⅲ级（较大）和Ⅳ级（一般）。特别重大或者重大突发公共事件发生后，省级人民政府、国务院有关部门要在4小时内向国务院报告，同时通报有关地区和部门。

《国家突发公共事件总体应急预案》发布后，国务院又相继发布了《国家安全生产事故灾难应急预案》《国家处置铁路行车事故应急预案》《国家处置民用航空器飞行事故应急预案》《国家海上搜救应急预案》《国家处置城市地铁事故灾难应急预案》《国家处置电网大面积停电事件应急预案》《国家核应急预案》《国家突发环境事件应急预案》和《国家通信保障应急预案》共9个事故灾难类突发公共事件专项应急预案。其中，《国家安全生产事故灾难应急预案》适用于特别重大安全生产事故灾难、超出省级人民政府处置能力或者跨省级行政区、跨多个领域（行业和部门）的安全生产事故灾难以及需要国务院安全生产委员会处置的安全生产事故灾难等。

三、生产安全事故应急救援的管理

尽管重大事故的发生具有突发性和偶然性，但重大事故的应急管理不只限于事故发生后的应急救援行动。应急管理是对重大事故的全过程管理，贯穿于事故发生前、中、后的各个过程，充分体现了"预防为主，常备不懈"的应急思想。

（一）事故应急救援体系的建立

1. 事故应急救援体系的构成

由于潜在的重大事故风险多种多样，所以相应的每一类事故灾难的应急救援措施可能千差万别，但其基本应急模式是一致的。构建应急救援体系，应贯彻顶层设计和系统论的思想，以事件为中心，以功能为基础，分析和明确应急救援工作的各项需求，在应急能力评估和应急资源统筹安排的基础上，科学地建立规范化、标准化的应急救援体系，保障各级应急救援体系的统一和协调。

一个完整的应急救援体系应由组织体制、运作机制、法制基础和应急保障系统四部分构成。如图7-1所示。

（1）组织体制　应急救援体系组织体制建设中的管理机构是指维持应急日常管理的负责部门；功能部门包括与应急活动有关的各类组织机构，如消防机构、医疗机构等；应急指挥是在应急预案启动后，负责应急救援活动场外与场内指挥系统；救援队伍则由专业人员和志愿人员组成。

（2）运作机制　应急救援活动一般划分为应急准备、初级反应、扩大应急和应急恢复四个阶段。应作机制与这四个阶段的应急活动密切相关。应急运作机制主要由统一指挥、分级响应、属地为主和公众动员这四个基本机制组成。

统一指挥是应急活动的最基本原则，应急指挥一般可分为集中指挥与现场指挥，或场外指挥与场内指挥等。无论采用哪一种指挥系统，都必须实行统一指挥的模式，无论应急救援活动涉及单位的行政级别高低还是隶属关系不同，都必须在应急指挥部的统一组织协调下行动，有令则行，有禁则止，统一号令，步调一致。

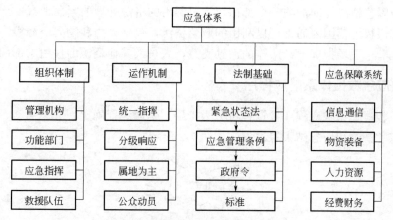

图 7-1 应急救援体系基本框架结构

分级响应是指在初级响应到扩大应急的过程中实行的分级响应的机制。扩大或提高应急级别的主要依据是事故灾难的危害程度，影响范围和控制事态能力。影响范围和控制事态能力是"升级"的最基本条件。扩大应急救援主要是提高指挥级别、扩大应急范围等。

属地为主强调"第一反应"的思想和以现场应急、现场指挥为主的原则。

公众动员机制是应急机制的基础，也是整个应急体系的基础。

（3）法制基础 法制建设是应急体系的基础和保障，也是开展各项应急活动的依据，与应急有关的法规可分为四个层次：由立法机关通过的法律，如紧急状态法、公民知情权法和紧急动员法等；由政府颁布的规章，如应急救援管理条例等；包括预案在内的以政府令形式颁布的政府法令、规定等；与应急救援活动直接有关的标准或管理办法等。

（4）应急保障系统 列于应急保障系统第一位的是信息与通信系统，构筑集中管理的信息通信平台是应急体系最重要的基础建设。应急信息通信系统要保证所有预警、报警、警报、报告、指挥等活动的信息交流快速、顺畅、准确，以及信息资源共享；物资与装备不仅要保证有足够的资源，而且还要实现快速、及时供应到位；人力资源保障包括专业队伍的加强、志愿人员以及其他有关人员的培训教育；应急财务保障应建立专项应急科目，如应急基金等，以保障应急管理运行和应急反应中各项活动的支出。

2. 事故应急救援体系响应机制

重大事故应急救援体系应根据事故的性质、严重程度、事态发展趋势和控制能力实行分级响应机制，对不同的响应级别，相应地明确事故的通报范围，应急中心的启动程度，应急力量的出动和设备、物资的调集规模，疏散的范围，应急总指挥的职位等。典型的响应级别通常可分为三级。

（1）一级紧急情况 必须利用所有有关部门及一切资源的紧急情况，或者需要各个部门同外部机构联合处理的各种紧急情况，通常要宣布进入紧急状态。在该级别中，具有做出主要决定职责的通常是紧急事务管理部门。现场指挥部可在现场做出保护生命和财产以及控制事态所必需的各种决定。解决整个紧急事件的决定，应该由紧急事务管理部门负责。

（2）二级紧急情况 即需要两个或多个部门响应的紧急情况。该事故的救援需要有关部门的协作，并且提供人员、设备或其他资源。该级响应需要成立现场指挥部来统一指挥现场的应急救援行动。

（3）三级紧急情况 即能被一个部门正常可利用的资源处理的紧急情况。正常可利用的资源指在该部门权力范围内通常可以利用的应急资源，包括人力和物力资源等。必要时，该部门可以建立一个现场指挥部，所需的后勤支持、人员或其他资源增援由本部门负责解决。

3. 事故应急救援体系响应程序

事故应急救援体系响应程序按过程可分为接警、响应级别确定、应急启动、救援行动、事态控制、应急恢复和应急结束等过程，如图7-2所示。

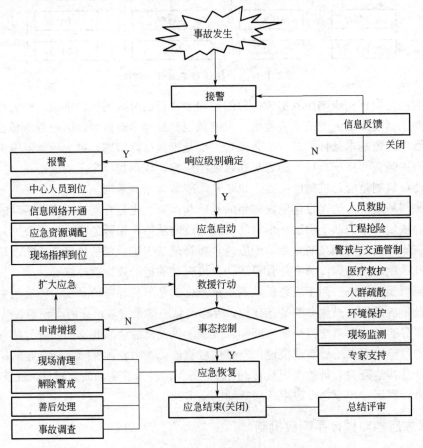

图 7-2 事故应急救援体系响应程序

注释：图 7-2 中 Y 表示"是"，N 表示"否"。

（1）接警与响应级别确定 接到事故报警后，按照工作程序，对警情做出判断，初步确定相应的响应级别。如果事故不足以启动应急救援体系的最低响应级别，响应关闭。

（2）应急启动 应急响应级别确定后，按所确定的响应级别启动应急程序，如通知应急中心有关人员到位、开通信息与通信网络、通知调配救援所需的应急资源（包括应急队伍、应急物资、应急装备等）、成立现场指挥部等。

（3）救援行动 有关应急队伍进入事故现场后，迅速开展事故侦测、警戒、疏散、人员救助、工程抢险等有关应急救援工作，专家组为救援决策提供建议和技术支持。当事态超出响应级别无法得到有效控制时，向应急中心请求实施更高级别的应急响应。

（4）应急恢复　救援行动结束后，进入临时应急恢复阶段。该阶段主要包括现场清理、人员清点和撤离、警戒解除、善后处理和事故调查等。

（5）应急结束　执行应急关闭程序，由事故总指挥宣布应急结束。

4. 现场指挥系统的组织结构

重大事故的现场情况往往十分复杂，且汇集了各方面的应急力量与大量的资源，应急救援行动的组织、指挥和管理成为重大事故应急工作所面临的一个严峻挑战。应急过程中存在的主要问题有：①太多的人员向事故指挥官汇报；②应急响应的组织结构各异，机构间缺乏协调机制，且术语不同；③缺乏可靠的事故相关信息和决策机制，应急救援的整体目标不清或不明；④通信不兼容或不畅；⑤授权不清或机构对自身现场的任务、目标不清楚。

对事故势态的管理方式决定了整个应急行动的效率。为保证现场应急救援工作的有效实施，必须对事故现场的所有应急救援工作实施统一的指挥和管理，即建立事故指挥系统，形成清晰的指挥链，以便及时地获取事故信息，分析和评估势态，确定救援的优先目标，决定如何实施快速、有效的救援行动和保护生命的安全措施，指挥和协调各方应急力量的行动，高效地利用可获取的资源，确保应急决策的正确性和应急行动的整体性和有效性。

现场应急指挥系统的结构应当在紧急事件发生前就已建立，预先对指挥结构达成一致意见，将有助于保证应急各方明确各自的职责，并在应急救援过程中更好地履行职责。现场应急指挥系统模块化的结构由指挥、行动、策划、后勤以及资金/行政共五个核心应急响应职能组成，如图 7-3 所示。

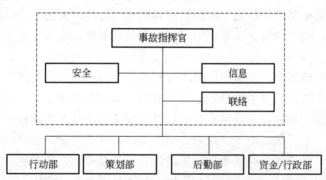

图 7-3　现场应急指挥系统结构

（1）事故指挥官　事故指挥官负责现场应急响应所有方面的工作，包括确定事故目标及实现目标的策略，批准实施书面或口头的事故行动计划，高效地调配现场资源，落实保障人员安全与健康的措施，管理现场所有的应急行动。事故指挥官可将应急过程中的安全问题、信息收集与发布以及与应急各方的通信联络分别指定相应的负责人，如信息负责人、联络负责人和安全负责人。各负责人直接向事故指挥官汇报。其中，信息负责人负责及时收集、掌握准确完整的事故信息，包括事故原因、大小、当前的形势、使用的资源和其他综合事务，并向新闻媒体、应急人员及其他相关机构和组织发布事故的有关信息；联络负责人负责与有关支持和协作机构联络，包括到达现场的上级领导、地方政府领导等；安全负责人负责对可能遭受的危险或不安全情况提供及时、完善、详细、准确的危险预测和评估，制定并向事故指挥官建议确保人员安全和健康的措施，从安全方面审查事故行动计划、制定现场安全计划等。

（2）行动部　行动部负责所有主要的应急行动，包括消防与抢险、人员搜救、医疗救治、疏散与安置等。所有的行动都依据事故行动计划来完成。

（3）策划部　策划部负责收集、评价、分析及发布事故相关的信息，准备和起草事故行动计划，并对有关的信息进行归档。

（4）后勤部　后勤部负责为事故的应急响应提供设备、设施、物资、人员、运输、服务等。

（5）资金/行政部　资金/行政部负责跟踪事故的所有费用并进行评估，承担其他职能未涉及的管理职责。

事故现场应急指挥系统的模块化结构的一个最大优点是允许根据现场的行动规模，灵活启用指挥系统相应的部分结构，因为很多事故可能并不需要启动策划、后勤或资金/行政模块。需要注意的是，对没有启用的模块，其相应的职能由现场指挥官承担，除非明确指定给某一负责人。当事故规模进一步扩大，响应行动涉及跨部门、跨地区或上级救援机构加入时则可能需要开展联合指挥，即由各有关主要部门代表成立联合指挥部，该模块化的现场系统则可以很方便地扩展为联合指挥系统。

（二）应急救援的过程管理

事故的发生具有突发性和偶然性，但是事故应急救援的管理不只限于事故发生的应急救援行动。应急救援管理对事故的全过程管理，贯穿于事故发生的前、中、后的各个过程。应急救援的管理又是一个动态的过程，包括预防、准备、响应和恢复四个阶段。尽管在实际情况中这些阶段往往是交叉的，但每一阶段都有其明确的目标，而且后一阶段又是构筑在前一阶段的基础之上的，因而预防、准备、响应和恢复相互关联，构成了重大事故应急管理的循环过程。

（1）预防　在应急管理的过程中，预防有两层含义：一是事故的预防工作，即通过安全管理和安全技术等手段，尽可能地预防事故的发生，实现本质安全；二是在假定事故必然发生的前提下，通过预先采取的预防措施，达到降低或减缓事故的影响或后果的目的，如加大建筑物的安全距离、工厂选址的安全规划、减少危险物品的存量、设置防护墙以及开展公众教育等。从长远看，低成本、高效率的预防措施是减少事故损失的关键。

（2）准备　应急准备是应急管理过程中一个极其关键的过程。它是针对可能发生的事故，为迅速有效地开展应急行动而预先所做的各种准备，包括应急体系的建立、有关部门和人员职责的落实、预案的编制、应急队伍的建设、应急设备（设施）与物资的准备与维护、预案的演练、与外部应急力量的衔接等，其目标是保持重大事故应急救援所需的应急能力。

（3）响应　应急响应是在事故发生后立即采取的应急与救援行动，包括事故的报警与通报、人员的紧急疏散、急救与医疗、消防和工程抢险措施、信息搜集与应急决策和外部求援等。其目标是尽可能地抢救受害人员，保护可能受威胁的人群，尽可能控制并消除事故。

（4）恢复　恢复工作应在事故发生后立即进行。首先应使事故影响区域恢复到相对安全的基本状态，然后逐步恢复到正常状态。要求立即进行的恢复工作包括事故损失评估、原因调查、清理废墟等。在短期恢复工作中，应注意避免出现新的紧急情况。长期恢复包括厂区重建和受影响区域的重新规划和发展。在长期恢复工作中，应汲取事故和应急救援的经验教训，开展进一步的预防工作和减灾行动。

（三）生产经营单位生产安全事故的应急救援

（1）高危生产经营单位的事故应急救援。法律将事故应急救援的重点放在高危生产经营单位，并做出了强制性的规定。《安全生产法》第八十二条规定："危险物品的生产、经营、储存单位以及矿山、金属冶炼、城市轨道交通运营、建筑施工单位应当建立应急救援组织；生产经营规模较小的，可以不建立应急救援组织，但应当指定兼职的应急救援人员。危险物品的生产、经营、储存、运输单位以及矿山、金属冶炼、城市轨道交通运营、建筑施工单位应当配备必要的应急救援器材、设备和物资，并进行经常性维护、保养，保证正常运转。"

（2）生产安全事故的应急抢救。《安全生产法》第八十四条规定，负有安全生产监督管理职责的部门接到事故报告后，应当立即按照国家有关规定上报事故情况。负有安全生产监督管理职责的部门和有关地方人民政府对事故情况不得隐瞒不报、谎报或者迟报。第八十五条规定，有关地方人民政府和负有安全生产监督管理职责的部门的负责人接到生产安全事故报告后，应当按照生产安全事故应急救援预案的要求立即赶到事故现场，组织事故抢救。任何单位和个人都应当支持、配合事故抢救，并提供一切便利条件。

（四）生产安全事故报告和处置

《安全生产法》第八十三条对生产安全事故报告和处置做出了明确的法律规定：生产经营单位发生生产安全事故后，事故现场有关人员应当立即报告本单位负责人。单位负责人接到事故报告后，应当迅速采取有效措施，组织抢救，防止事故扩大，减少人员伤亡和财产损失，并按照国家有关规定立即如实报告当地负有安全生产监督管理职责的部门，不得隐瞒不报、谎报或者迟报，不得故意破坏事故现场、毁灭有关证据。

（1）现场有关人员应当立即报告本单位负责人　生产经营单位发生生产安全事故后，在事发现场的从业人员、管理人员和其他人员有义务采用任何方式以最快的速度立即报告，既可以逐级报告，也可以越级报告，不得耽误。

（2）生产经营单位应当组织抢救并报告事故　生产经营单位负责人接到事故报告后，应当迅速采取有效措施组织抢救，防止事故扩大，减少人员伤亡和财产损失，并按照国家有关规定立即如实报告当地负有安全生产监督管理职责的部门，不得隐瞒不报、谎报或者迟报，不得故意破坏事故现场、毁灭有关证据。生产经营单位主要负责人在事故报告和抢救中负有主要领导责任，必须履行及时、如实报告生产安全事故的法定职责。

第二节　生产安全事故的调查处理

《生产安全事故报告和调查处理条例》自 2007 年 6 月 1 日起施行。该条例对事故报告、事故调查、事故处理以及相应的法律责任等做出了规定，为事故的调查处理提供了相应的法律依据。

一、生产安全事故调查处理的原则要求

1. 事故调查处理的法律要求

《安全生产法》没有对事故报告和调查处理做出详细的规定，但确定了事故调查处理的原则，即应当按照科学严谨、依法依规、实事求是、注重实效的原则，及时、准确地查清事故原因，查明事故性质和责任，总结事故教训，提出整改措施，并对事故责任单位和人员提出处理意见。《安全生产法》第八十八条同时规定，任何单位和个人不得阻挠和干涉对事故的依法调查处理。

《安全生产法》第八十七条规定了责任主体，包括生产经营单位的主要负责人、个人经营的投资人和负有安全生产监督管理职责的部门的工作人员。生产经营单位发生生产安全事故，经调查确定为责任事故的，除了应当查明事故单位的责任并依法予以追究外，还应当查明对安全生产的有关事项负有审查批准和监督职责的行政部门的责任，对有失职、渎职行为的，依照《安全生产法》第九十条的规定追究法律责任。

2. 事故统计和公布

加强对事故的统计分析和事故发生及其调查处理情况的公布，是强化社会监督、总结事故教训、改进安全生产工作的重要手段。按照《安全生产法》第八十六条规定，事故调查报告应当依法及时向社会公布。负责事故调查处理的国务院有关部门和地方人民政府应当在批复事故调查报告后一年内，组织有关部门对事故整改和防范措施落实情况进行评估，并及时向社会公开评估结果；对不履行职责导致事故整改和防范措施没有落实的有关单位和人员，应当按照有关规定追究责任。

《安全生产法》第八十九条规定："县级以上各级地方人民政府应急管理部门应当定期统计分析本行政区域内发生生产安全事故的情况，并定期向社会公布。"

二、生产安全事故的报告

我国的《安全生产法》《生产安全事故报告和调查处理条例》等相关法律、法规对事故报告的范围、内容、报告的时限、报告的基本内容等进行了相应的规定。及时报告事故，可以为事故的应急救援提供宝贵的时间，进而减少人员伤亡、降低事故损失等。及时、真实、有效的事故信息对事故的应急救援、事故调查分析等提供十分重要的信息。

1. 事故必须及时、如实报告的规定

生产经营单位发生生产安全事故后，事故现场有关人员应当立即报告本单位负责人。单位负责人接到事故报告后，应当迅速采取有效措施，组织抢救，防止事故扩大，减少人员和财产损失，并按照国家有关规定立即如实报告当地负有安全生产监督管理职责的部门，不得隐瞒不报、谎报或者迟报，不得故意破坏事故现场、毁灭有关证据。

负有安全生产监督管理职责的部门接到事故报告后，应当立即按照国家有关规定上报事故情况。负有安全生产监督管理职责的部门和有关地方人民政府对事故情况不得隐瞒不报、谎报或者迟报。

《生产安全事故报告和调查处理条例》第四条第一款规定："事故报告应当及时、准确、

完整，任何单位和个人对事故不得迟报、漏报、谎报或者瞒报。"第七条规定："任何单位和个人不得阻挠和干涉对事故的报告和依法调查处理。"第八条规定："对事故报告和调查处理中的违法行为，任何单位和个人有权向安全生产监督管理部门、监察机关或者其他有关部门举报，接到举报的部门应当依法及时处理。"

2．事故报告的范围

《生产安全事故报告和调查处理条例》第十条规定："安全生产监督管理部门和负有安全生产监督管理职责的有关部门接到事故报告后，应当依照下列规定上报事故情况，并通知公安机关、劳动保障行政部门、工会和人民检察院：（一）特别重大事故、重大事故逐级上报至国务院安全生产监督管理部门和负有安全生产监督管理职责的有关部门；（二）较大事故逐级上报至省、自治区、直辖市人民政府安全生产监督管理部门和负有安全生产监督管理职责的有关部门；（三）一般事故上报至设区的市级人民政府安全生产监督管理部门和负有安全生产监督管理职责的有关部门。安全生产监督管理部门和负有安全生产监督管理职责的有关部门依照前款规定上报事故情况，应当同时报告本级人民政府。国务院安全生产监督管理部门和负有安全生产监督管理职责的有关部门以及省级人民政府接到发生特别重大事故、重大事故的报告后，应当立即报告国务院。必要时，安全生产监督管理部门和负有安全生产监督管理职责的有关部门可以越级上报事故情况。"

3．事故报告的时限

《生产安全事故报告和调查处理条例》第九条规定："事故发生后，事故现场有关人员应当立即向本单位负责人报告；单位负责人接到报告后，应当于 1 小时内向事故发生地县级以上人民政府安全生产监督管理部门和负有安全生产监督管理职责的有关部门报告。情况紧急时，事故现场有关人员可以直接向事故发生地县级以上人民政府安全生产监督管理部门和负有安全生产监督管理职责的有关部门报告。"第十一条规定："安全生产监督管理部门和负有安全生产监督管理职责的有关部门逐级上报事故情况，每级上报的时间不得超过 2 小时。"第十三条规定："事故报告后出现新情况的，应当及时补报。且在自事故发生之日起 30 日内，事故造成的伤亡人数发生变化的，应当及时补报。道路交通事故、火灾事故自发生之日起 7 日内，事故造成的伤亡人数发生变化的，应当及时补报。"

4．事故报告的基本内容

关于事故报告的基本内容，《生产安全事故报告和调查处理条例》第十二条规定，报告事故应当包括下列内容：

（1）事故发生单位概况；

（2）事故发生的时间、地点以及事故现场情况；

（3）事故的简要经过；

（4）事故已经造成或者可能造成的伤亡人数（包括下落不明的人数）和初步估计的直接经济损失；

（5）已经采取的措施；

（6）其他应当报告的情况。

三、生产安全事故的调查组织

《生产安全事故报告和调查处理条例》对事故调查组织的组成、应当履行的职责以及事故调查报告的编写等方面进行了规定。

1．事故调查的目的

事故调查是掌握整个事故发生过程、原因、人员伤亡及经济损失情况的重要工作，它根据调查结果分析事故责任，提出处理意见和事故预防措施，并撰写事故调查报告书。伤亡事故调查是整个伤亡事故处理的基础。通过调查可掌握事故发生的基本事实，以便在此基础上进行正常的事故原因和责任分析，对事故责任者提出恰当的处理意见，对事故预防提出合理的防范措施，使职工从中吸取深刻的教训，并促使企业在安全管理上进一步进行完善。

2．事故调查的原则

事故调查处理应当按照实事求是、尊重科学的原则，及时、准确地查清事故原因，查明事故性质和责任，总结事故教训，提出整改措施，并对事故责任者提出处理意见。具体原则如下。

（1）事故是可以调查清楚的，这是调查事故最基本的原则。

（2）调查事故应实事求是，以客观事实为根据。

（3）坚持做到"四不放过"的原则，即事故原因分析不清不放过，事故责任者没有受到严肃处理不放过，群众没有受到教育不放过，防范措施没有落实不放过。

（4）事故调查成员一方面要有调查的经验或某一方面的专长，另一方面不应与事故有直接利害关系。

3．对事故调查组组成的法律要求

《生产安全事故报告和调查处理条例》第二十二条规定："事故调查组的组成应当遵循精简、效能的原则。事故调查组人员的构成应根据事故的具体情况来进行确定，事故调查组由有关人民政府、安全生产监督管理部门、负有安全生产监督管理职责的有关部门、监察机关、公安机关以及工会派人组成，并应当邀请人民检察院派人参加。事故调查组可以聘请有关专家参与调查。"第二十三条规定："事故调查组成员应当具有事故调查所需要的知识和专长，并与所调查的事故没有直接利害关系。"第二十四条规定："事故调查组组长由负责事故调查的人民政府指定。事故调查组组长主持事故调查组的工作。"第二十八条规定："事故调查组成员在事故调查工作中应当诚信公正、恪尽职守，遵守事故调查组的纪律，保守事故调查的秘密。未经事故调查组组长允许，事故调查组成员不得擅自发布有关事故的信息。"

4．事故调查常用的技术方法

事故调查常用的技术方法有故障树分析方法、故障类型和影响分析方法和变更分析方法。故障树分析方法、故障类型和影响分析方法在《安全系统工程》《安全评价技术》等教材中有详细的介绍，这里只介绍变更分析方法。该技术方法重点在于变更。为了完成事故调查，查找原因，调查人员必须寻找与标准、规范等相背离的因素。调查有关预期变更所导致的所有问题，对每一项变更进行分析，以便确定其发生的原因。该种技术方法应遵循以下步骤。

（1）确定问题，即发生了什么；

（2）相关标准、规范的确定；

（3）辨明发生什么变更、变更的位置以及对变更的描述，即发生什么变更、在哪儿发生的变更、什么时间发生的以及变更的程度如何；

（4）影响变更的因素具体化的描述和不影响变更的因素描述；

（5）辨明变更的特点、特征及具体情况；

（6）对发生变更的可能原因作一详细的列表；

（7）从中选择最可能的变更原因；

（8）找出相关变更带来的危险因素的防范措施。

5. 调查取证的一般原则

事故发生以后，在进行事故调查的过程中，事故调查取证是完成事故调查过程中非常重要的一个环节。根据《企业职工伤亡事故调查分析规则》的规定，主要有以下几个方面。

（1）现场处理　事故发生后，应救护受伤害者，采取措施制止事故蔓延扩大；认真保护事故现场，凡与事故有关的物体、痕迹、状态，不得破坏；为抢救受伤害者需要移动现场某些物体时，必须做好现场标志。

（2）物证搜集　现场物证包括破损部件、碎片、残留物、致害物的位置等；在现场搜集到的所有物件均应贴上标签，注明地点、时间、管理者；所有物件应保持原样，不准冲洗擦拭；对健康有危害的物品，应采取不损坏原始证据的安全防护措施。

（3）事故事实材料的搜集

① 与事故鉴别、记录有关的材料。发生事故的单位、地点、时间；受害人和肇事者的姓名、性别、年龄、文化程度、职业、技术等级、工龄、本工种工龄、支付工资的形式；受害人和肇事者的技术状况、接受安全教育情况；出事当天，受害人和肇事者什么时间开始工作、工作内容、工作量、作业程序、操作时的动作（或位置）；受害人和肇事者过去的事故记录。

② 事故发生的有关事实。事故发生前设备、设施等的性能和质量状况；使用的材料，必要时进行物理性能或化学性能实验与分析；有关设计和工艺方面的技术文件、工作指令和规章制度方面的资料及执行情况；关于工作环境方面的状况；包括照明、湿度、温度、通风、声响、色彩度、道路工作面状况以及工作环境中的有毒、有害物质取样分析记录；个人防护措施状况：应注意它的有效性、质量、使用范围；出事前受害人和肇事者的健康状况；其他可能与事故致因有关的细节或因素。

（4）证人材料搜集　应当尽快与被调查者搜集材料。对证人的口述材料，应认真考证其真实程度。当事故发生后，应尽快寻找证人，搜集证据。同时要与在事故发生之前曾在现场的人员，以及那些在事故发生之后立即赶到事故现场的人员进行交谈。应当保证每一次交谈记录的准确性。如果需要并得到许可，可以使用录音机。

询访见证人、目击者和当班人员时，应采用谈话的方式，不应采用审问方式。同时，必须寻找见证人，他们可提供与事故调查有关的各方面的信息，包括事故现场状态、周围环境情况及人为因素。洞察力、听觉敏锐力、反应能力以及证人的通常状态可能影响他们的观察能力。证人可能忽略了整个事故发生的顺序，原因在于证人可能没有观察到或者没有认识到整个事故发生的顺序的重要性。

四、事故原因分析

对一起事故进行原因分析，通常有两个层次，即直接原因和间接原因。直接原因通常是一种或多种不安全行为、不安全状态或两者共同作用的结果。间接原因可追踪于管理措施以及决策的缺陷，或者环境的因素。分析事故时，应从直接原因入手，逐步深入到间接原因，从而掌握事故的全部原因。在事故分析时通常要明确以下内容：在事故发生之前存在什么样的征兆；不正常的状态是在哪儿发生的；在什么时候首先注意到不正常的状态；不正常状态是如何发生的；事故为什么会发生；事故发生的可能顺序以及可能的原因（直接原因、间接原因）；分析可选择的事件发生顺序。

1. 直接与间接原因的分析方法

事故原因分为直接原因与间接原因。直接原因是直接导致事故发生的原因，间接原因是指直接原因得以产生和存在的原因。

（1）直接原因分析　属于下列情况的为直接原因。

① 机械、物质或环境的不安全状态。根据《企业职工伤亡事故分类》（GB 6441—86）附录 A.6 中对此类的不安全状态进行了规定，见表 7-1。

表 7-1　机械、物质或环境的不安全状态

分类号	不安全状态	分类号	不安全状态
6.01	防护、保险、信号等装置缺乏或有缺陷	6.01.2.6	放炮作业隐蔽所有缺陷
6.01.1	无防护	6.01.2.7	电气装置带电部分裸露
6.01.1.1	无防护罩	6.01.2.8	其他
6.01.1.2	无安全保险装置	6.02	设备、设施、工具、附件有缺陷
6.01.1.3	无报警装置	6.02.1	设计不当，结构不合安全要求
6.01.1.4	无安全标志	6.02.1.1	通道门遮挡视线
6.01.1.5	无护栏或护栏损坏	6.02.1.2	制动装置有缺陷
6.01.1.6	（电气）未接地	6.02.1.3	安全间距不够
6.01.1.7	绝缘不良	6.02.1.4	挡车网有缺陷
6.01.1.8	局部通风扇无消音系统、噪声大	6.02.1.5	工件有锋利毛刺、毛边
6.01.1.9	危房内作业	6.02.1.6	设施上有锋利倒棱
6.01.1.10	未安装防止"跑车"的挡车器或挡车栏	6.02.1.7	其他
6.01.1.11	其他	6.02.2	强度不够
6.01.2	防护不当	6.02.2.1	机械强度不够
6.01.2.1	防护罩未在适当位置	6.02.2.2	绝缘强度不够
6.01.2.2	防护装置调整不当	6.02.2.3	起吊重物的绳索不合安全要求
6.01.2.3	坑道掘进、隧道开凿支撑不当	6.02.2.4	其他
6.01.2.4	防爆装置不当	6.02.3	设备在非正常状态下运行
6.01.2.5	采伐、集材作业安全距离不够	6.02.3.1	设备带"病"运转

分类号	不安全状态	分类号	不安全状态
6.02.3.2	超负荷运转	6.04.2.2	通风系统效率低
6.02.3.3	其他	6.04.2.3	风流短路
6.02.4	维修、调整不良	6.04.2.4	停电停风时爆破作业
6.02.4.1	设备失修	6.04.2.5	瓦斯排放未达到安全浓度爆破作业
6.02.4.2	地面不平	6.04.2.6	瓦斯超限
6.02.4.3	保养不当、设备失灵	6.04.2.7	其他
6.02.4.4	其他	6.04.3	作业场所狭窄
6.03	个人防护用品用具——防护服、手套、护目镜及面罩、呼吸器官护、听力护具、安全带、安全帽、安全鞋等缺少或有缺陷	6.04.4	作业场地杂乱
		6.04.4.1	工具、制品、材料堆放不安全
		6.04.4.2	采伐时，未开"安全道"
		6.04.4.3	迎门树、坐殿树、搭挂树未作处理
6.03.1	无个人防护用品、用具	6.04.4.4	其他
6.03.2	所用的防护用品、用具不符合安全要求	6.04.5	交通线路的配置不安全
6.04	生产（施工）场地环境不良	6.04.6	操作工序设计或配置不安全
6.04.1	照明光线不良	6.04.7	地面滑
6.04.1.1	照明强度不足	6.04.7.1	地面有油或其他液体
6.04.1.2	作业场地烟雾尘弥漫视物不清	6.04.7.2	冰雪覆盖
6.04.1.3	光线过强	6.04.7.3	地面有其他易滑物
6.04.2	通风不良	6.04.8	贮存方法不安全
6.04.2.1	无通风	6.04.9	环境温度、湿度不当

② 人的不安全行为。根据《企业职工伤亡事故分类》（GB 6441—86）附录 A.7 中对此类的不安全行为进行了规定，见表 7-2。

表 7-2　人的不安全行为

分类号	不安全行为
7.01	操作错误，忽视安全，忽视警告
7.01.1	未经许可开动、关停、移动机器
7.01.2	开动、关停机器时未给信号
7.01.3	开关未锁紧，造成意外转动、通电或泄漏等
7.01.4	忘记关闭设备
7.01.5	忽视警告标志、警告信号
7.01.6	操作错误（指按钮、阀门、扳手、把柄等的操作）
7.01.7	奔跑作业
7.01.8	供料或送料速度过快
7.01.9	机械超速运转
7.01.10	违章驾驶机动车
7.01.11	酒后作业
7.01.12	客货混载
7.01.13	冲压机作业时，手伸进冲压模

续表

分类号	不安全行为
7.01.14	工件紧固不牢
7.01.15	用压缩空气吹铁屑
7.01.16	其他
7.02	造成安全装置失效
7.02.1	拆除了安全装置
7.02.2	安全装置堵塞，失掉了作用
7.02.3	调整的错误造成安全装置失效
7.02.4	其他
7.03	使用不安全设备
7.03.1	临时使用不牢固的设施
7.03.2	使用无安全装置的设备
7.03.3	其他
7.04	手代替工具操作
7.04.1	用手代替手动工具
7.04.2	用手清除切屑
7.04.3	不用夹具固定、用手拿工件进行机加工
7.05	物体（指成品、半成品、材料、工具、切屑和生产用品等）存放不当
7.06	冒险进入危险场所
7.06.1	冒险进入涵洞
7.06.2	接近漏料处（无安全设施）
7.06.3	采伐、集材、运材、装车时，未离危险区
7.06.4	未经安全监察人员允许进入油罐或井中
7.06.5	未"敲帮问顶"便开始作业
7.06.6	冒进信号
7.06.7	调车场超速上下车
7.06.8	易燃易爆场所明火
7.06.9	私自搭乘矿车
7.06.10	在绞车道行走
7.06.11	未及时瞭望
7.07	攀、坐不安全位置（如平台护栏、汽车挡板、吊车吊钩）
7.08	在起吊物下作业、停留
7.09	机器运转时进行加油、修理、检查、调整、焊接、清扫等工作
7.10	有分散注意力行为
7.11	在必须使用个人防护用品用具的作业或场合中，忽视其使用
7.11.1	未戴护目镜或面罩
7.11.2	未戴防护手套
7.11.3	未穿安全鞋
7.11.4	未戴安全帽

续表

分类号	不安全行为
7.11.5	未佩戴呼吸护具
7.11.6	未佩戴安全带
7.11.7	未戴工作帽
7.11.8	其他
7.12	不安全装束
7.12.1	在有旋转零部件的设备旁作业穿过肥大服装
7.12.2	操纵带有旋转零部件的设备时戴手套
7.12.3	其他
7.13	对易燃、易爆等危险物品处理错误

（2）间接原因分析　属于下列情况者为间接原因：

① 技术和设计上有缺陷（工业构件、建筑物、机械设备、仪器仪表、工艺过程、操作方法、维修检验等的设计、施工和材料使用存在问题）；

② 教育培训不够、未经培训、缺乏或不懂安全操作技术知识；

③ 劳动组织不合理；

④ 对现场工作缺乏检查或指导错误；

⑤ 没有安全操作规程或规程不健全；

⑥ 没有或不认真实施事故防范措施，对事故隐患整改不力；

⑦ 其他。

2. 事故调查分析程序

经抢救与事故现场保护处理后，就应该开始对事故进行调查，调查程序如图 7-4 所示。主要程序包括组成调查组、进行现场勘查、调查询问、事故鉴定、模拟试验等，并搜集各种物证、人证、事故事实材料（包括人员、作业环境、设备、管理、事故过程材料）。调查结果是进行事故分析的基础材料。

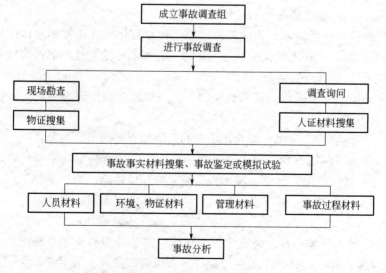

图 7-4　事故调查分析程序

3. 伤亡事故分类的有关标准

为了对事故进行调查和处理，必须对事故进行归纳分类，至于如何分类，由于研究的目的不同，角度不同，分类的方法也就不同。主要有以下分类方法。

（1）依照造成事故的责任不同　分为责任事故和非责任事故两大类。责任事故，是指人们违背自然规律，违反法令、法规、条例、规程等不良行为造成的事故。非责任事故，是指不可抗拒自然因素或者目前科学无法预测的原因造成的事故。

（2）依照事故造成的后果的不同　分为伤亡事故和非伤亡事故。造成人身伤亡的事故统称为伤亡事故。只造成生产中断、设备损坏或财产损失的事故统称为非伤亡事故。

（3）依据事故监督管理的行业的不同　分为企业职工伤亡事故（工矿商贸企业伤亡事故）、火灾事故、道路交通事故、水上交通事故、铁路交通事故、民航飞行事故、农业机械事故、渔业船舶事故等。

应急管理部门直接监管的是工矿商贸企业的安全生产，综合协调消防、道路交通、水上交通、铁路交通、民航飞行、农业机械和渔业船舶的安全生产。每个行业根据行业特点对事故分别都有详细的分类。

（4）根据生产安全事故造成的人员伤亡或者直接经济损失的不同　分为特别重大事故、重大事故、较大事故和一般事故四个等级，具体分类详见第一章。

（5）根据《生产过程危险和有害因素分类与代码》（GB/T 13861—2009）的规定，将生产过程中的危险、有害因素分为以下 4 大类。

第一大类，人的因素，即在生产过程中，来自人员自身或人为性质的危险和有害因素。包括：

① 心理、生理性危险和有害因素：负荷超限；健康状况异常；从事禁忌作业；心理异常；辨识功能缺陷；其他心理、生理性危险和有害因素。

② 行为性危险和有害因素：指挥错误；操作错误；监护失误；其他行为性危险和有害因素。

第二大类，物的因素，即机械、设备、设施、材料等方面存在的危险和有害因素。包括：

① 物理性危险和有害因素：设备、设施、工具、附件缺陷；防护缺陷；电伤害；噪声；振动危害；电离辐射；非电离辐射；运动物危害；明火；高温物质；低温物质；信号缺陷；标志缺陷；有害光照；其他物理性危险和有害因素。

② 化学性危险和有害因素：爆炸品；压缩气体和液化气体；易燃液体；易燃固体、自燃物品和遇湿易燃物品；氧化剂和有机过氧化物；有毒品；放射性物品；腐蚀品；粉尘与气溶胶；其他化学性危险和有害因素。

③ 生物性危险和有害因素：致病微生物；传染病媒介物；致害动物；致害植物；其他生物性危险和有害因素。

第三大类，环境因素，即生产作业环境中的危险和有害因素。包括：

① 室内作业场所环境不良：室内地面滑；室内作业场所狭窄；室内作业场所杂乱；室内地面不平；室内梯架缺陷；地面、墙和天花板上的开口缺陷；房屋基础下沉；室内安全通道缺陷；房屋安全出口缺陷；采光照明不良；作业场所空气不良；室内温度、湿度、气压不适；室内给、排水不良；室内涌水；其他室内作业场所环境不良。

② 室外作业场地环境不良：恶劣气候与环境；作业场地和交通设施湿滑；作业场地狭窄；作业场地杂乱；作业场地不平；航道狭窄、有暗礁或险滩；脚手架、阶梯和活动梯架缺陷；地面开口缺陷；建筑物和其他结构缺陷；门和围栏缺陷；作业场地基础下沉；作业场地

安全通道缺陷；作业场地安全出口缺陷；作业场地光照不良；作业场地空气不良；作业场地温度、湿度、气压不适；作业场地涌水；其他室外作业场地环境不良。

③ 地下（含水下）作业环境不良：隧道/矿井顶面缺陷；隧道/矿井正面或侧壁缺陷；隧道/矿井地面缺陷；地下作业面空气不良；地下火；冲击地压；地下水；水下作业供氧不当；其他地下（含水下）作业环境不良。

④ 其他作业环境不良：强迫体位；综合性作业环境不良；以上未包括的其他作业环境不良。

第四大类，管理因素，即管理和管理责任缺失所导致的危险和有害因素。包括：

① 职业安全卫生组织机构不健全。

② 职业安全卫生责任制未落实。

③ 职业安全卫生管理规章制度不完善：建设项目"三同时"制度未落实；操作规程不规范；事故应急预案及响应缺陷；培训制度不完善；其他职业安全卫生管理规章制度不健全。

④ 职业安全卫生投入不足。

⑤ 职业健康管理不完善。

⑥ 其他管理因素缺陷。

（6）参照事故类别进行分类　参照《企业职工伤亡事故分类》（GB 6441—86），综合考虑起因物、引起事故的诱导性原因、致害物、伤害方式等，将危险因素分为20类。

① 物体打击：指物体在重力或其他外力的作用下产生运动，打击人体造成人身伤亡事故，不包括因机械设备、车辆、起重机械、坍塌等引发的物体打击。

② 车辆伤害：指企业机动车辆在行驶中引起的人体坠落和物体倒塌、下落、挤压伤亡事故，不包括起重设备提升、牵引车辆和车辆停驶时引发的车辆伤害。

③ 机械伤害：指机械设备运动（静止）部件、工具、加工件直接与人体接触引起的夹击、碰撞、剪切、卷入、绞、碾、割、刺等伤害，不包括车辆、起重机械引起的机械伤害。

④ 起重伤害：指各种起重作业（包括起重机安装、检修、试验）中发生的挤压、坠落、（吊具、吊重）物体打击和触电。

⑤ 触电：包括雷击伤亡事故。

⑥ 淹溺：包括高处坠落淹溺，不包括矿山、井下透水淹溺。

⑦ 灼烫：指火焰烧伤、高温物体烫伤、化学灼伤（酸、碱、盐、有机物引起的体内外灼伤）、物理灼伤（光、放射性物质引起的体内外灼伤），不包括电灼伤和火灾引起的烧伤。

⑧ 火灾。

⑨ 高处坠落：指在高处作业中，发生坠落造成的伤亡事故，不包括触电坠落事故。

⑩ 坍塌：指物体在外力或重力作用下，超过自身的强度极限或因结构稳定性破坏而造成的事故，如挖沟时的土石塌方、脚手架坍塌、堆置物倒塌等；不包括矿山冒顶、片帮和车辆、起重机械、爆破引起的坍塌。

⑪ 冒顶、片帮。

⑫ 透水。

⑬ 爆破伤害：指爆破作业中发生的伤亡事故。

⑭ 火药爆炸：指火药、炸药及其制品在生产、加工、运输、贮存中发生的爆炸事故。

⑮ 瓦斯爆炸。

⑯ 锅炉爆炸。

⑰ 容器爆炸

⑱ 其他爆炸

⑲ 中毒和窒息。

⑳ 其他伤害。

此种分类方法所列的危险、有害因素与企业职工伤亡事故处理（调查、分析、统计）和职工安全教育的口径基本一致，为安全生产监督管理部门、行业主管部门职业安全卫生管理人员和企业广大职工、安全管理人员所熟悉，易于接受和理解，便于实际应用。但缺少全国统一规定，尚待在应用中进一步提高其系统性和科学性。

五、事故责任分析

事故责任分析就是分析造成事故原因的责任，确定事故责任者。事故责任者是指对事故发生负有责任的人。其中包括直接责任者、主要责任者和领导责任者。

1. 事故性质认定原则和程序

（1）事故性质的认定 对事故性质的认定可依据《企业职工伤亡事故分类》（GB 6441—86）《生产安全事故报告和调查处理条例》等国家法规和标准进行评定。事故的性质一般分为责任事故和非责任事故。

（2）事故性质的认定程序

① 首先区分事故的性质，按照事故的性质可以分为以下几种：自然事故、技术事故以及责任事故。

② 确定事故的责任者，根据事故调查所确定的事实，通过对事故原因（包括直接原因和间接原因）的分析；找出对应于这些原因的人及其与事件的关系，确定是否属于事故责任者；按责任者与事故的关系分为：直接责任者、领导责任者。

③ 事故责任分析的步骤

a. 按照事故调查确认事实。

b. 按照有关组织管理（劳动组织、规程标准、规章制度、教育培训、操作方法）及生产技术因素（如规划设计、施工、安装、维护检修、生产指标），追究最初造成不安全状态（事故隐患）的责任。

c. 按照有关技术规定的性质、明确程度、技术难度，追究属于明显违反技术规定的责任，不追究属于未知领域的责任。

d. 根据事故后果（性质轻重、损失大小）和责任者应负的责任以及认识态度（抢救和防止事故扩大的态度、对调查事故的态度和表现）提出处理意见。

2. 事故责任认定和处理的依据

（1）安全生产事故责任认定的依据 根据事故调查所确认的事实，分清事故责任。

① 直接责任和主要责任：其行为与事故的发生有直接关系的人员为直接责任者；对事故的发生起主要作用的人员是主要责任者。

应由肇事者或有关人员负直接责任或主要责任的情况有：违章指挥或违章作业、冒险作业造成事故的；违反安全生产责任制和操作规程，造成伤亡事故的；违反劳动纪律、擅自开动机械设备或擅自更改、拆除、毁坏、挪用安全装置和设备，造成事故的。

② 领导责任：指对事故的发生负有领导责任的人员。

有关领导应负领导责任的情况有：安全生产责任制、安全生产规章和操作规程不健全，职工无章可循，造成伤亡事故的；未按规定对职工进行安全教育和技术培训，或职工未经考试合格上岗操作造成伤亡事故的；机械设备超过检修期限或超负荷运行，或因设备有缺陷又不采取措施，造成伤亡事故的；作业环境不安全，又未采取措施，造成伤亡事故的；新建、改建、扩建工程项目的尘毒治理和安全设施不与主体工程同时设计、同时施工、同时投入生产和使用，造成伤亡事故的。

（2）安全生产事故责任认定和处理的依据　据事故调查的结论，对照国家有关法律法规对事故责任人进行处理，落实防范重复事故发生的措施，实现贯彻以下原则要求。

① 实事求是、尊重科学的原则。

②"四不放过"的原则。

③ 公正、公开的原则：即在一定范围内公开，能引起全社会对安全生产工作的重视；能使较大范围的干部群众吸取事故的教训；有利于挽回事故的影响。

④ 分级管辖的原则。

六、事故防范措施的制定

生产经营过程中存在缺陷又不采取措施，造成伤亡事故的，有关人员应负相应责任，生产单位和政府相关部门应制定相应的事故防范措施。事故防范措施的制定主要从三个方面进行，即安全技术整改措施、安全管理对策措施以及安全培训和教育。

1. 安全技术整改措施

安全技术整改措施主要包括：防火防爆技术措施、电气安全技术控制措施、机械伤害防护措施及起重作业的安全对策措施。

（1）防火防爆技术措施　能防止可燃可爆系统的形成，典型的技术措施有：取代或控制用量、加强密闭、通风排气以及惰性化等；消除、控制引燃能源，在有火灾爆炸危险的生产场所，对明火和高温表面、摩擦与撞击及电气火花等着火源应引起充分注意，并采取严格的控制措施。

（2）电气安全技术控制措施　主要有以下几种：接零、接地保护系统；漏电保护；绝缘；电气隔离；安全电压；屏护；连锁保护等。

（3）机械伤害防护措施　主要有：采用本质安全技术；限制机械应力；履行安全人机工程学原则；设计控制系统的安全原则；安全防护措施。

（4）起重作业的安全对策措施　主要有：起重作业人员属于特种作业人员，必须经国家认定有资格的培训机构进行安全技术培训，经考试合格，取得《特种作业人员操作证》持证操作；严格遵守安全操作规程和企业有关的安全管理规章制度；吊运前作业人员应正确佩戴个人防护用品，包括安全帽、工作服、工作鞋和手套；检查清理作业场地，确定搬运路线，清除障碍物；吊运前，应对起重吊装设备、钢丝绳、吊钩等各种机具进行检查，确保安全可靠；吊装作业时，必须分工明确，坚守岗位，并按照《起重吊运指挥信号》规定的联络信号，统一指挥；有主、副两套起升机构的起重机，不允许同时利用主、副钩工作（设计允许的专用起重机除外）；起重机驾驶人员要做到"十不吊"（超载或被吊物重量不明时不吊；指挥信号不明确时不吊；捆绑、吊挂不牢或不平衡可能引起吊物滑动时不吊；被吊物上有人或有浮置物时不吊；结构或零部件有影响安全工作的缺陷或损伤时不吊；遇有拉力不清的埋置物时不吊；歪拉斜吊重物时不吊；工作场地昏暗，无法看清场地、被吊物和指挥信号时不吊；重物棱角处与捆绑钢丝绳之间未加衬垫时不吊；钢（铁）水包装得太满时不吊）等。

2. 安全管理对策措施

安全管理对策措施通过一系列管理手段将企业的安全生产工作整合、完善、优化，将人、机、物、环境等涉及安全生产工作的各个环节有机地结合起来，保证企业生产经营活动在安全健康的前提下常开展，使安全技术对策措施发挥最大的作用。

（1）建立安全管理制度　遵守《安全生产法》第四条"生产经营单位必须遵守本法和其他有关安全生产的法律、法规，加强安全生产管理，建立、健全全员安全生产责任制和安全生产规章制度，加大对安全生产资金、物资、技术、人员的投入保障力度，完善安全生产条件，加强安全生产标准化、信息化建设，构建安全风险分级管控和隐患排查治理双重预防机制，健全风险防范化解机制，提高安全生产水平，确保安全生产"等法律法规和技术标准的要求。

（2）建立并完善生产经营单位的安全管理组织机构和人员配置　保证各类安全生产管理制度能认真贯彻执行，各项安全生产责任制能落实到人。明确各级第一负责人为安全生产第一责任人。

《安全生产法》第二十四条规定："矿山、金属冶炼、建筑施工、运输单位和危险物品的生产、经营、储存、装卸单位，应当设置安全生产管理机构或者配备专职安全生产管理人员。前款规定以外的其他生产经营单位，从业人员超过一百人的，应当设置安全生产管理机构或者配备专职安全生产管理人员；从业人员在一百人以下的，应当配备专职或者兼职的安全生产管理人员。"

（3）建立健全生产经营单位安全生产投入的长效保障机制　从资金和设施装备等物质方面保障安全生产工作正常进行，也是安全管理对策措施的一项内容。《安全生产法》第二十三条第一款规定："生产经营单位应当具备的安全生产条件所必需的资金投入，由生产经营单位的决策机构、主要负责人或者个人经营的投资人予以保证，并对由于安全生产所必需的资金投入不足导致的后果承担责任。"第三十一条规定："生产经营单位新建、改建、扩建工程项目的安全设施，必须与主体工程同时设计、同时施工、同时投入生产和使用。安全设施投资应当纳入建设项目概算。"

3. 安全培训和教育措施

生产经营单位的安全培训和教育工作分 3 个层面进行。

（1）单位主要负责人和安全生产管理人员的安全培训教育　侧重面为国家有关安全生产的法律法规、行政规章和各种技术标准、规范，了解企业安全生产管理的基本脉络，掌握对整个企业进行安全生产管理的能力，取得安全管理岗位的资格证书。

（2）从业人员的安全培训教育　在于了解安全生产知识，熟悉有关的安全生产规章制度和安全操作规程，掌握本岗位的安全操作技能。

（3）特种作业人员的安全培训教育　特种作业人员必须按照国家有关规定经专门的安全作业培训，取得特种作业操作资格证书。要选拔具有一定文化程度、操作技能，身体健康和心理素质好的人员从事相关工作，并定期进行考察、考核、调整。重大危险岗位作业人员还需要进行专门的安全技术训练，有条件的单位最好能对该类作业人员进行身体素质、心理素质、技术素质和职业道德素质的测定，避免作业人员先天性素质缺陷而造成安全隐患。

对作业人员要加强职业培训、教育，使作业人员具有高度的安全责任心、缜密的态度，并且要熟悉相应的业务，有熟练的操作技能，具备有关物料、设备、设施、防止工艺参数变动及泄漏等的危险、危害知识和应急处理能力，有预防火灾、爆炸、中毒等事故和职业危害的知识和能力，在紧急情况下能采取正确的应急方法，事故发生时有自救、互救能力。

加强对新职工的安全教育、专业培训和考核，新从业人员必须经过严格的三级安全教育和专业培训，并经考试合格后方可上岗。对转岗、复工人员应参照新职工的办法进行培训和考试。对职工每年至少进行两次安全技术培训和考核。

阅读材料

江苏响水某化工有限公司"3·21"特别重大爆炸事故调查报告（摘要）

2019年3月21日14时48分许，位于江苏省盐城市响水县生态化工园区（以下简称生态化工园区）的某化工有限公司发生特别重大爆炸事故，造成78人死亡、76人重伤，640人住院治疗，直接经济损失198635.07万元。

事故发生后，党中央、国务院高度重视，要求全力抢险救援，搜救被困人员，及时救治伤员，做好善后工作，切实维护社会稳定；要加强监测预警，防控发生环境污染，严防发生次生灾害；要尽快查明事故原因，及时发布权威信息，加强舆情引导；要求各地和有关部门深刻吸取教训，加强安全隐患排查，严格落实安全生产责任制，坚决防范重特大事故发生，确保人民群众生命和财产安全。

事故调查组通过反复现场勘验、检测鉴定、调查取证、调阅资料、人员问询、模拟实验、专家论证等，查明了事故经过、原因、人员伤亡情况和直接经济损失，认定了事故性质以及事故公司、中介机构和相关人员的责任，提出了防范整改的措施建议。

事故调查组认定，江苏响水某化工有限公司"3·21"特别重大爆炸事故是一起长期违法贮存危险废物导致自燃进而引发爆炸的特别重大生产安全责任事故。

一、事故有关情况

事故调查组经调阅现场视频记录等进行分析认定，2019年3月21日14时45分35秒，该公司旧固废库房顶中部冒出淡白烟，随即出现明火且火势迅速扩大，至14时48分44秒发生爆炸。

该公司成立于2007年4月5日，主要负责人由其控股公司某集团委派，重大管理决策需集团批准。企业占地面积147万平方米，注册资本9000万元，员工195人，主要产品为间苯二胺、邻苯二胺、对苯二胺、间羟基苯甲酸、3,4-二氨基甲苯、对甲苯胺、均三甲基苯胺等，主要用于生产农药、染料、医药等。企业所在的生态化工园区规划面积10平方千米，已开发使用面积75平方千米，现有企业67家，其中化工企业56家。2018年4月因环境污染问题被中央电视台《经济半小时》节目曝光，江苏省原环保厅建议响水县政府对整个园区责令停产整治；9月响水县组织11个部门对停产企业进行复产验收，包括该公司在内的10家企业通过验收后陆续复产。

事故发生后，在党中央、国务院坚强领导下，江苏省和应急管理部等立即启动应急响应，迅速调集综合性消防救援队伍和危险化学品专业救援队伍开展救援，至3月22日5时许，该公司的储罐和其他企业等8处明火被全部扑灭，未发生次生事故；

至 3 月 24 日 24 时，失联人员全部找到，救出 86 人，搜寻到遇难者 78 人。江苏省和国家卫生健康委全力组织伤员救治，至 4 月 15 日危重伤员、重症伤员经救治全部脱险。生态环境部门对爆炸核心区水体、土壤、大气环境密切监测，实施堵、控、引等措施，未发生次生污染；至 8 月 25 日，除残留在装置内的物料外，生态化工园区内的危险物料全部转运完毕。

二、事故直接原因

事故调查组通过深入调查和综合分析认定，事故直接原因是：该公司旧固废库内长期违法贮存的硝化废料持续积热升温导致自燃，燃烧引发硝化废料爆炸。

三、公司和中介机构主要问题

（一）公司

该公司无视国家环境保护和安全生产法律法规，长期违法违规贮存、处置硝化废料，公司管理混乱，是事故发生的主要原因。具体原因如下：

1. 刻意瞒报硝化废料。
2. 长期违法贮存硝化肥料。
3. 违法处置固体废物
4. 固废和废液焚烧项目长期违法运行。
5. 安全生产长期违法违规。
6. 违法未批先建问题突出。

（二）中介机构

中介机构弄虚作假，出具虚假失实文件，导致事故企业硝化废料重大风险和事故隐患未能及时暴露，干扰误导了有关部门的监管工作，是事故发生的重要原因。例如，江苏某安全技术有限公司 2018 年 9 月为该公司进行复产综合性安全评价时，安全条件检查不全面、不深入，评价报告与实际情况严重不符，事故隐患整改确认表未签字确认。

四、有关部门主要问题

（一）应急管理部门

1. 县应急管理局
（1）未认真履行监督管理职责。
（2）日常监管执法不严不实。
（3）督促企业排查消除重大事故隐患不力。
（4）复产验收把关不严。

2. 市应急管理局
（1）未认真履行监督管理职责。
（2）监管执法存在漏洞。
（3）督促指导隐患整改不力。

3. 省应急管理厅

依据《安全生产法》，履行本级政府安委会办公室和本行政区域内安全生产综合监督管理职责不到位，指导、协调、督促相关部门和有关地方政府排查治理重大安全风险隐患不全面、不深入、不扎实，没有及时督促推动生态环境部门解决固废库长期大量贮存危险废物问题。吸取昆山"8·2"特别重大爆炸事故教训不深刻，亡羊补牢措施不得力。推进安全生产诚信体系建设不力。对安全评价机构监管不力。没有建立与企业隐患排查治理系统联网的信息平台。没有督促建立企业安全风险管控和隐患治理的过程评价机制，实施动态监控。对盐城市、响水县安全监管部门开展危险化学品监管执法、重大安全风险辨识管控、构建安全风险隐患预防机制工作指导监督不力。

（二）生态环境部门

1. 县环境保护局

（1）未认真履行危险废物监管职责。

（2）执法检查不认真不严格。

（3）对环评机构弄虚作假失察。

（4）复产验收把关不严。

2. 市生态环境局

（1）未认真履行危险废物监管职责。

（2）对有关项目竣工验收把关不严。

（3）督促整改不力。

3. 省生态环境厅

未认真履行危险废物监管职责，对危险废物的收集、贮存、处置等进行监督管理不到位。对市、县环保部门履职不到位的问题失察。对环评机构弄虚作假失管失察。

五、地方党委政府主要问题

六、对事故有关单位及责任人的处理建议

七、事故主要教训

（1）安全发展理念不牢，红线意识不强。

（2）地方党政领导干部安全生产责任制落实不到位。

（3）防范化解重大风险不深入不具体，抓落实有很大差距。

（4）有关部门落实安全生产职责不到位，造成监管脱节。

（5）企业主体责任不落实，诚信缺失和违法违规问题突出。

（6）对非法违法行为打击不力，监管执法宽松软。

（7）化工园区发展无序，安全管理问题突出。

（8）安全监管水平不适应化工行业快速发展需要。

八、事故防范措施建议

为深刻汲取事故教训，举一反三，亡羊补牢，有效防范和坚决遏制重特大事故，

提出如下建议措施。

（1）把防控化解危险化学品安全风险作为大事来抓。

（2）强化危险废物监管。

（3）强化企业主体责任落实。

（4）推动化工行业转型升级。

（5）加快制修订相关法律法规和标准。

（6）提升危险化学品安全监管能力。

习 题

一、单项选择题

1. 以下不属于事故直接原因的是（ ）。

    A. 设备、设施、工具、附件有缺陷   B. 个人防护用品有缺陷

    C. 生产场地通风不良   D. 教育、培训不够

2. 以下属于事故间接原因的是（ ）。

    A. 没有安全操作规程   B. 酒后作业

    C. 未戴安全帽   D. 作业场地杂乱

3. 应急救援的首要任务是（ ）。

    A. 迅速控制事态   B. 消除危害后果

    C. 抢救受害人员   D. 查清事故原因

4. 响应级别中，必须利用所有有关部门及一切资源的紧急情况属于（ ）。

    A. 一级紧急情况   B. 二级紧急情况

    C. 三级紧急情况   D. 四级紧急情况

5. 单位负责人接到事故报告后，应当于（ ）小时内向事故发生地县级以上人民政府安全生产监督管理部门和负有安全生产监督管理职责的有关部门报告。

    A. 4   B. 3   C. 2   D. 1

二、判断题

1. 事故调查组组长由负责事故调查的人民政府指定。事故调查组组长主持事故调查组的工作。（ ）

2. 生产经营单位发生生产安全事故后，在事发现场的从业人员有义务采用任何方式以最快的速度立即报告，可以逐级报告，不可以越级报告。（ ）

3. 事故应急救援系统的应急响应程序按过程可分为接警、响应级别确定、应急启动、救援行动、事态控制、应急恢复和应急结束等过程。（ ）

4. 响应级别中，能被一个部门正常可利用的资源处理的紧急情况属于一级紧急情况。（ ）

5. 一个完整的应急救援体系应由组织体制、运作机制、法制基础和应急保障系统四部分构成。（ ）

第八章

安全生产法律责任

通过本章的学习，使学生了解安全生产法律责任的概念、特征，熟悉安全生产违法行为的法律责任，了解安全生产违法行为相对应的法律制裁。

法律责任是指法律关系主体对违反法律规范、不履行法定义务所产生的法律后果应当承担的责任。法律责任是国家管理社会事务所采用的强制当事人依法办事的法律措施。

安全生产法律关系主体违反安全生产相关法律强制性规范，必然要承担相应的法律责任，接受相应的法律制裁。

第一节　安全生产法律责任概述

各类安全生产法律关系主体必须履行各自的安全生产法律义务，负起安全生产法律责任，保障安全生产。我国对安全生产事故实行责任追究制度，违反《安全生产法》和有关法律、法规，必然被追究相应的法律责任。

一、安全生产法律责任的概念及其特征

安全生产法律责任，是指安全生产法律关系主体在安全生产工作中，由于违反安全生产法律规定所引起的不利法律后果，即解决什么行为应负法律责任、谁应负法律责任和应负什么样法律责任问题。其主要特征有如下三点。

第一点，安全生产法律责任的主体范围广泛。安全生产法律责任主体包括各级人民政府和对安全生产负有监督管理职责的有关部门、生产经营单位、从业人员和依法设立的为安全生产提供技术、管理服务的机构等。

第二点，安全生产法律责任是发生在安全生产法律关系中的责任。《安全生产法》第二条规定："在中华人民共和国领域内从事生产经营活动的单位（以下统称生产经营单位）的安全生产，适用本法；有关法律、行政法规对消防安全和道路交通安全、铁路交通安全、水上交通安全、民用航空安全以及核与辐射安全、特种设备安全另有规定的，适用其规定。"由此可见，安全生产法律关系中的责任主体应当承担相应的安全生产法律责任。

第三点，安全生产法律责任具有综合性。《安全生产法》针对各种违法行为采取追究行政责任、民事责任、刑事责任的方式，组成一个综合性的责任体系，达到加强安全生产工作、防止和

减少生产安全事故、保障人民群众生命和财产安全、促进经济社会持续健康发展的目的。

二、安全生产法律责任的构成要件

法律责任的构成要件是指构成法律责任必须具备的各种条件或必须符合的标准，它是国家机关要求行为人承担法律责任时进行分析、判断的依据。

在安全生产中，如果违反了安全生产法律法规，就要追究其法律责任。安全生产法律责任的构成要件主要有责任主体、违法行为、行为过错以及损害事实和因果关系等方面。

（一）责任主体

安全生产违法行为的责任主体，是指依照《安全生产法》的规定享有安全生产权利，负有安全生产义务和承担法律责任的社会组织和公民。

（二）违法行为

生产经营单位及其从业人员违反安全生产法律、法规、规章、强制性国家标准或者行业标准的规定，从事生产经营建设活动的行为，即为安全生产违法行为。生产经营单位主要负责人对本单位安全生产工作全面负责，并对本单位安全生产的非法、违法行为承担法律责任。公民个人同样也对自己的安全生产非法、违法行为承担法律责任。

（三）行为过错

所有违反安全生产法律法规的过错行为，都应当承担相应的法律责任。《安全生产法》第四条第一款规定："生产经营单位必须遵守本法和其他有关安全生产的法律、法规，加强安全生产管理，建立健全全员安全生产责任制和安全生产规章制度，加大对安全生产资金、物资、技术、人员的投入保障力度，改善安全生产条件，加强安全生产标准化、信息化建设，构建安全风险分级管控和隐患排查治理双重预防机制，健全风险防范化解机制，提高安全生产水平，确保安全生产。"如果存在不具备对安全生产资金、物资、技术、人员的投入保障等违法行为即属于行为过错，应承担相应的法律责任。

（四）损害事实和因果关系

责任主体违反安全生产法律法规的行为，造成了对公共财产或他人人身、财产等损害后果，而且该违法行为与损害后果之间存在内在的、必然的联系，那么，责任主体就必须为其不当行为造成的损害后果负相应的法律责任。

三、安全生产的执法主体与责任主体

法律责任的追究由国家相关授权机关依法执行，包含执法主体和责任主体两大方面。

（一）执法主体

《安全生产法》是安全生产领域的基本法律，其执法主体涉及多个行政机关。《安全生产法》第一百一十五条规定："本法规定的行政处罚，由应急管理部门和其他负有安全生产监督管理职责的部门按照职责分工决定；其中，根据本法第九十五条、第一百一十条、第一百一十四条的规定应当给予民航、铁路、电力行业的生产经营单位及其主要负责人行政处罚的，也可以由主管的负有安全生产监督管理职责的部门进行处罚。予以关闭的行政处罚，由负有安全生产监督管理职责的部门报请县级以上人民政府按照国务院规定的权限决定；给予拘留的行政处罚，由公安机关依照治安管理处罚的规定决定。"由此可见，安全生产领域的行政执法主体主要是：

（1）应急管理部门和其他负有安全生产监督管理职责的部门。

（2）县级以上人民政府。

（3）公安机关。

（4）其他相关部门。

（二）责任主体

责任主体是需要承担责任的单位、组织或者部门，也包括自然人。《安全生产法》第三条第三款规定："安全生产工作实行管行业必须管安全、管业务必须管安全、管生产经营必须管安全，强化和落实生产经营单位主体责任与政府监管责任，建立生产经营单位负责、职工参与、政府监管、行业自律和社会监督的机制。"

1. 生产经营单位

生产经营单位必须遵守《安全生产法》和其他有关安全生产的法律、法规，加强安全生产管理，建立健全全员安全生产责任制和安全生产规章制度，加大对安全生产资金、物资、技术、人员的投入保障力度，改善安全生产条件，加强安全生产标准化、信息化建设，构建安全风险分级管控和隐患排查治理双重预防机制，健全风险防范化解机制，提高安全生产水平，确保安全生产。

生产经营单位必须执行依法制定的保障安全生产的国家标准或者行业标准。

生产经营单位可以委托依法设立的相关机构为本单位提供安全生产技术、管理服务，接受安全生产技术、管理服务的生产经营单位，依法负有保证安全生产的责任。

2. 生产经营单位的主要负责人及其从业人员

生产经营单位的主要负责人是本单位安全生产第一责任人，对本单位的安全生产工作全面负责。其他负责人对职责范围内的安全生产工作负责。生产经营单位的从业人员除了有依法获得安全生产保障的权利外，同时应当依法履行安全生产方面的义务。

3. 各级人民政府、国务院有关部门

各级人民政府应当加强安全生产基础设施建设和安全生产监管能力建设，所需经费列入本级预算。国务院应急管理部门依照《安全生产法》，对全国安全生产工作实施综合监督管理；县级以上地方各级人民政府应急管理部门依照《安全生产法》，对本行政区域内安全生产工作实施综合监督管理。

国务院有关部门应当按照保障安全生产的要求，依法及时制定有关的国家标准或者行业标准，并根据科技进步和经济发展适时修订。

4. 负有安全生产监督管理职责的部门

负有安全生产监督管理职责的部门应当相互配合、齐抓共管、信息共享、资源共用，依

法加强安全生产监督管理工作。

5. 有关协会组织

有关协会组织依照法律、行政法规和章程，为生产经营单位提供安全生产方面的信息、培训等服务，发挥自律作用，促进生产经营单位加强安全生产管理。

6. 依法设立的为安全生产提供技术、管理服务的机构

依法设立的为安全生产提供技术、管理服务的机构，必须依照法律、行政法规和执业准则，接受生产经营单位的委托为其安全生产工作提供相应服务。

第二节　安全生产法律责任形式

法律责任是违法者对违法行为所应承担的具有强制性的法律上的责任，与违法行为紧密相连。

安全生产违法行为是指安全法律关系主体违反安全生产法律规定所从事的非法生产经营活动。安全生产违法行为是危害社会和公民人身安全的行为，是导致安全生产事故多发和人员伤亡的直接原因。

对违反《中华人民共和国安全生产法》和有关法律、法规的违法行为，其责任形式主要有三种：行政责任、民事责任和刑事责任，这三种责任形式可以单独适用也可以并用。

一、相关法律法规

安全生产法律责任形式的主要依据是《中华人民共和国刑法》《中华人民共和国安全生产法》《中华人民共和国行政处罚法》及相关法律法规。

《中华人民共和国安全生产法》是安全生产领域的基本法，是现行有关安全生产的综合性法律，同时，结合安全生产领域的单行法和相关法，对安全生产违法行为都规定了相应的法律责任形式。

安全生产领域的单行法律主要有《中华人民共和国消防法》《中华人民共和国道路交通安全法》《中华人民共和国海上交通安全法》《中华人民共和国矿山安全法》等。

安全生产相关法律主要有《中华人民共和国刑法》《中华人民共和国劳动法》《中华人民共和国职业病防治法》《中华人民共和国行政处罚法》等。

安全生产行政法规主要有《生产安全事故报告和调查处理条例》《危险化学品安全管理条例》《安全生产许可证条例》《工伤保险条例》等。

安全生产部门规章主要有《安全生产违法行为行政处罚办法》《安全生产领域违法违纪行为政纪处分暂行规定》等。

二、安全生产行政责任

行政责任是对公民、法人或其他组织因违反行政管理秩序的行为给予的行政处罚，分为行政处分和行政处罚两类。

（一）行政处分

我国行政处分的适用范围较广，其种类由不同法规列举。依据《安全生产领域违法违纪行为政纪处分暂行规定》，安全生产领域的行政处分主要针对国家行政机关的公务人员、国家和集体单位的工作人员，以及全民和集体企业的职工。

1. 国家行政机关及其公务员

国家行政机关及其公务员，有下列行为之一的，对有关责任人员，给予警告、记过或者记大过处分；情节较重的，给予降级或者撤职处分；情节严重的，给予开除处分。

（1）未按照有关规定对有关单位申报的新建、改建、扩建工程项目的安全设施，与主体工程同时设计、同时施工、同时投入生产和使用中组织审查验收的。

（2）发现存在重大安全隐患，未按规定采取措施，导致生产安全事故发生的。

（3）对发生的生产安全事故瞒报、谎报、拖延不报，或者组织、参与瞒报、谎报、拖延不报的。

（4）生产安全事故发生后，不及时组织抢救的。

（5）对生产安全事故的防范、报告、应急救援有其他失职、渎职行为的。

2. 国有企业及其工作人员

国有企业及其工作人员有下列行为之一，导致生产安全事故发生的，对有关责任人员，给予警告、记过或者记大过处分；情节较重的，给予降级、撤职或者留用察看处分；情节严重的，给予开除处分。

（1）对存在的重大安全隐患，未采取有效措施的。

（2）违章指挥，强令工人违章冒险作业的。

（3）未按规定进行安全生产教育和培训并经考核合格，允许从业人员上岗，致使违章作业的。

（4）制造、销售、使用国家明令淘汰或者不符合国家标准的设施、设备、器材或者产品的。

（5）超能力、超强度、超定员组织生产经营，拒不执行有关部门整改指令的。

（6）拒绝执法人员进行现场检查或者在被检查时隐瞒事故隐患，不如实反映情况的。

（7）有其他不履行或者不正确履行安全生产管理职责的。

（二）行政处罚

行政处罚是指行政机关依法对违反行政管理秩序的公民、法人或者其他组织，以减损权益或者增加义务的方式予以惩戒的行为。依据《中华人民共和国行政处罚法》，行政处罚的种类如下：

（1）警告、通报批评。

（2）罚款、没收违法所得、没收非法财物。

（3）暂扣许可证件、降低资质等级、吊销许可证件。

（4）限制开展生产经营活动、责令停产停业、责令关闭、限制从业。

（5）行政拘留。

（6）法律、行政法规规定的其他行政处罚。

在安全生产领域，对生产经营单位及其有关人员在生产经营活动中安全生产违法行为实施行政处罚的种类主要有如下几种形式：

（1）警告。

（2）罚款。

（3）没收违法所得、没收非法开采的煤炭产品、采掘设备。

（4）责令停产停业整顿、责令停产停业、责令停止建设、责令停止施工。

（5）暂扣或者吊销有关许可证，暂停或者撤销有关执业资格、岗位证书。

（6）关闭。

（7）拘留。

（8）安全生产法律、行政法规规定的其他行政处罚。

三、安全生产民事责任

民事责任是指由于违反民事法律、违约或者由于民法规定所应承担的一种法律责任。安全生产民事责任是指责任主体违反安全生产法律规定造成民事损害，由人民法院依照民事法律，强制其进行民事赔偿的一种法律责任。民事责任的追究是为了最大限度地维护当事人受到民事损害时享有获得民事赔偿的权利。

（一）责任主体和执法主体

民事责任主体是指违反民事法律侵害他人民事权利的公民和法人。《中华人民共和国民法典》规定：十八周岁以上的自然人为成年人，不满十八周岁的自然人为未成年人。成年人为完全民事行为能力人，可以独立实施民事法律行为。

按照《中华人民共和国民事诉讼法》的规定，人民法院是受理民事赔偿案件，确定民事责任，裁判追究民事赔偿责任的唯一的法律审判机关。

如果当事各方就民事赔偿问题已经协商一致，就不存在通过诉讼方式主张权利的必要。如果当事人各方不能就民事赔偿和连带赔偿的问题协商一致，即可通过民事诉讼主张权利，获得赔偿。这时，民事责任的执法主体即是各级人民法院。

（二）民事责任的特点和承担方式

首先，民事责任是以财产责任为主的法律责任；其次，民事责任是以等价、补偿性质为主的法律责任。承担民事责任的方式主要有以下几个方面：

（1）停止侵害。

（2）排除妨碍。

（3）消除危险。

（4）返还财产。

（5）恢复原状。

（6）修理、重作、更换。

（7）继续履行。

（8）赔偿损失。

（9）支付违约金。

（10）消除影响、恢复名誉。

（11）赔礼道歉。

这些方面可以单独适用，也可以合并适用。

四、安全生产刑事责任

安全生产刑事责任是指责任主体违反安全生产法律规定构成犯罪，由司法机关依照刑事法律给予刑罚的法律责任。

根据《中华人民共和国刑法》，已满十六周岁的人犯罪，应当负刑事责任。公司、企业、事业单位、机关、团体实施的危害社会的行为，法律规定为单位犯罪的，应当负刑事责任。单位犯罪的，对单位判处罚金，并对其直接负责的主管人员和其他直接责任人员判处刑罚。

刑罚的种类分主刑和附加刑，附加刑也可以独立适用。

主刑的种类主要有：管制、拘役、有期徒刑、无期徒刑和死刑。

附加刑的种类主要有：罚金、剥夺政治权利和没收财产。

由于犯罪行为而使被害人遭受经济损失的，对犯罪分子除依法给予刑事处罚外，还应根据情况判处赔偿经济损失。

第三节　安全生产违法行为的行政责任

行政责任是安全生产法律责任的主要形式，包括积极的行为和消极的行为，也即作为和不作为。作为是指责任主体实施了法律禁止的行为而触犯法律，不作为是指责任主体不履行法定义务而触犯法律。

一、安全生产违法行为的种类

我国《安全生产法》《安全生产违法行为行政处罚办法》等法律法规，针对不同生产经营主体，分别对安全生产违法行为行政责任的种类做了详细规定。

（一）生产经营单位的安全生产违法行为

企业法人、不具备企业法人资格的合伙组织、个体工商户和自然人等生产经营主体都属于生产经营单位的范畴。根据《安全生产法》，对生产经营单位的以下安全生产违法行为追究相应的法律责任：

（1）未按照规定设置安全生产管理机构或者配备安全生产管理人员、注册安全工程师。

（2）危险物品的生产、经营、储存、装卸单位以及矿山、金属冶炼、建筑施工、运输单位的主要负责人和安全生产管理人员未按照规定经考核合格。

（3）未按照规定对从业人员、被派遣劳动者、实习学生进行安全生产教育和培训，或者未按照规定如实告知有关的安全生产事项。

（4）未如实记录安全生产教育和培训情况。

（5）未将事故隐患排查治理情况如实记录或者未向从业人员通报。

（6）未按照规定制定生产安全事故应急救援预案或者未定期组织演练。

（7）特种作业人员未按照规定经专门的安全作业培训并取得相应资格，上岗作业。

（8）未按照规定对矿山、金属冶炼建设项目或者用于生产、储存、装卸危险物品的建设项目进行安全评价。

（9）矿山、金属冶炼建设项目或者用于生产、储存、装卸危险物品的建设项目没有安全设施设计或者安全设施设计未按照规定报经有关部门审查同意。

（10）矿山、金属冶炼建设项目或者用于生产、储存、装卸危险物品的建设项目的施工单位未按照批准的安全设施设计施工。

（11）矿山、金属冶炼建设项目或者用于生产、储存、装卸危险物品的建设项目竣工投入生产或者使用前，安全设施未经验收合格。

（12）未在有较大危险因素的生产经营场所和有关设施、设备上设置明显的安全警示标志。

（13）安全设备的安装、使用、检测、改造和报废不符合国家标准或者行业标准。

（14）未对安全设备进行经常性维护、保养和定期检测。

（15）关闭、破坏直接关系生产安全的监控、报警、防护、救生设备、设施，或者篡改、隐瞒、销毁其相关数据、信息。

（16）未为从业人员提供符合国家标准或者行业标准的劳动防护用品。

（17）危险物品的容器、运输工具，以及涉及人身安全、危险性较大的海洋石油开采特种设备和矿山井下特种设备未经具有专业资质的机构检测、检验合格，取得安全使用证或者安全标志，投入使用。

（18）使用应当淘汰的危及生产安全的工艺、设备。

（19）餐饮等行业的生产经营单位使用燃气未安装可燃气体报警装置。

（20）生产、经营、运输、储存、使用危险物品或者处置废弃危险物品，未建立专门安全管理制度、未采取可靠的安全措施。

（21）对重大危险源未登记建档，未进行定期检测、评估、监控，未制定应急预案，或者未告知应急措施。

（22）进行爆破、吊装、动火、临时用电以及国务院应急管理部门会同国务院有关部门规定的其他危险作业，未安排专门人员进行现场安全管理。

（23）未建立安全风险分级管控制度或者未按照安全风险分级采取相应管控措施。

（24）未建立事故隐患排查治理制度，或者重大事故隐患排查治理情况未按照规定报告。

（25）未采取措施消除事故隐患。

（26）将生产经营项目、场所、设备发包或者出租给不具备安全生产条件或者相应资质的单位或者个人。

（27）未与承包单位、承租单位签订专门的安全生产管理协议或者未在承包合同、租赁合同中明确各自的安全生产管理职责，或者未对承包单位、承租单位的安全生产统一协调、管理。

（28）矿山、金属冶炼建设项目和用于生产、储存、装卸危险物品的建设项目的施工单位未按照规定对施工项目进行安全管理。

（29）矿山、金属冶炼建设项目施工单位倒卖、出租、出借、挂靠或者以其他形式非法转让施工资质。

（30）两个以上生产经营单位在同一作业区域内进行可能危及对方安全生产的生产经营活动，未签订安全生产管理协议或者未指定专职安全生产管理人员进行安全检查与协调。

（31）生产、经营、储存、使用危险物品的车间、商店、仓库与员工宿舍在同一座建筑内，或者与员工宿舍的距离不符合安全要求。

（32）生产经营场所和员工宿舍未设有符合紧急疏散需要、标志明显、保持畅通的出口、疏散通道，或者占用、锁闭、封堵生产经营场所或者员工宿舍出口、疏散通道。

（33）生产经营单位与从业人员订立协议，免除或者减轻其对从业人员因生产安全事故伤亡依法应承担的责任。

（34）拒绝、阻碍负有安全生产监督管理职责的部门依法实施监督检查。

（35）高危行业、领域的生产经营单位未按照国家规定投保安全生产责任保险。

安全生产违法行为的行政处罚，由安全生产违法行为发生地的县级以上安全监管监察部门管辖。中央企业及其所属企业、有关人员的安全生产违法行为的行政处罚，由安全生产违法行为发生地的设区的市级以上安全监管监察部门管辖。根据《安全生产违法行为行政处罚办法》，对生产经营单位的以下安全生产违法行为追究相应的法律责任：

（1）危险物品的生产、经营、储存单位以及矿山、金属冶炼单位未建立应急救援组织或者生产经营规模较小、未指定兼职应急救援人员。

（2）危险物品的生产、经营、储存单位以及矿山、金属冶炼单位，未配备必要的应急救援器材、设备和物资，并未进行经常性维护、保养，保证正常运转。

（3）与从业人员订立协议，免除或者减轻其对从业人员因生产安全事故伤亡依法应承担的责任。

（4）不具备法律、行政法规和国家标准、行业标准规定的安全生产条件。

（5）转让安全生产许可证。

（6）知道或者应当知道生产经营单位未取得安全生产许可证或者其他批准文件擅自从事生产经营活动，仍为其提供生产经营场所、运输、保管、仓储等条件。

（7）弄虚作假，骗取或者勾结、串通行政审批工作人员取得安全生产许可证书及其他批准文件。

（8）未依法办理安全生产许可证书变更手续。

（9）未取得相应资格、资质证书的机构及其有关人员从事安全评价、认证、检测、检验工作。

（10）危及公共安全或者其他生产经营单位安全，经责令限期改正，逾期未改正。

（11）一年内因同一违法行为受到两次以上行政处罚。

（12）拒不整改或者整改不力，其违法行为呈持续状态。

（13）拒绝、阻碍或者以暴力威胁行政执法人员。

（二）生产经营单位主要负责人（投资人）的违法行为

根据《安全生产法》，对生产经营单位主要负责人（投资人）的以下安全生产违法行为追究相应的法律责任。

（1）不依法保证安全生产所必需的资金投入，致使生产经营单位不具备安全生产条件。

（2）未履行本法规定的安全生产管理职责。

（3）在本单位发生生产安全事故时，不立即组织抢救。

（4）事故调查处理期间擅离职守或者逃匿。

（5）对生产安全事故隐瞒不报、谎报或者迟报。

（6）被责令改正且受到罚款处罚，拒不改正。

（7）存在重大事故隐患，一百八十日内三次或者一年内四次受到行政处罚。

（8）经停产停业整顿，仍不具备法律、行政法规和国家标准或者行业标准规定的安全生产条件。

（9）不具备法律、行政法规和国家标准或者行业标准规定的安全生产条件，导致发生重大、特别重大生产安全事故。

（10）拒不执行负有安全生产监督管理职责的部门做出的停产、停业整顿决定。

根据《安全生产违法行为行政处罚办法》，对生产经营单位主要负责人（投资人）的以下安全生产违法行为追究相应的法律责任：

（1）不依法保证安全生产所必需的资金投入，致使生产经营单位不具备安全生产条件。

（2）主要负责人未履行法律规定的安全生产管理职责，导致发生生产安全事故。

（3）违反操作规程或者安全管理规定作业；违章指挥从业人员或者强令从业人员违章、冒险作业；发现从业人员违章作业不加制止。

（4）超过核定的生产能力、强度或者定员进行生产。

（5）对被查封或扣押的设施、设备、器材，擅自启封或使用。

（6）故意提供虚假情况或者隐瞒存在的事故隐患以及其他安全问题。

（7）拒不执行安全监管监察部门及其行政执法人员的安全监管监察指令。

（三）有关地方人民政府、负有安全生产监督管理职责的部门及其工作人员的违法行为

有关地方人民政府、负有安全生产监督管理职责的部门及其工作人员的违法行为，《安全生产法》及相关法律法规都做了详细规定，主要包括以下几个方面：

（1）对生产安全事故隐瞒不报、谎报或者迟报。

（2）要求被审查、验收的单位购买其指定的安全设备、器材或者其他产品。

（3）对安全生产事项的审查、验收中收取费用。

（4）对不符合法定安全生产条件的涉及安全生产的事项予以批准或者验收通过。

（5）发现未依法取得批准、验收的单位擅自从事有关活动或者接到举报后不予取缔或者不依法予以处理。

（6）对已经依法取得批准的单位不履行监督管理职责，发现其不再具备安全生产条件而不撤销原批准或者发现安全生产违法行为不予查处。

（7）在监督检查中发现重大事故隐患，不依法及时处理。

（四）安全生产管理人员的违法行为

安全生产管理人员不履行《安全生产法》中规定的职责，就构成了违法行为，主要表现在以下几个方面：

（1）不组织或者参与拟订本单位安全生产规章制度、操作规程等。

（2）不组织或者参与本单位安全生产教育培训，不记录培训情况。

（3）不落实本单位重大危险源的安全管理措施。

（4）不组织、不参与本单位生产安全事故应急救援预案制定及演练。

（5）不组织检查本单位安全生产状况，不及时进行隐患排查，不落实本单位安全生产整

改措施等。

（6）发现违规指挥、强令冒险作业、违反操作规程等行为，不加以制止和纠正。

（五）从业人员的违法行为

不落实岗位安全责任，不服从管理，违反安全生产规章制度或者操作规程等，是从业人员违法行为的主要表现。

（六）承担安全评价、认证、检测、检验职责的机构的违法行为

承担安全评价、认证、检测、检验职责的机构的违法行为主要表现为以下两个方面。

（1）出具失实报告。

（2）租借资质、挂靠、出具虚假报告。

（七）其他

根据《安全生产法》及相关法律法规，任何单位和个人未经依法批准，擅自生产、经营、运输、储存、使用危险物品或者处置废弃危险物品，均需追究其相应的法律责任。

二、安全生产违法行为的行政责任追究

安全生产违法行为是造成安全生产事故的主要原因。如：生产经营活动的作业场所不符合保证安全生产的规定；设施、设备、工具、器材不符合安全标准，存在缺陷；未按规定配备安全防护用品；未对职工进行安全教育培训，职工缺乏安全生产知识；劳动组织不合理；管理人员违章指挥；职工违章冒险作业等。

根据《安全生产法》及相关法律法规，对安全生产违法行为进行责任追究，行政责任追究是最常见的责任追究方式。

（一）地方人民政府主要领导人和政府有关部门正职负责人

为了有效地防范特大安全事故的发生，严肃追究特大安全事故的行政责任，保障人民群众生命、财产安全，根据国务院关于特大安全事故行政责任追究的规定，地方人民政府主要领导人和政府有关部门正职负责人对下列特大安全事故的防范、发生有失职、渎职情形或者负有领导责任的给予行政处分；构成玩忽职守罪或者其他罪的，依法追究刑事责任：

（1）特大火灾事故。

（2）特大交通安全事故。

（3）特大建筑质量安全事故。

（4）民用爆炸物品和化学危险品特大安全事故。

（5）煤矿和其他矿山特大安全事故。

（6）锅炉、压力容器、压力管道和特种设备特大安全事故。

（7）其他特大安全事故。

（二）有关地方人民政府、负有安全生产监督管理职责的部门及其工作人员

（1）有关地方人民政府、负有安全生产监督管理职责的部门，对生产安全事故隐瞒不报、谎报或者迟报的，对直接负责的主管人员和其他直接责任人员依法给予处分；构成犯罪的，

依照刑法有关规定追究刑事责任。

（2）负有安全生产监督管理职责的部门，要求被审查、验收的单位购买其指定的安全设备、器材或者其他产品的，在对安全生产事项的审查、验收中收取费用的，由其上级机关或者监察机关责令改正，责令退还收取的费用；情节严重的，对直接负责的主管人员和其他直接责任人员依法给予处分。

（3）负有安全生产监督管理职责的部门的工作人员，有下列行为之一的，给予降级或者撤职的处分；构成犯罪的，依照刑法有关规定追究刑事责任：

① 对不符合法定安全生产条件的涉及安全生产的事项予以批准或者验收通过的。

② 发现未依法取得批准、验收的单位擅自从事有关活动或者接到举报后不予取缔或者不依法予以处理的。

③ 对已经依法取得批准的单位不履行监督管理职责，发现其不再具备安全生产条件而不撤销原批准或者发现安全生产违法行为不予查处的。

④ 在监督检查中发现重大事故隐患，不依法及时处理的。

（三）生产经营单位

（1）生产经营单位有下列行为之一的，责令限期改正，处十万元以下的罚款；逾期未改正的，责令停产停业整顿，并处十万元以上二十万元以下的罚款，对其直接负责的主管人员和其他直接责任人员处二万元以上五万元以下的罚款：

① 未按照规定设置安全生产管理机构或者配备安全生产管理人员、注册安全工程师的。

② 危险物品的生产、经营、储存、装卸单位以及矿山、金属冶炼、建筑施工、运输单位的主要负责人和安全生产管理人员未按照规定经考核合格的。

③ 未按照规定对从业人员、被派遣劳动者、实习学生进行安全生产教育和培训，或者未按照规定如实告知有关的安全生产事项的。

④ 未如实记录安全生产教育和培训情况的。

⑤ 未将事故隐患排查治理情况如实记录或者未向从业人员通报的。

⑥ 未按照规定制定生产安全事故应急救援预案或者未定期组织演练的。

⑦ 特种作业人员未按照规定经专门的安全作业培训并取得相应资格，上岗作业的。

（2）生产经营单位有下列行为之一的，责令停止建设或者停产停业整顿，限期改正，并处十万元以上五十万元以下的罚款，对其直接负责的主管人员和其他直接责任人员处二万元以上五万元以下的罚款；逾期未改正的，处五十万元以上一百万元以下的罚款，对其直接负责的主管人员和其他直接责任人员处五万元以上十万元以下的罚款；构成犯罪的，依照刑法有关规定追究刑事责任：

① 未按照规定对矿山、金属冶炼建设项目或者用于生产、储存、装卸危险物品的建设项目进行安全评价的。

② 矿山、金属冶炼建设项目或者用于生产、储存、装卸危险物品的建设项目没有安全设施设计或者安全设施设计未按照规定报经有关部门审查同意的。

③ 矿山、金属冶炼建设项目或者用于生产、储存、装卸危险物品的建设项目的施工单位未按照批准的安全设施设计施工的。

④ 矿山、金属冶炼建设项目或者用于生产、储存、装卸危险物品的建设项目竣工投入生产或者使用前，安全设施未经验收合格的。

（3）生产经营单位有下列行为之一的，责令限期改正，处五万元以下的罚款；逾期未改正的，处五万元以上二十万元以下的罚款，对其直接负责的主管人员和其他直接责任人员处一万元以上二万元以下的罚款；情节严重的，责令停产停业整顿；构成犯罪的，依照刑法有关规定追究刑事责任：

① 未在有较大危险因素的生产经营场所和有关设施、设备上设置明显的安全警示标志的。

② 安全设备的安装、使用、检测、改造和报废不符合国家标准或者行业标准的。

③ 未对安全设备进行经常性维护、保养和定期检测的。

④ 关闭、破坏直接关系生产安全的监控、报警、防护、救生设备、设施，或者篡改、隐瞒、销毁其相关数据、信息的。

⑤ 未为从业人员提供符合国家标准或者行业标准的劳动防护用品的。

⑥ 危险物品的容器、运输工具，以及涉及人身安全、危险性较大的海洋石油开采特种设备和矿山井下特种设备未经具有专业资质的机构检测、检验合格，取得安全使用证或者安全标志，投入使用的。

⑦ 使用应当淘汰的危及生产安全的工艺、设备的。

⑧ 餐饮等行业的生产经营单位使用燃气未安装可燃气体报警装置的。

（4）生产经营单位有下列行为之一的，责令限期改正，处十万元以下的罚款；逾期未改正的，责令停产停业整顿，并处十万元以上二十万元以下的罚款，对其直接负责的主管人员和其他直接责任人员处二万元以上五万元以下的罚款；构成犯罪的，依照刑法有关规定追究刑事责任：

① 生产、经营、运输、储存、使用危险物品或者处置废弃危险物品，未建立专门安全管理制度、未采取可靠的安全措施的。

② 对重大危险源未登记建档，未进行定期检测、评估、监控，未制定应急预案，或者未告知应急措施的。

③ 进行爆破、吊装、动火、临时用电以及国务院应急管理部门会同国务院有关部门规定的其他危险作业，未安排专门人员进行现场安全管理的。

④ 未建立安全风险分级管控制度或者未按照安全风险分级采取相应管控措施的。

⑤ 未建立事故隐患排查治理制度，或者重大事故隐患排查治理情况未按照规定报告的。

（5）生产经营单位未采取措施消除事故隐患的，责令立即消除或者限期消除，处五万元以下的罚款；生产经营单位拒不执行的，责令停产停业整顿，对其直接负责的主管人员和其他直接责任人员处五万元以上十万元以下的罚款；构成犯罪的，依照刑法有关规定追究刑事责任。

（6）生产经营单位将生产经营项目、场所、设备发包或者出租给不具备安全生产条件或者相应资质的单位或者个人的，责令限期改正，没收违法所得；违法所得十万元以上的，并处违法所得二倍以上五倍以下的罚款；没有违法所得或者违法所得不足十万元的，单处或者并处十万元以上二十万元以下的罚款；对其直接负责的主管人员和其他直接责任人员处一万元以上二万元以下的罚款；导致发生生产安全事故给他人造成损害的，与承包方、承租方承担连带赔偿责任。

生产经营单位未与承包单位、承租单位签订专门的安全生产管理协议或者未在承包合同、租赁合同中明确各自的安全生产管理职责，或者未对承包单位、承租单位的安全生产统一协调、管理的，责令限期改正，处五万元以下的罚款，对其直接负责的主管人员和其他直接责任人员处一万元以下的罚款；逾期未改正的，责令停产停业整顿。

矿山、金属冶炼建设项目和用于生产、储存、装卸危险物品的建设项目的施工单位未按照规定对施工项目进行安全管理的，责令限期改正，处十万元以下的罚款，对其直接负责的主管人员和其他直接责任人员处二万元以下的罚款；逾期未改正的，责令停产停业整顿。以上施工单位倒卖、出租、出借、挂靠或者以其他形式非法转让施工资质的，责令停产停业整顿，吊销资质证书，没收违法所得；违法所得十万元以上的，并处违法所得二倍以上五倍以下的罚款，没有违法所得或者违法所得不足十万元的，单处或者并处十万元以上二十万元以下的罚款；对其直接负责的主管人员和其他直接责任人员处五万元以上十万元以下的罚款；构成犯罪的，依照刑法有关规定追究刑事责任。

（7）两个以上生产经营单位在同一作业区域内进行可能危及对方安全生产的生产经营活动，未签订安全生产管理协议或者未指定专职安全生产管理人员进行安全检查与协调的，责令限期改正，处五万元以下的罚款，对其直接负责的主管人员和其他直接责任人员处一万元以下的罚款；逾期未改正的，责令停产停业。

（8）生产经营单位有下列行为之一的，责令限期改正，处五万元以下的罚款，对其直接负责的主管人员和其他直接责任人员处一万元以下的罚款；逾期未改正的，责令停产停业整顿；构成犯罪的，依照刑法有关规定追究刑事责任：

① 生产、经营、储存、使用危险物品的车间、商店、仓库与员工宿舍在同一座建筑内，或者与员工宿舍的距离不符合安全要求的。

② 生产经营场所和员工宿舍未设有符合紧急疏散需要、标志明显、保持畅通的出口、疏散通道，或者占用、锁闭、封堵生产经营场所或者员工宿舍出口、疏散通道的。

（9）生产经营单位与从业人员订立协议，免除或者减轻其对从业人员因生产安全事故伤亡依法应承担的责任的，该协议无效；对生产经营单位的主要负责人、个人经营的投资人处二万元以上十万元以下的罚款。

（10）违反规定，生产经营单位拒绝、阻碍负有安全生产监督管理职责的部门依法实施监督检查的，责令改正；拒不改正的，处二万元以上二十万元以下的罚款；对其直接负责的主管人员和其他直接责任人员处一万元以上二万元以下的罚款；构成犯罪的，依照刑法有关规定追究刑事责任。

（11）高危行业、领域的生产经营单位未按照国家规定投保安全生产责任保险的，责令限期改正，处五万元以上十万元以下的罚款；逾期未改正的，处十万元以上二十万元以下的罚款。

（12）生产经营单位违反规定，被责令改正且受到罚款处罚，拒不改正的，负有安全生产监督管理职责的部门可以自作出责令改正之日的次日起，按照原处罚数额按日连续处罚。

（四）生产经营单位的主要负责人

（1）生产经营单位的决策机构、主要负责人或者个人经营的投资人不依照《安全生产法》规定保证安全生产所必需的资金投入，致使生产经营单位不具备安全生产条件的，责令限期改正，提供必需的资金；逾期未改正的，责令生产经营单位停产停业整顿。

有上述违法行为，导致发生生产安全事故的，对生产经营单位的主要负责人给予撤职处分，对个人经营的投资人处二万元以上二十万元以下的罚款；构成犯罪的，依照刑法有关规定追究刑事责任。

（2）生产经营单位的主要负责人未履行《安全生产法》规定的安全生产管理职责的，责令限期改正，处二万元以上五万元以下的罚款；逾期未改正的，处五万元以上十万元以下的罚款，责令生产经营单位停产停业整顿。

生产经营单位的主要负责人有上述违法行为，导致发生生产安全事故的，给予撤职处分；构成犯罪的，依照刑法有关规定追究刑事责任。

生产经营单位的主要负责人依照上述规定受刑事处罚或者撤职处分的，自刑罚执行完毕或者受处分之日起，五年内不得担任任何生产经营单位的主要负责人；对重大、特别重大生产安全事故负有责任的，终身不得担任本行业生产经营单位的主要负责人。

（3）生产经营单位的主要负责人未履行《安全生产法》规定的安全生产管理职责，导致发生生产安全事故的，由应急管理部门依照下列规定处以罚款：

① 发生一般事故的，处上一年年收入百分之四十的罚款。

② 发生较大事故的，处上一年年收入百分之六十的罚款。

③ 发生重大事故的，处上一年年收入百分之八十的罚款。

④ 发生特别重大事故的，处上一年年收入百分之一百的罚款。

（4）生产经营单位的主要负责人在本单位发生生产安全事故时，不立即组织抢救或者在事故调查处理期间擅离职守或者逃匿的，给予降级、撤职的处分，并由应急管理部门处上一年年收入百分之六十至百分之一百的罚款；对逃匿的处十五日以下拘留；构成犯罪的，依照刑法有关规定追究刑事责任。

生产经营单位的主要负责人对生产安全事故隐瞒不报、谎报或者迟报的，依照前款规定处罚。

（5）生产经营单位存在下列情形之一的，负有安全生产监督管理职责的部门应当提请地方人民政府予以关闭，有关部门应当依法吊销其有关证照。生产经营单位主要负责人五年内不得担任任何生产经营单位的主要负责人；情节严重的，终身不得担任本行业生产经营单位的主要负责人：

① 存在重大事故隐患，一百八十日内三次或者一年内四次受到《安全生产法》规定的行政处罚的。

② 经停产停业整顿，仍不具备法律、行政法规和国家标准或者行业标准规定的安全生产条件的。

③ 不具备法律、行政法规和国家标准或者行业标准规定的安全生产条件，导致发生重大、特别重大生产安全事故的。

④ 拒不执行负有安全生产监督管理职责的部门作出的停产停业整顿决定的。

（五）生产经营单位的其他人员

（1）生产经营单位的其他负责人和安全生产管理人员未履行《安全生产法》规定的安全生产管理职责的，责令限期改正，处一万元以上三万元以下的罚款；导致发生生产安全事故的，暂停或者吊销其与安全生产有关的资格，并处上一年年收入百分之二十以上百分之五十以下的罚款；构成犯罪的，依照刑法有关规定追究刑事责任。

（2）生产经营单位的从业人员不落实岗位安全责任，不服从管理，违反安全生产规章制度或者操作规程的，由生产经营单位给予批评教育，依照有关规章制度给予处分；构成犯罪的，依照刑法有关规定追究刑事责任。

（六）承担安全评价、认证、检测、检验职责的机构

承担安全评价、认证、检测、检验职责的机构出具失实报告的，责令停业整顿，并处三万元以上十万元以下的罚款；给他人造成损害的，依法承担赔偿责任。

承担安全评价、认证、检测、检验职责的机构租借资质、挂靠、出具虚假报告的，没收违法所得；违法所得在十万元以上的，并处违法所得二倍以上五倍以下的罚款，没有违法所得或者违法所得不足十万元的，单处或者并处十万元以上二十万元以下的罚款；对其直接负责的主管人员和其他直接责任人员处五万元以上十万元以下的罚款；给他人造成损害的，与生产经营单位承担连带赔偿责任；构成犯罪的，依照刑法有关规定追究刑事责任。

对有上述违法行为的机构及其直接责任人员，吊销其相应资质和资格，五年内不得从事安全评价、认证、检测、检验等工作；情节严重的，实行终身行业和职业禁入。

（七）其他

任何单位和个人未经依法批准，擅自生产、经营、运输、储存、使用危险物品或者处置废弃危险物品的，依照有关危险物品安全管理的法律、行政法规的规定予以处罚；构成犯罪的，依照刑法有关规定追究刑事责任。

第四节　安全生产违法行为的民事责任

《安全生产法》第一百一十六条规定，生产经营单位发生生产安全事故造成人员伤亡、他人财产损失的，应当依法承担赔偿责任。一般来讲，民事违法往往不是单独的，多伴随着行政违法或者刑事犯罪，承担民事责任的同时，伴随承担行政责任或者刑事责任。

一、民事赔偿的类别

《安全生产法》根据民事违法行为主体、内容的不同，将民事赔偿具体分为事故损害赔偿和连带赔偿并分别作出了规定。

（一）事故损害赔偿

《安全生产法》第五十六条规定："生产经营单位发生生产安全事故后，应当及时采取措施救治有关人员。因生产安全事故受到损害的从业人员，除依法享有工伤保险外，依照有关民事法律尚有获得赔偿的权利的，有权提出赔偿要求。"即因生产经营单位的安全生产违法行为而导致的生产安全事故，造成了人员伤亡、他人财产损失，生产经营单位应承担事故损害赔偿责任。

事故损害赔偿只有一个主体，单独实施了一个或者多个民事违法行为，其损害后果只能是一个，即导致生产安全事故。

（二）连带赔偿

连带赔偿的特点是有两个以上民事主体，从事了一个或者多个民事违法行为，给受害方

造成人身伤害、财产损失或经济损失，责任双方均有对受害方进行民事赔偿的义务和责任，受害方可以向其中一方或者各方追索民事赔偿。

（1）承担安全评价、认证、检测、检验职责的机构租借资质、挂靠、出具虚假报告的，给他人造成损害的，与生产经营单位承担连带赔偿责任。

（2）生产经营单位将生产经营项目、场所、设备发包或者出租给不具备安全生产条件或者相应资质的单位或者个人，导致发生生产安全事故给他人造成损害的，与承包方、承租方承担连带赔偿责任。

（3）生产安全事故的责任人未依法承担赔偿责任，经人民法院依法采取执行措施后，仍不能对受害人给予足额赔偿的，应当继续履行赔偿义务。

（4）生产经营单位发生生产安全事故造成人员伤亡、他人财产损失。

（5）用人单位违反法律对女职工和未成年工的保护规定，对女职工或者未成年工造成损害。

（6）建设单位对勘察、设计、施工、工程监理等单位提出不符合安全生产法律、法规、标准规定的要求，或者要求施工单位压缩合同工期，或将拆除工程发包给不具有相应资质等级的施工单位，造成损失。

（7）勘察单位、设计单位未按照法律、法规和工程建设强制性标准进行勘察、设计，或采用新结构、新材料、新工艺的建设工程和特殊结构的建设工程，设计单位未在设计中提出保障施工作业人员安全和预防生产安全事故的措施建议，造成损失。

（8）工程监理单位违反安全生产的法律法规，造成损失。

（9）违反规定，为建设工程提供机械设备和配件的单位，未按照安全施工的要求配备齐全有效的保险、限位等安全设施和装置造成损失。

（10）违反规定，出租单位出租未经安全性能检测或者经检测不合格的机械设备和施工机具及配件造成损失。

（11）违反规定，施工起重机械和整体提升脚手架、模板等自升式架设设施安装、拆卸单位，未编制拆装方案、制定安全施工措施未由专业技术人员现场监督的，未出具自检合格证明或者出具虚假证明，未向施工单位进行安全使用说明，办理移交手续，造成损害。

（12）施工单位挪用列入建设工程概算的安全生产作业环境及安全施工措施所需费用。

（13）施工单位现场临时搭建的建筑物不符合安全使用要求，造成损害。

（14）施工单位未对因建设工程施工可能造成损害的毗邻建筑物、构筑物和地下管线等采取专项防护措施，造成损害。

（15）施工安全防护用具、机械设备、施工机具及配件进入施工现场前未经查验或者查验不合格即投入使用，造成损害。

（16）使用未经验收或者验收不合格的施工起重机械和整体提升脚手架、模板等自升式架设设施，造成损害。

（17）委托不具有相应资质的单位承担施工现场安装、拆卸施工起重机械和整体提升脚手架、模板等自升式架设设施，造成损害。

（18）在施工组织设计中未编制安全技术措施、施工现场临时用电方案或者专项施工方案，造成损害。

（19）危险化学品单位发生危险化学品事故，造成他人人身伤害或者财产损失。

（20）违反规定，擅自从事使用有毒物品作业造成职业中毒事故，对劳动者造成人身伤害。

（21）注册安全工程师在执业中，因其过失给当事人造成损失。

（22）未经注册擅自以注册安全工程师名义执业造成损失。

（23）注册安全工程师准许他人以本人名义执业，以个人名义承接业务、收取费用，出租、出借、涂改、变造执业证和执业印章，泄漏执业过程中应当保守的秘密并造成严重后果，利用执业之便，贪污、索贿、受贿或者谋取不正当利益，造成损失。

（24）劳动防护用品检测检验机构出具虚假证明，给他人造成损害。

（25）建设、设计、施工、工程监理单位、消防技术服务机构及其从业人员违反有关消防法规、国家工程建设消防技术标准，造成危害后果。

（26）承担检测检验、安全评价的中介机构，对事故隐患出具虚假评价证明，给他人造成损害。

（27）安全评价机构出具虚假证明或虚假评价报告给他人造成损害，与被评价对象承担连带赔偿责任；承担建设项目安全评价的机构弄虚作假、出具虚假报告，给他人造成损害。

（28）特种设备检验检测机构和检验检测人员，出具虚假的检验检测结果、鉴定结论，造成损害。

二、民事赔偿的强制执行

因生产安全事故受到损害的从业人员，除依法享有工伤保险外，《安全生产法》第一百一十六条对生产经营单位和有关责任人强制要求其执行民事赔偿责任。

（1）确定了赔偿责任。生产经营单位发生生产安全事故造成人员伤亡，他人财产损失的，应当依法承担赔偿责任。

（2）规定了强制执行措施。生产经营单位发生生产安全事故造成人员伤亡，他人财产损失，拒不承担赔偿责任或者其负责人逃匿的，由人民法院强制执行。

（3）强调了继续或者随时履行赔偿责任。生产安全事故的责任人未依法承担赔偿责任，经人民法院依法采取执行措施后，仍不能对受害人给予足额赔偿的，应当继续履行赔偿义务。受害人发现责任人有其他财产的，可以随时请求人民法院执行。

第五节　安全生产违法行为的刑事责任

为了制裁那些严重的安全生产违法犯罪分子，《安全生产法》对负有安全生产监督管理职责的部门的工作人员，承担安全评价、认证、检测、检验职责的机构，生产经营单位的决策机构、主要负责人或者个人经营的投资人，生产经营单位的其他负责人和安全生产管理人员和生产经营单位等，都做了依照刑法追究相应刑事责任的规定。

根据现行《中华人民共和国刑法》，针对安全生产领域内的犯罪行为所应承担的刑事责任主要有以下几种。

一、重大责任事故罪和强令违章冒险作业罪

在生产、作业中违反有关安全管理的规定，因而发生重大伤亡事故或者造成其他严重后果的，处三年以下有期徒刑或者拘役；情节特别恶劣的，处三年以上七年以下有期徒刑。

强令他人违章冒险作业，或者明知存在重大事故隐患而不排除，仍冒险组织作业，因而

发生重大伤亡事故或者造成其他严重后果的，处五年以下有期徒刑或者拘役；情节特别恶劣的，处五年以上有期徒刑。

在生产、作业中违反有关安全管理的规定，有下列情形之一，具有发生重大伤亡事故或者其他严重后果的现实危险的，处一年以下有期徒刑、拘役或者管制。

（1）关闭、破坏直接关系生产安全的监控、报警、防护、救生设备、设施，或者篡改、隐瞒、销毁其相关数据、信息的。

（2）隐患被依法责令停产停业、停止施工、停止使用有关设备、设施、场所或者立即采取排除危险的整改措施，而拒不执行的。

（3）涉及安全生产的事项未经依法批准或者许可，擅自从事矿山开采、金属冶炼、建筑施工，以及危险物品生产、经营、储存等高度危险的生产作业活动的。

二、重大劳动安全事故罪

安全生产设施或者安全生产条件不符合国家规定，因而发生重大伤亡事故或者造成其他严重后果的，对直接负责的主管人员和其他直接责任人员，处三年以下有期徒刑或者拘役；情节特别恶劣的，处三年以上七年以下有期徒刑。

三、危险物品肇事罪

违反爆炸性、易燃性、放射性、毒害性、腐蚀性物品的管理规定，在生产、储存、运输、使用中发生重大事故，造成严重后果的，处三年以下有期徒刑或者拘役；后果特别严重的，处三年以上七年以下有期徒刑。

四、工程重大安全事故罪

建设单位、设计单位、施工单位、工程监理单位违反国家规定，降低工程质量标准，造成重大安全事故的，对直接责任人员，处五年以下有期徒刑或者拘役，并处罚金；后果特别严重的，处五年以上十年以下有期徒刑，并处罚金。

五、消防责任事故罪

违反消防管理法规，经消防监督机构通知采取改正措施而拒绝执行，造成严重后果的，对直接责任人员，处三年以下有期徒刑或者拘役；后果特别严重的，处三年以上七年以下有期徒刑。

六、不报、谎报安全事故罪

在安全事故发生后，负有报告职责的人员不报或者谎报事故情况，贻误事故抢救，情节严重的，处三年以下有期徒刑或者拘役；情节特别严重的，处三年以上七年以下有期徒刑。

第六节 安全生产纠纷解决

一、安全生产纠纷仲裁

安全生产民事争议通常可以采取向法院起诉和申请仲裁机构审理两种方法。仲裁是指纠纷双方当事人在自愿基础上达成协议，将纠纷提交依法设立的非司法机构的第三者审理，由第三者作出裁决。公民、法人和其他组织之间发生的劳动关系纠纷和其他财产权益纠纷，可以仲裁。国家行政机关之间，或者国家行政机关与企事业单位，社会团体以及公民之间因行政管理引起的争议，不能仲裁。如，安全生产培训以及劳动保护方面的纠纷，由安全生产监督管理部门监管和处罚，不能仲裁。

当事人采用仲裁方式解决纠纷，必须双方自愿，达成仲裁协议。没有达成仲裁协议，仅一方申请仲裁的，仲裁委员会不予受理。仲裁协议有两种形式：一种是在争议发生前订立的，它通常作为合同中的一项仲裁条款出现；另一种是在争议发生后订立的。我国《中华人民共和国仲裁法仲裁法》《中华人民共和国仲裁法劳动争议调解仲裁法》对仲裁事项进行了规范。

《中华人民共和国仲裁法》规定，仲裁实行一裁终局的制度。裁决作出后，当事人就同一纠纷再申请仲裁或者向人民法院起诉的，仲裁委员会或者人民法院不予受理。

裁决被人民法院依法裁定撤销或者不予执行的，当事人就该纠纷可以根据双方重新达成的仲裁协议申请仲裁，也可以向人民法院起诉。《中华人民共和国仲裁法劳动争议调解仲裁法》规定，因工作时间、休息休假、社会保险、福利、发生的争议，或者因劳动报酬、工伤医疗费、经济补偿或者赔偿金等发生的争议，仲裁裁决为终局裁决，裁决书自作出之日起发生法律效力。劳动者对仲裁裁决不服的，可以自收到仲裁裁决书之日起十五日内向人民法院提起诉讼。

二、安全生产民事诉讼

民事诉讼就是公民、法人或其他组织之间以及他们相互之间因财产关系和人身关系提起的诉讼。民事诉讼参与人包括原告、被告、第三人、证人、鉴定人、勘验人等。

在安全生产过程中，发生纠纷，要善于用法律武器维护劳动者（或其亲属）、企业的合法权益。维护合法权益的法律途径之一就是民事诉讼。例如，生产中劳动者或其亲属，对赡养费、扶养费、抚育费、抚恤金、医疗费用、劳动报酬等的支付不满意，可以向法院提起民事诉讼。在安全生产经营中，因产品质量不合格造成他人财产、人身损害的纠纷，货物保险合同纠纷，公司设立、解散等纠纷，铁路、公路、水上、航空运输和联合运输合同纠纷，身体受到伤害请求赔偿，延付或拒付租金，寄存财物被丢失或损毁等，都可以提起民事诉讼。

《中华人民共和国民事诉讼法》规定，诉讼参与人、其他人或者单位伪造、毁灭重要证据，以暴力、威胁、贿买方法阻止证人作证或者指使、贿买、胁迫他人作伪证，隐藏、转移、变卖、毁损已被查封、扣押的财产，或者已被清点并责令其保管的财产，转移已被冻结的财产，或者拒不履行法院已经发生法律效力的判决、裁定，法院可以根据情节轻重予以罚款、拘留；构成犯罪的，依法追究刑事责任。上述行为的单位，对其主要负责人或者直接责任人员予以同样的处罚。当事人之间恶意串通，企图通过诉讼、仲裁、调解等方式侵害他人合法权益，或者逃避履行法律文书确定的义务，人民法院应当驳回其请求，并根据情节轻重予以罚款、拘留；构成犯罪的，依法追究刑事责任。

三、安全生产的行政复议

行政复议，是指公民、法人或者其他组织认为某具体行政行为侵犯其合法权益，向上级机关提出复议申请，行政复议机关对具体行政行为进行合法性审查，并作出行政复议决定的一种行政救济方式。

《中华人民共和国行政复议法》（以下简称《行政复议法》）规定，不服行政机关作出的行政处分或者其他人事处理决定，依照有关法律、行政法规的规定提出申诉；不服行政机关对民事纠纷作出的调解或者其他处理，依法申请仲裁或者向人民法院提起诉讼。《行政复议法》规定，申请人在申请行政复议时可以一并提出行政赔偿请求，行政复议机关对符合国家赔偿法的有关规定应当给予赔偿的，在决定撤销、变更具体行政行为或者确认具体行政行为违法时，应当同时决定被申请人依法给予赔偿。

依据《安全生产违法行为行政处罚办法》，生产经营单位及其有关人员对安全监管监察部门给予的行政处罚，依法享有陈述权、申辩权和听证权；对行政处罚不服的，有权依法申请行政复议或者提起行政诉讼；因违法给予行政处罚受到损害的，有权依法申请国家赔偿。

安全生产行政复议主要包括下列情形：

（1）对行政机关作出的警告、罚款、没收违法所得、没收非法财物、责令停产停业、暂扣或者吊销许可证、暂扣或者吊销执照、行政拘留等行政处罚决定不服；对行政机关作出的限制人身自由或者查封、扣押、冻结财产等行政强制措施决定不服。

（2）对行政机关作出的有关许可证、执照、资质证、资格证等证书变更、中止、撤销的决定不服；认为行政机关侵犯合法的经营自主权。

（3）认为符合法定条件，申请行政机关颁发许可证、执照、资质证、资格证等证书，或者申请行政机关审批、登记有关事项，行政机关没有依法办理；认为行政机关违法收费或者违法要求履行义务。

（4）申请行政机关履行保护人身权利、财产权利、受教育权利的法定职责，行政机关没有依法履行；申请行政机关依法发放抚恤金、社会保险金或者最低生活保障费，行政机关没有依法发放。

（5）认为行政机关的其他具体行政行为侵犯其合法权益的。

（6）公民、法人或者其他组织认为行政机关的具体行政行为所依据的国务院部门的规定、县级以上地方各级人民政府及其工作部门的规定或乡、镇人民政府的规定不合法，申请行政复议时，可以一并向行政复议机关提出对该规定的审查申请。复议审查的规定不含国务院部、委员会规章和地方人民政府规章。

《行政复议法》规定了行政复议的法律责任：

（1）行政复议机关无正当理由不受理行政复议申请或者不按照规定转送行政复议申请，或者在法定期限内不作出行政复议决定，对直接负责的主管人员和其他直接责任人员依法给予行政处分。被申请人不履行或者无正当理由拖延履行行政复议决定，对直接负责的主管人员和其他直接责任人员依法给予行政处分。

（2）行政复议机关人员在行政复议活动中，徇私舞弊或有其他渎职、失职行为，依法给予行政处分；构成犯罪的，依法追究刑事责任。

（3）被申请人不提出书面答复或不提交作出具体行政行为的证据、依据和其他有关材料，或阻挠、变相阻挠公民、法人或者其他组织依法申请行政复议，对直接负责的主管人员和其他直接责任人员依法给予行政处分；构成犯罪的，依法追究刑事责任。

四、安全生产行政诉讼

行政诉讼，是指公民、法人或者其他组织认为行政机关及其工作人员的具体行政行为侵犯其合法权益，依法向人民法院提起的诉讼。

安全生产领域的行政诉讼执行《中华人民共和国行政诉讼法》，其范围主要包括以下几个方面：

（1）对拘留、罚款、吊销许可证和执照、责令停产停业、没收财物等行政处罚不服；对限制人身自由或者对财产的查封、扣押、冻结等行政强制措施不服。

（2）认为行政机关侵犯合法的经营自主权；认为符合法定条件申请行政机关颁发许可证和执照，行政机关拒绝颁发或者不予答复。

（3）申请行政机关履行保护人身权、财产权的法定职责，行政机关拒绝履行或者不予答复。

（4）认为行政机关没有依法发给抚恤金；认为行政机关违法要求履行义务；认为行政机关侵犯其他人身权、财产权。

（5）法律、法规规定可以提起诉讼的其他行政案件。

公民、法人或者其他组织拒绝履行判决、裁定的，行政机关可以向第一审人民法院申请强制执行，或者依法强制执行。

行政机关拒绝履行判决、裁定，情节严重构成犯罪的，依法追究主管人员和直接责任人员的刑事责任。行政机关拒绝履行判决、裁定，第一审法院可采取以下措施：对应归还的罚款或者应给付的赔偿金，通知银行从该行政机关的账户内划拨；在规定期限内不执行的，从期满之日起，对该行政机关按日处规定数额的罚款；向该行政机关的上一级行政机关或者监察、人事机关提出司法建议。

五、安全生产刑事诉讼

刑事诉讼是指审判机关、检察机关和侦查机关在当事人以及诉讼参与人的参加下，依照法定程序揭露犯罪、证实犯罪、惩罚犯罪所进行的活动。

根据《中华人民共和国刑事诉讼法》，被害人认为公安机关对应当立案侦查的案件而不立案侦查，向人民检察院提出的，人民检察院应当要求公安机关说明不立案的理由；人民检察院认为公安机关不立案理由不能成立的，应当通知公安机关立案，公安机关接到通知后应当立案。

根据最高法院《关于进一步加强危害生产安全刑事案件审判工作的意见》，情节恶劣的安全犯罪主要有下面几种情况：

（1）非法、违法生产；以行贿方式逃避安全生产监督管理。

（2）无基本劳动安全设施或未向生产、作业人员提供必要的劳动防护用品，生产、作业人员劳动安全无保障；安全生产设施或者条件不符合国家规定，被监督管理部门处罚或责令改正，一年内再次违规生产致使发生重大生产安全事故。

（3）关闭、故意破坏必要安全警示设备；已发现事故隐患，未采取有效措施，导致发生重大事故。

（4）国家工作人员违反规定投资入股生产经营企业，构成危害生产安全犯罪；贪污贿赂行为与事故发生存在关联性；国家工作人员的职务犯罪与事故存在直接因果关系；生产安全事故发生后，负有报告职责的国家工作人员不报或者谎报事故情况，贻误事故抢救。

（5）事故发生后不积极抢救人员，或者毁灭、伪造、隐藏影响事故调查的证据，或者转移财产逃避责任。

（6）事故发生后，采取转移、藏匿、毁灭遇难人员尸体，或毁灭、伪造、隐藏影响事故调查的证据，或转移财产，逃避责任。

被害人由于被告人的犯罪行为而遭受物质损失的，在刑事诉讼过程中，有权提起附带民事诉讼。被害人死亡或者丧失行为能力的，被害人的法定代理人、近亲属有权提起附带民事诉讼。

📖 阅读材料　　　　　　　**违反安全生产法律责任的典型案例**

［案例 1］非法销售"醇基"燃料涉嫌非法经营罪案

2021 年 9 月底至 10 月初，浙江省杭州市萧山区应急管理局联合住建、市场监管等部门和消防机构开展打击非法销售"醇基"燃料执法行动时，发现辖区内多家餐饮店使用的生物油（"醇基"燃料）系郭某某销售供应。经抽样检测，郭某某销售给三家餐饮单位的生物油闭环闪点分别为 14℃、21℃、22℃，均属于危险化学品。

经核查，郭某某在未取得《危险化学品经营许可证》的情况下，私自购买甲醇自行兑水制成生物油，非法销售给萧山区明星路上多家餐饮店，销售金额共计 5.7 万元。其行为触犯了《刑法》第二百二十五条第一项"未经许可经营法律、行政法规规定的专营、专卖物品或者其他限制买卖的物品的"之规定，已涉嫌非法经营罪。鉴于本案已涉嫌刑事犯罪，10 月 27 日，萧山区应急管理局将本案移送公安机关依法处理。当日，杭州市公安局萧山区分局以涉嫌非法经营罪对郭某某立案侦查并采取刑事拘留强制措施。

［案例 2］擅自从事矿山开采涉嫌危险作业罪案

2021 年 9 月 16 日，浙江省苍南县应急管理局、公安局、国土资源和规划局根据举报线索开展非法采矿联合执法时，发现肖某某等人在该县金乡、炎亭沿海一带非法从事矿山开采作业活动，当场查获 3 台挖机、1 辆铲车、4 辆土石方运输车、1 艘大型平板船以及非法开采的矿石。经现场核查确认，非法采矿作业现场不具备安全生产条件，存在重大事故隐患，具有发生重大伤亡事故的现实危险。

经核查，2021 年 6 月以来，肖某某等人未依法取得安全生产许可证，不具备操作相关特种设备的资格，擅自在该县金乡、炎亭等地从事矿山开采等高度危险的生产作业活动。其行为触犯了《刑法》第一百三十四条之一第三项"涉及安全生产的事项未经依法批准或者许可，擅自从事矿山开采、金属冶炼、建筑施工，以及危险物品生产、经营、储存等高度危险的生产作业活动的"之规定，已涉嫌危险作业罪。鉴于本案已涉嫌刑事犯罪，苍南县应急管理局将本案移送公安机关依法处理。9 月 16 日，苍南县公安局以涉嫌危险作业罪对肖某某等 10 人立案侦查并采取刑事拘留、取保候审等刑事强制措施。

［案例 3］非法销售液化丙烷涉嫌生产、销售伪劣产品罪案

2021 年 8 月 18 日，浙江省德清县应急管理局在辖区乾元镇方山进行执法检查时，发现一辆危险货物运输车内装有 48 瓶 50 型液化丙烷瓶，其中部分为满瓶；一辆厢式

货车车内装有 6 瓶 15 型液化石油气瓶，每瓶重量约为 30 公斤。进一步调查发现，上述危险物品为某科技有限公司所有，准备销售给某涂层有限公司作为强制通风燃气燃烧器的燃料使用。

经核查，2021 年 2 月，该科技有限公司在未经许可的情况下，擅自和该涂层有限公司签订了燃料《销售合同》，以液化丙烷冒充燃气共向该涂层有限公司销售 2673 瓶（总重量 133650 公斤），销售总金额 788077 元。其行为触犯了《刑法》第一百四十条"生产者、销售者在产品中掺杂、掺假，以假充真，以次充好或者以不合格产品冒充合格产品"之规定，已涉嫌生产、销售伪劣产品罪。鉴于本案已涉嫌刑事犯罪，德清县应急管理局将本案移送公安机关依法处理。10 月 26 日，德清县公安局以涉嫌生产、销售伪劣产品罪对该公司负责人郑某某立案侦查并采取刑事拘留强制措施。

[案例 4] 生产不合格防坠器涉嫌生产、销售不符合安全标准的产品罪案

2020 年 12 月 24 日，浙江省台州市椒江区应急管理局根据事故线索调查发现，12 月 23 日杭绍台铁路某大桥施工过程中起重机防坠器钢丝绳发生断裂致人死亡事故可能是质量问题导致。经浙江省特种设备科学院鉴定，该防坠器质量不合格，钢丝绳直径不达标，承受载荷能力不足。

经核查，该防坠器为河北某起重机械制造有限公司生产，其生产、销售不合格防坠器的行为触犯了《刑法》第一百四十六条"生产不符合保障人身、财产安全的国家标准、行业标准的电器、压力容器、易燃易爆产品或者其他不符合保障人身、财产安全的国家标准、行业标准的产品，或者销售明知是以上不符合保障人身、财产安全的国家标准、行业标准的产品，造成严重后果的"之规定，已涉嫌生产、销售不符合安全标准的产品罪。鉴于本案已涉嫌刑事犯罪，椒江区应急管理局将本案移送公安机关依法处理。2021 年 7 月 22 日，台州市公安局椒江区分局对该公司负责人张某某以涉嫌生产、销售不符合安全标准的产品罪立案侦查。

[案例 5] 涉嫌以危险方法危害公共安全罪案

2021 年 6 月 7 日，浙江省绍兴海关工作人员在柯桥内陆口岸查验区对出口集装箱开展例行掏箱查验时，发现一集装箱内夹藏大量烟花爆竹制品，经现场清点，烟花爆竹制品共计 619 件，1857 箱，15.425 吨。绍兴海关立即与柯桥区应急管理局对接，请应急管理部门协助案件办理。

经核查，该批烟花爆竹制品系绍兴某贸易有限公司以节日庆祝用品为名作为普通货物申报出口。其瞒报行为触犯了《刑法》第一百一十四条"放火、决水、爆炸、投毒或者以其他危险方法破坏工厂、矿场、油田、港口、河流、水源、仓库、住宅、森林、农场、谷场、牧场、重要管道、公共建筑物或者其他公私财产，危害公共安全，尚未造成严重后果的"之规定，已涉嫌以危险方法危害公共安全罪。鉴于本案已涉嫌刑事犯罪，绍兴海关、柯桥区应急管理局联合将本案移送公安机关依法处理。7 月 9 日，绍兴市公安局柯桥区分局对该公司负责人吴某某、罗某某等人以涉嫌以危险方法危害公共安全罪立案侦查并采取刑事强制措施。

[案例6] 未将危险化学品储存在专用仓库案

2021年1月20日,浙江省温岭市应急管理局执法人员根据群众举报对辖区城北街道万昌村沧浦135号执法检查时,查获集装箱内储存的各类鞋用胶水及处理剂共计280桶,对城东街道山南前村某物流中心执法检查时,查获集装箱内储存的各类鞋用胶水共计699桶。经鉴定,上述鞋用胶水及处理剂系危险化学品。

经核查,上述危险化学品系温岭市某国际贸易有限公司所有,公司危险化学品经营许可证为不带储存设施经营。其擅自将危险化学品储存在集装箱内的行为违反了《浙江省安全生产条例》第二十一条"取得不带储存设施危险化学品经营许可证的单位,不得将危险化学品储存在供货单位和用户单位符合安全条件的专用仓库、专用场地或者专用储存室之外的场所"之规定。3月16日,温岭市应急管理局依法对该公司作出"罚款8万元"的行政处罚。

[案例7] 未经依法批准擅自经营危险化学品案

2021年9月13日,根据危险化学品全生命周期安全在线预警,浙江省义乌市应急管理局对辖区稠城街道宗泽路531号某电子商务商行进行执法检查时,在当事人车上查获大量天那水和香蕉水等危险化学品,现场共查扣起隆15kg装131桶、起隆FP-24的79罐、WD2113的14桶、金枪胶业JQ2118塑料胶72罐、23标号25L装2桶、万能牌香蕉水7桶、万能牌天那水2桶;查获销售票据8张,查明违法所得共计24270元。

经核查,该商行在未取得"危险化学品经营许可证"情况下,其擅自经营危险化学品的行为违反了《危险化学品安全管理条例》第三十三条第一款"国家对危险化学品经营(包括仓储经营,下同)实行许可制度。未经许可,任何单位和个人不得经营危险化学品"之规定。义乌市应急管理局依法对该商行作出"没收查扣的危险化学品、没收违法所得24270元,罚款11.5万元"的行政处罚。

[案例8] 未建立使用危险物品安全管理制度案

2021年5月17日,浙江省舟山市普陀区应急管理局对辖区六横镇某制冰厂执法检查时,发现该公司未建立危险化学品使用安全管理制度;在氨气压力管道检维修危险作业前未完成对作业现场危险危害因素辨识分析、未落实安全防护措施以及相关审签手续,作业过程中未安排专门人员进行现场安全管理;2020年以来未按照规定定期组织应急救援预案演练。执法人员当场开具《责令限期整改指令书》,责令该公司限期整改并对该公司安全生产违法行为立案调查。

经核查,该制冰厂行为违反了《中华人民共和国安全生产法》第三十六条第二款"生产经营单位生产、经营、运输、储存、使用危险物品或者处置废弃危险物品,必须执行有关法律、法规和国家标准或者行业标准,建立专门的安全管理制度,采取可靠的安全措施,接受有关主管部门依法实施的监督管理";《浙江省安全生产条例》第十八条第一项"生产经营单位进行爆破、吊装、动火、有限空间作业和国家规定的其他危险作业,以及临近高压输电线路、输油(气)管线作业,应当安排专门人员进行现场安全管理,并落实下列措施:(一)作业前完成作业现场危险危害因素辨识分析、安全防护措施落实以及相关内部审签手续";《生产安全事故应急预案管理办法》第三十三条第一款"生产经营单位应当制定本单位的应急预案演练计划，根据本单位的事故风险特点，每年至少组织一次综合应急预案演练或者专项应急预案演练，每半年至少组织一次现场处置方案演练"等规定。普陀区应急管理局依法对该制冰厂作出"罚款11万元"的行政处罚。

习 题

一、填空题

1. 追究安全生产违法行为法律责任的形式有_____责任、_____责任和_____责任三种。

2. 刑罚的种类分主刑和_____刑。

3. 从业人员的安全生产违法行为主要是不落实岗位_____责任，不服从管理，违反_____规章制度或者操作规程。

4. 任何单位和个人未经依法批准，擅自生产、经营、运输、储存、使用_____或者处置_____危险物品，均需追究其相应的法律责任。

5. 危险物品的生产、经营、储存、装卸单位以及矿山、金属冶炼、建筑施工、运输单位的主要负责人和安全生产管理人员未按照规定经考核合格的，责令限期改正，处_____以下的罚款。

6. 生产经营单位未采取措施消除事故隐患的，责令立即消除或者限期消除，处_____以下的罚款。

二、判断题

1. 国家实行生产安全事故责任追究制度。（   ）

2. 予以关闭的行政处罚，由负有安全生产监督管理职责的部门报请县级以上人民政府按照国务院规定的权限决定。（   ）

3. 承担安全评价、认证、检测、检验职责的机构出具失实报告属于违法行为。（   ）

4. 生产经营单位与从业人员订立协议，免除或者减轻其对从业人员因生产安全事故伤亡依法应承担的责任的协议无效。（   ）

5. 消除危险是承担民事责任的方式之一。（   ）

6. 生产经营单位必须按照规定对从业人员、被派遣劳动者进行安全生产教育和培训，实习学生除外。（   ）

三、简述题

1. 安全生产法律责任的特征是什么？

2. 安全生产违法行为的责任主体主要有哪些？

3. 安全生产违法行为行政处罚的种类有哪几种？

4. 情节恶劣的安全犯罪主要有哪几种情况？

5. 简述安全生产领域的行政诉讼范围。

第九章

安全生产技术标准

通过本章的学习，使学生了解安全生产标准的含义、作用，熟悉安全生产标准的分类、分级和标准体系，能够正确运用相关标准，对工艺、技术、设备、职业卫生等方面进行安全评价、管理。

随着社会的进步和经济的发展，保障人身安全和健康方面的安全生产标准逐步完善。标准是提高安全生产领域科技水平和管理水平的重要技术文件，对事故预防、安全控制、环境监测、职业病诊断等工作，具有重要的指导意义。目前，我国以国家标准为主体的职业安全卫生标准体系框架已经形成，成为了生产经营单位加强安全管理、规范安全生产行为的重要技术规范，是各级安全生产监督执法部门搞好行政执法、履行安全生产监督执法职责的重要技术依据，是防止和减少各类伤亡事故，促进安全生产稳定好转的重要保证。

第一节　安全生产标准概述

一、安全生产标准的含义

标准是一种规范性文件，由有关行业、专业人士协同制定，经公认的或法定的机构批准后具有约束力。标准对行业活动规定了规则、导则或参数值，须共同遵守，以维持特定领域内的最佳秩序。标准化工作指南第 1 部分：标准化和相关活动的通用术语（GB/T 20000.1—2014）将标准定义为：通过标准化活动，按照规定的程序经协商一致制定，为各种活动或其结果提供规则、指南或特性，供共同使用或重复使用的文件。

安全生产标准（security standards），是指为保护生命、财产安全，保障职业环境卫生而制定的标准。其含义是：在生产工作场所或领域，为改善劳动条件和设施，规范生产作业行为，保护劳动者免受各种伤害，保障劳动者人身安全健康，实现安全生产的标准和依据。

按照《中华人民共和国标准化法》，安全生产领域应当制定标准的事项主要有以下几种：

（1）工业产品的品种、规格、质量、等级或者安全、卫生要求。

（2）工业产品的设计、生产、检验、包装、储存、运输、使用的方法或者生产、储存、运输过程中的安全、卫生要求。

（3）有关环境保护的各项技术要求和检验方法。

（4）建设工程的设计、施工方法和安全要求。

（5）有关工业生产、工程建设和环境保护的技术术语、符号、代号和制图方法。

可见，我国安全生产标准覆盖面广，包括矿山安全（含煤矿和非煤矿山）、粉尘防爆、电气安全、危险化学品安全、民爆物品安全、烟花爆竹安全、涂装作业安全、交通运输安全、机械安全、消防、个体防护、特种设备安全等各个领域。

多年来，在国务院各有关部门以及各标准化技术委员会的共同努力下，制定了一大批涉及上述领域安全生产方面的国家标准和行业标准，涵盖设计、管理、方法、技术、检测检验、职业健康和个体防护用品等多个方面。这些安全标准的制定和颁布，对促进近年来我国安全生产形势好转发挥了重要作用，为生产安全提供了有效保障。

二、安全生产标准的作用

安全生产标准是生产经营单位搞好安全生产工作的重要技术管理规范，是保障安全设施、设备、仪器、仪表、器材有效可靠的必要手段，是政府开展依法行政和履行安全生产监管监察职责的技术依据，是防止和减少生产安全事故，促进安全生产稳定好转的保证。

经量化后的危险是否达到安全程度，需要安全指标进行比较。因此，需要颁布一系列国家法规和安全标准，根据这些法规、标准等进行评价，以便确认系统的安全性。

1. 安全标准是安全生产法律体系的重要组成部分

按照《安全生产法》第十一条，生产经营单位必须执行依法制定的保障安全生产的国家标准或者行业标准。

2. 安全标准是保障安全生产的重要技术规范

安全标准规定了保障生产安全的具体要求或参数指标，如果达不到这些安全标准的规定，会留下事故隐患，最终造成人身伤害、设备损坏或环境破坏。严格遵守国家标准、行业标准，是安全生产的保证。

3. 安全标准是政府部门进行安全生产监督管理的重要依据

政府部门在安全生产行政执法中，对违法行为的认定，除了要依据法律、法规，还需要以国家标准和行业标准为根据。安全标准的规定明确具体，对行政部门判定是否违法具有很强的操作性。

4. 安全标准的执行是行业和市场准入的必要条件

国家标准、行业标准所规定的安全条件，是市场准入必须具备的资格。无论产品或者是资质，都必须达到安全标准的要求，才能获得销售的资格或批准，否则不能保障公众安全。

5. 安全标准为评价系统的安全程度提供了重要的科学依据

系统安全性指标的目标值是事故评价定量化的标准，如果没有这个标准，这将使评价者无法判定系统安全性是否符合要求，以及改善到什么程度才能使系统内物的损失和人的伤亡为最小，定量化评价也就失去了意义。

三、安全生产标准颁布状况

为维持生产经营活动、保障安全生产，自改革开放的 20 世纪 80 年代初至今，我国安全生产标准化工作取得了长足发展，制定颁布了涵盖安全生产各个领域的有关设备、装备、器材等方面的技术、管理标准，包括煤矿安全、非煤矿山安全、粉尘防爆、电气及防爆、带电作业、危险化学品安全、民爆物品安全、烟花爆竹安全、涂装作业安全、交通运输安全、机械安全、消防安全、建筑安全、职业安全、个体防护装备、特种设备安全等各个方面。

1. 建筑防火综合类

《石油化工企业设计防火规范》（GB 50160—2008）、《建筑灭火器配置设计规范》（GB 50140—2005）、《建筑照明设计标准》（GB 50034—2013）、《建筑设计防火规范》（GB 50016—2014）、《建筑抗震设计规范》（GB 50011—2010）、《建筑物防雷设计规范》（GB 50057—2010）、《工业企业总平面设计规范》（GB 50187—2012）、《工业管道的基本识别色、识别符号和安全标识》（GB 7231—2003）、《电气装置安装工程　爆炸和火灾危险环境电力装置施工及验收规范》（GB 50257—2014）、《用电安全导则》（GB/T 13869—2017）、《火灾自动报警系统设计规范》（GB 50116—2013）、《建筑内部装修防火施工及验收规范》（GB 50354—2005）等。

2. 安全防护设备设施

《坠落防护　安全带》（GB 6095—2021）、《安全阀　一般要求》（GB/T 12241—2021）、《安全标志及其使用导则》（GB 2894—2008）、《固定式钢梯及平台安全要求　第 3 部分：工业防护栏杆及钢平台》（GB 4053.3—2009）、《安全色》（GB 2893—2008）、《头部防护　安全帽》（GB 2811—2019）、《个体防护装备配备规范》（GB 39800.1~39800.4—2020）、《消防安全标志设置要求》（GB 15630—1995）、《消防应急照明和疏散指示系统技术标准》（GB 51309—2018）等。

3. 机械设备设施

《机械安全　防止上下肢触及危险区的安全距离》（GB 23821—2009）、《涂装作业安全规程安全管理通则》（GB 7691—2011）、《冲压车间安全生产通则》（GB 8176—2012）、《锻造生产安全与环保通则》（GB 13318—2003）、《木工机床　安全通则》（GB 12557—2010）、《金属热处理生产过程安全、卫生要求》（GB 15735—2012）、《生产设备安全卫生设计总则》（GB 5083—1999）、《起重机械　安全监控管理系统》（GB/T 28264—2017）、《起重机械安全规程　第 1 部分：总则》（GB 6067.1—2010）、《食品机械安全卫生》（GB 16798—1997）、《冷库安全规程》（GB 28009—2011）、《带式输送机　安全规范》（GB 14784—2013）、《液压机　安全技术要求》（GB 28241—2012）、《简易升降机安全规程》（GB 28755—2012）、《剪板机　安全技术要求》（GB 28240—2012）、《移动式升降工作平台安全规则、检查、维护和操作》（GB/T 27548—2011）、《手持式、可移式电动工具和园林工具的安全　第一部分：通用要求》（GB 3883.1—2014）、《国家电气设备安全技术规范》（GB 19517—2009）等。

4. 城镇燃气

《燃气系统运行安全评价标准》（GB/T 50811—2012）、《燃气燃烧器具安全技术条件》（GB 16914—2012）、《民用建筑燃气安全技术条件》（GB 29550—2013）、《城镇燃气设计规范（2020

版)》（GB 50028—2006）等。

5. 建筑施工

《施工升降机安全规程》（GB 10055—2007）、《土方机械安全　第一部分：通用要求》（GB/T 25684.1—2021）、《石油化工建设工程安全技术规范》（GB/T 50484—2019）、《建设工程施工现场消防安全技术规范》（GB 50720—2011）、《施工企业安全生产管理规范》（GB 50656—2011）等。

6. 道路运输

《工业企业厂内铁路、道路运输安全规程》（GB 4387—2008）、《城市轨道交通工程安全控制技术规范》（GB/T 50839—2013）等。

7. 危险化学品

《危险化学品重大危险源辨识》（GB 18218—2018）、《气瓶充装站安全技术条件》（GB 27550—2011）、《氢气使用安全技术规程》（GB 4962—2008）、《氯气安全规程》（GB 11984—2008）、《工业企业煤气安全规程》（GB 6222—2005）、《危险化学品有机过氧化物包装规范》（GB 27833—2011）、《缺氧危险作业安全规程》（GB 8958—2006）、《液体石油产品静电安全规程》（GB 13348—2009）、《石油库设计规范》（GB 50074—2014）、《汽车加油加气站设计与施工规范》（GB 50156—2021）、《烟花爆竹工程设计安全规范》（GB 50161—2009）、《烟花爆竹　安全与质量》（GB 10631—2013）、《民用爆炸物品生产、销售企业安全管理规程》（GB 28263—2012）、《石油与石油设施雷电安全规范》（GB 15599—2009）、《石油化工可燃和有毒气体检测报警设计标准》（GB/T 50493—2019）等。

8. 矿山

《金属非金属矿山安全规程》（GB 16423—2020）、《矿井提升机和矿用提升绞车安全要求》（GB 20181—2006）、《钢丝绳安全使用和维护》（GB/T 29086—2012）、《煤矿井巷工程施工规范》（GB 50511—2010）、《煤炭工业矿井监测监控系统装备配置标准》（GB 50581—2020）等。

9. 职业危害及其他

《职业健康安全管理体系要求及使用指南》（GB/T 45001—2020）、《生产经营单位生产安全事故应急预案编制导则》（GB/T 29639—2020）、《工作场所职业病危害警示标识》（GBZ 158—2003）、《高毒物品作业岗位职业病危害信息指南》（GBZ/T 204—2007）、《用人单位职业病防治指南》（GBZ/T 225—2010）、《污水处理设备安全技术规范》（GB/T 28742—2012）、《水泥工厂职业安全卫生设计规范》（GB 50577—2010）等。

第二节　安全生产标准分类及体系

一、安全生产标准的分类

安全生产标准种类繁多，可以从不同的角度以不同的方法进行分类。按标准来源，安全生产标准可分为国家主管标准化工作的部门颁布的国家标准、国务院各部委发布的行业标准、地方政府制定发布的地方标准和国际标准等。

按适用范围和性质，安全生产标准可分为设计管理、安全生产设备工具、生产工艺安全卫生、防护用品等几大类。

目前，按照标准的法律效力和标准的对象特征划分的这两种分类方法用得比较多。

（一）按标准的法律效力分类

1. 强制性标准

强制性标准是指国家通过法律的形式明确要求对于一些标准所规定的技术内容和要求必须执行，不允许以任何理由或方式加以违反、变更这样的标准。包括强制性的国家标准、行业标准和地方标准。

《中华人民共和国标准化法》规定：保障人体健康、人身财产安全的标准和法律，行政法规规定强制执行的标准属于强制性标准。产品及产品生产、储运和使用中的安全、卫生标准，劳动安全、卫生标准，运输安全标准等方面的技术要求均为强制性标准。省、自治区、直辖市政府标准化行政主管部门制定的工业产品的安全、卫生要求的地方标准，在本行政区域内是强制性标准。

强制性标准具有法律属性。强制性标准一经颁布，必须贯彻执行，否则造成恶劣后果和重大损失的单位和个人，要受到经济制裁或承担法律责任。

2. 推荐性标准

推荐性标准又称为非强制性标准或自愿性标准。是指生产、交换、使用等方面，通过经济手段或市场调节而自愿采用的一类标准。

推荐性标准一经接受并采用，或各方商定同意纳入经济合同中，就成为各方必须共同遵守的技术依据，具有法律上的约束性。

（二）按标准的对象特征分类

1. 安全基础标准

安全基础类标准主要指在安全生产领域的不同范围内，对普遍的、广泛通用的共性认识所作的统一规定，是在一定范围内作为制定其他安全标准的依据和共同遵守的准则。其内容包括制定安全标准所必须遵循的基本原则、要求、术语、符号；各项应用标准、综合标准赖以制定的技术规定；物质的危险性和有害性的基本规定；材料的安全基本性质以及基本检测方法等。

2. 安全管理标准

安全管理类标准是指通过计划、组织、控制、监督、检查、评价与考核等管理活动的内容、程序、方式，使生产过程中人、物、环境各个因素处于安全受控状态，直接服务于生产经营科学管理的准则和规定。

安全生产方面的管理标准主要包括安全教育、培训和考核等标准，重大事故隐患评价方法及分级等标准，事故统计、分析等标准，安全系统工程标准，人机工程标准，以及有关激励与惩处标准等。

3. 安全技术标准

安全技术类标准是指对于生产过程中的设计、施工、操作、安装等具体技术要求和实施程序中设立的必须符合一定安全要求以及能达到此要求的实施技术和规范的总称。安全生产领域这类标准有金属非金属矿山安全规程、石油化工企业设计防火规范、烟花爆竹工厂设计安全规范、烟花爆竹劳动安全技术规程、民用爆破器材工厂设计安全规范、建筑设计防火规范等。

4. 安全方法标准

安全方法类标准是对各项生产过程中技术活动的方法所规定的标准。安全生产方面的方法标准主要包括两类：一类以试验、检查、分析、抽样、统计、计算、测定、作业等方法为对象制定的标准。例如：试验方法、检查方法、分析计法、测定方法、抽样方法、设计规范、计算方法、工艺规程、作业指导书、生产方法、操作方法等。另一类是为合理生产优质产品，并在生产、作业、试验、业务处理等方面为提高效率而制定的标准。

这类标准有安全帽测试方法、防护服装机械性能材料抗刺穿性及动态撕裂性的试验方法、安全评价通则、安全预评价导则、安全验收评价导则、安全现状评价导则等。

5. 安全产品标准

产品类标准是对某一具体设备、装置、防护用品的安全要求作出规定或者对其试验方法、检测检验规则、标志、包装、运输、储存等方面所做的技术规定。它是在一定时期和一定范围内具有约束力的技术准则，是产品生产、检验、验收、使用、维护和洽谈贸易的重要技术依据，对于保障安全、提高生产和使用效益具有重要意义。如对安全监控系统、隔离式自救器等。

产品标准的主要内容包括：
（1）产品的适用范围。
（2）产品的品种、规格和结构形式。
（3）产品的主要性能。
（4）产品的试验、检验方法和验收规则。
（5）产品的包装、储存和运输等方面的要求。

二、安全生产标准的分级

《中华人民共和国标准化法》将我国标准分为国家标准、行业标准、地方标准、企业标准四级。各层级之间有一定的依从关系和内在联系，形成一个覆盖全国又层次分明的我国标准体系。

（一）安全生产国家标准

对保障人身健康和生命财产安全、国家安全、生态环境安全以及满足经济社会管理基本需要的技术要求，应当制定强制性国家标准。

国家标准是指由国家标准化主管机构批准发布，对全国经济、技术发展有重大意义，且在全国范围内统一的标准。由国务院标准化行政主管部门编制计划，协调项目分工，组织制定（含修订），统一审批、编号、发布。法律对国家标准的制定另有规定的，依照法律的规定执行。

国家市场监督管理总局对外保留国家标准化管理委员会牌子。以国家标准化管理委员会名义，下达国家标准计划，批准发布国家标准，审议并发布标准化政策、管理制度、规划、公告等重要文件；开展强制性国家标准对外通报；协调、指导和监督行业、地方、团体、企业标准工作；代表国家参加国际标准化组织、国际电工委员会和其他国际或区域性标准化组织；承担有关国际合作协议签署工作；承担国务院标准化协调机制日常工作。

例如，《生产设备安全卫生设计总则》（GB 5083—1999）、《生产过程安全卫生要求总则》（GB/T 12801—2008）等都是以国家标准化管理委员会名义发布的。

国家标准分为强制性标准和推荐性标准。GB 代号国家标准含有强制性条文及推荐性条文，当全文强制时不含有推荐性条文，GB/T 代号国家标准为全文推荐性。

强制性国家标准由国务院有关行政主管部门依据职责提出、组织起草、征求意见和技术审查，由国务院标准化行政主管部门负责立项、编号和对外通报，由国务院批准发布或授权发布。

对于满足基础通用、与强制性国家标准配套、对各有关行业起引领作用等需要的技术要求，可以制定推荐性国家标准。推荐性国家标准由国务院标准化行政主管部门制定。

国家标准的编号由国家标准的代号、国家标准发布的顺序号和国家标准发布的年号构成。例如：《化学品生产单位特殊作业安全规范》（GB 30871—2019）。

除此之外，还有指导性技术文件（代号 GB/Z）等安全生产国家标准系列。

国务院标准化行政主管部门和国务院有关行政主管部门建立标准实施信息和评估机制，根据反馈和评估情况对国家标准进行复审。经过复审，对不能满足经济社会发展需要和技术进步要求的标准应当及时修订或者废止。

（二）安全生产行业标准

行业标准是对没有国家标准而又需要在全国某个行业范围内统一的技术要求所制定的标准。

行业标准在相应的国家标准实施后，即行废止。

安全生产行业标准是指国务院有关部门和直属机构为加强安全生产行业标准管理，规范安全生产标准的制定和修订程序，依照《标准化法》制定的在安全生产领域内适用的安全生产技术规范。例如，《安全生产检测检验机构能力的通用要求》（AQ/T 8006—2018）、《氨制冷企业安全规范》（AQ 7015—2018）等都是中华人民共和国应急管理部批准发布的。

安全生产行业标准，对同一安全生产事项的技术要求，可以高于国家安全生产标准，但不得与其相抵触。

安全生产行业标准的编号由安全生产标准代号、标准顺序号及年号组成。安全生产标准代号为 AQ。

安全生产标准内容涉及需要强制执行的安全生产条件、安全管理等的，为强制性标准，其他为推荐性标准。主要包括以下方面：

（1）劳动防护用品和矿山安全仪器仪表的品种、规格、质量、等级及劳动防护用品的设计、生产、检验、包装、储存、运输、使用的安全要求。

（2）为实施矿山、危险化学品、烟花爆竹安全管理而规定的有关技术术语、符号、代号、代码、文件格式、制图方法等通用技术语言和安全技术要求。

（3）生产、经营、储存、运输、使用、检测、检验、废弃等方面的安全技术要求。

（4）工矿商贸安全生产规程。

（5）生产经营单位的安全生产条件。

（6）应急救援的规则、规程、标准等技术规范。

（7）安全评价、评估、培训考核的标准、通则、导则、规则等技术规范。

（8）安全中介机构的服务规范与规则、标准。

（9）安全生产监督管理和煤矿安全监察工作的有关技术要求。

（10）法律、行政法规规定的其他安全技术要求。

安全生产标准实施后，应当进行复审。复审周期不超过 5 年。复审不合格的，应当及时进行修订或者废止。

除 AQ 安全行业标准外，很多其他行业标准也与安全息息相关，部分代号如下：农业 NY、水产 SC、水利 SL、林业 LY、轻工 QB、纺织 FZ、医药 YY、民政 MZ、教育 JY、烟草 YC、黑色冶金 YB、有色冶金 YS、石油天然气 SY、化工 HG、石油化工 SH、建材 JC、地质矿产 DZ、土地管理 TD、测绘 CH、机械 JB、汽车 QC、民用航空 MH、兵工民品 WJ、船舶 CB、航空 HB、航天 QJ、核工业 EJ、铁路运输 TB、交通 JT、劳动和劳动安全 LD、电子 SJ、通信 YD、广播电影电视 GY、电力 DL、金融 JR、海洋 HY、档案 DA 等。

（三）安全生产地方标准

地方标准是由地方（省、自治区、直辖市）标准化主管机构或专业主管部门批准、发布，在某一地区范围内统一的标准，是对国家标准和行业标准的补充，同时也为将来制定国家标准和行业标准打下了基础，创造了条件。

1. 范围

对没有国家标准和行业标准而又需要在省、自治区、直辖市范围内统一的工业产品的安全、卫生要求，可以制定地方标准。主要包括以下方面：

（1）工业产品的安全、卫生要求。

（2）药品、兽药、食品卫生、环境保护、节约能源、种子等法律、法规规定的要求。

（3）其他法律、法规规定的要求。

2. 代号

地方标准代号：汉语拼音字母"DB"加上省、自治区、直辖市行政区划代码前两位数再加斜线，组成强制性地方标准代号。若加"T"，则组成推荐性地方标准代号。

示例 1：山西省强制性地方标准代号 DB14/。

示例 2：山西省推荐性地方标准代号：DB14/T。

3. 编号

地方标准的编号，由地方标准代号、地方标准顺序号和年号三部分组成。

示例 1：DB××/××-×× 强制性地方标准代号。

示例 2：DB××/T××-×× 推荐性地方标准代号。

示例 3：DB14/T 2054—2020《大型商业综合体消防安全管理规范》。

其中：DB 为地方标准代号；T 为推荐性标准；14 为山西省地方标准代码（140000）的前两位；2054 为顺序号；2020 为年号。

（四）安全生产企业标准

企业标准是在企业范围内需要协调、统一的技术要求、管理要求和工作要求所制定的标准，是企业组织生产、经营活动的依据。企业标准必须严于国家标准、行业标准，由企业法人代表或法人代表授权的主管领导批准、发布。

1. 范围

（1）企业生产的产品，没有国家标准、行业标准和地方标准的，制定的企业产品标准。

（2）为提高产品质量和提升技术水平，制定的严于国家标准、行业标准或地方标准的企业产品标准。

（3）对国家标准、行业标准的选择或补充的标准。

（4）工艺、工装、半成品和方法标准。

（5）生产、经营活动中的管理标准和工作标准。

2. 编号

企业标准一般以"Q"开头，见图 8-1。

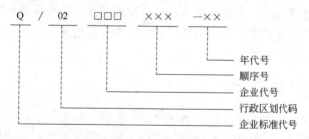

图 8-1　企业标准编号组成

有些国家标准是对同类产品作的一般性规定。虽然这些规定不是特指某种单一产品，但其中有些标准或标准条文规定是强制性的，主要涉及安全、卫生、环境保护等方面，在制定产品的企业标准时必须遵照执行。如食品添加剂的使用，国家已有强制性标准，对不同种类、不同用途的食品添加剂及其使用限量作了明确规定，企业标准中就不能随意对这些项目和指标加以改动。

三、安全生产标准体系

安全生产标准体系是指为维持生产经营活动，保障安全生产而制定颁布的一切有关安全生产方面的技术、管理、方法、产品等标准的有机组合。是我国安全生产法规体系中的一个重要组成部分，是安全生产法规的延伸与具体化。

安全生产标准体系既包括现行的安全生产标准，也包括正在制定修订和计划制定修订的安全生产标准。

（一）安全生产标准体系

改革开放以来，我国安全生产法制建设有了很大进展，先后制定并颁布了《安全生产法》《矿山安全法》《建筑法》《消防法》《职业病防治法》《劳动法》《矿山安全监察条例》《危险化学品安全管理条例》等法律、法规。有关部门也根据安全生产法律法规先后制定了有关安全生产规程、安全技术标准、技术规范。各省、自治区、直辖市也根据有关法律的授权和本地区实际工作需要，相继制定了一些地方性的安全生产法规、规章。

这些法律、法规、规章构成了我国安全生产法律法规体系的重要内容，对提高安全生产管理水平，减少伤亡事故，促进安全生产起到了重要作用。

同时，安全生产标准体系也不断充实、完善起来。

1. 安全生产标准体系的层级

目前，我国安全生产标准体系由以下四个层级组成：

第一层，全国通用综合性安全生产基础标准体系。主要有通则类、图形符号术语类和分类规则等。

第二层，各行业技术标准体系和安全管理标准体系。主要有防火防爆、电气安全、职业安全卫生标准等。

第三层，地方标准体系。地方标准体系由地方一级行政机构的标准化组织制定发布的标准组成，在公布国家标准或者行业标准之后，该项地方标准即行废止。

第四层，企业标准体系。企业标准体系包括技术标准、管理标准和工作标准。技术标准包括生产对象、生产条件、生产方法以及包装贮运等技术要求，可以是标准、规范、规程、守则、操作卡、作业指导书等。

2. 安全生产标准体系

安全生产标准体系涉及安全生产的各个行业，包括煤矿安全、非煤矿山安全、电气安全、危险化学品安全、石油化工安全、民爆物品安全、烟花爆竹安全、涂装作业安全、交通运输安全、机械安全、消防安全、建筑安全、个体防护装备、特种设备安全、通用生产安全等子体系。每个子体系又由若干部分组成，如非煤矿山安全标准体系由冶金安全、有色金属安全等下一层级标准组成。

（1）煤矿安全生产标准体系　煤矿安全生产标准体系包括综合管理安全标准系统、井工开采安全标准系统、露天开采安全标准系统和职业危害安全标准系统4个部分。

① 综合管理安全标准系统。该系统由综合管理通用要求、地质勘探规范、矿井设计规范、生产矿井安全管理4个部分组成，包含了煤矿勘探、设计、建矿、生产、环保到闭矿全过程中的安全总体要求，用以规范煤矿安全技术、管理等行为。

② 井工开采安全标准系统。该系统包括建井安全、开采安全、瓦斯防治、粉尘防治、矿井通风、火灾防治、水害防治、机械安全、电气安全、爆破安全、矿山救援等标准，其中每一专业领域标准仍由管理标准、技术标准和产品标准组成。

③ 露天开采安全标准系统。该系统包括露天开采安全标准、边坡稳定安全标准、露天

机电安全标准3个领域安全标准，其中每一专业领域标准仍由管理标准、技术标准和产品标准组成。

④ 职业危害安全标准系统。该系统主要包括作业环境安全标准、个体防护标准、职业病鉴定3个标准，每个标准由多个细分标准组成。如在作业环境安全标准方面，可进一步划分为粉尘（总粉尘和呼吸性粉尘）、噪声、振动、放射性辐射、高低温等标准。

（2）非煤矿山安全生产标准体系　该体系包括固体矿山、石油天然气、冶金、建材、有色等多个领域，是一个多层次、多组合的标准体系，包括非煤矿山安全生产方面的基础标准、管理标准、技术标准、方法标准和产品标准等。

（3）危险化学品安全生产标准体系。该体系包括通用基础安全生产标准、安全技术标准和安全管理标准等。

① 通用基础安全生产标准主要包括危险化学品分类、标识等。

② 安全技术标准主要包括安全设计和建设标准、生产企业安全距离标准、生产安全标准、运输安全标准、储存和包装安全标准、作业和检修标准、使用安全标准等。

③ 安全管理标准主要包括生产企业安全管理、应急救援预案管理、重大危险源安全监控、职业危害防护用品配备管理等。

（4）烟花爆竹安全生产标准体系　该体系包括基础标准、管理标准、原辅材料使用标准、生产作业场所标准、生产技术工艺标准和生产设备设施标准等。

① 基础标准主要包括烟花爆竹工程设计安全规范、烟花爆竹安全生产术语等。

② 管理标准主要包括烟花爆竹企业安全评价导则、烟花爆竹储存条件、烟花爆竹装卸作业规范等。

③ 原辅材料使用标准主要包括烟花爆竹烟火药安全性能检测要求、烟花爆竹烟火药相容性要求等。生产作业场所标准主要包括烟花爆竹工程设计安全审查规范、烟花爆竹工程竣工验收规范等。

④ 生产技术工艺标准主要包括烟花爆竹烟火药使用安全规范等。

⑤ 生产设备设施标准主要包括烟花爆竹机械设备通用技术要求等。

（5）个体防护装备安全生产标准体系　该体系主要包括头部防护装备、听力防护装备、眼面防护装备、呼吸防护装备、服装防护装备、手部防护装备、足部防护装备、皮肤防护装备和坠落防护装备等部分，每个部分由基础标准、通用技术标准、方法标准、产品标准和管理标准等组成，每个标准又有多个细分标准，如管理标准有配备标准、选用标准、使用和维护标准等。

（二）我国安全生产标准的制定、修改与复审

按照《安全生产法》，我国安全生产标准的制定与修改由国务院有关部门、国务院应急管理部门，以及国务院标准化行政主管部门、有关部门负责。

国务院有关部门应当按照保障安全生产的要求，依法及时制定有关的国家标准或者行业标准，并根据科技进步和经济发展适时修订，按照职责分工负责安全生产强制性国家标准的项目提出、组织起草、征求意见、技术审查。

国务院应急管理部门统筹提出安全生产强制性国家标准的立项计划。

国务院标准化行政主管部门负责安全生产强制性国家标准的立项、编号、对外通报和授权批准发布工作。国务院标准化行政主管部门、有关部门依据法定职责对安全生产强制性国

家标准的实施进行监督检查。

国家标准制定程序分9个阶段，即预阶段、立项阶段、起草阶段、征求意见阶段、审查阶段、批准阶段、出版阶段、复审阶段、废止阶段。修订程序和制定程序基本一样，但没有预阶段，起草阶段改为修订阶段。行业标准的制定、修订程序和国家标准的制定、修订程序一样，不同之处是，行业标准有一个备案阶段，需向国务院标准化行政主管部门备案。

标准实施后，应根据科学技术的发展、经济建设的需要以及安全生产工作的实际适时进行复审，复审周期不超过5年。复审工作主要由标委会或者分标委按规定进行。标准复审后，对不需要修改的标准可确认其继续有效；对需要修改的标准可作修改项目申报，列入标准修订计划；对已无存在必要的标准，提请国务院标准化行政主管部门或者相关部门予以废止。

📖 阅读材料　安全生产标准重要性的典型案例

2020年1月14日13时41分许，珠海某石化公司催化重整装置预加氢进料/产物换热器 E202A-F 与预加氢产物/脱水塔进料换热器 E204AB 间的压力管道（250P2019CS-H）90°弯头处出现泄漏，发生爆燃，之后管道内漏出的易燃物料猛烈燃烧，并于13时51分和14时21分再发生两次爆燃。经全力救援，1月14日19时15分明火完全扑灭。该公司当班121人及周边厂区604人全部安全疏散撤离，事故及救援过程中无人员伤亡。

一、单位安全许可情况

珠海某石化公司分两期建设完成，主要生产装置包括 120 万吨/年预加氢、100万吨/年催化重整、40万吨/年抽提精馏、10万吨/年苯加氢、10万吨/年溶剂加氢、3万吨碳五分离装置及相关配套设施。生产的主要危险化学品为正丁烷、液化石油气、二甲苯异构体混合物、1，3，5-三甲基苯、1，2，4，5-四甲苯、2-甲基己烷、正戊烷、2-甲基戊烷、正己烷、正庚烷、环戊烷、环己烷、石油醚、甲苯、氢、2-甲基丁烷、苯和甲基环己烷。

1. 持有"危险化学品生产企业安全生产许可证"

证书编号：粤珠危化生字〔2019〕0056号；

有效期：2019年9月22日至2022年9月21日；

许可范围：危险化学品生产（共计18种）；

发证机关：珠海市应急管理局。

2. 持有"全国工业产品生产许可证"

（1）【危险化学品（有机产品Ⅱ类），证书编号：（粤）XK13-014-00070】；

（2）【危险化学品（化学试剂），证书编号：（粤）XK13-011-00042】；

（3）【危险化学品（有机产品Ⅰ类），证书编号：（粤）XK13-014-00075】，有效期：2016年9月22日至2021年9月21日；

（4）【危险化学品（石油），证书编号：（粤）XK13-021-00006】，有效期：2017年2月6日至2022年2月5日；发证机关：广东省质量技术监督局。

3. 持有"特种设备使用登记证"（设备种类：压力管道）

编号：管GC粤C0019（19）；

发证机关：珠海市市场监督管理局；

发证日期：2019 年 5 月 10 日。

二、特种设备检验检测机构的检测情况

2014 年 8 月 15 日至 2015 年 7 月 29 日，广东省特种设备检测研究院某检测院对该石化公司催化重整装置进行工业管道安装安全质量监督检验，并于 2015 年 8 月 5 日出具了《工业管道安装安全质量监督检验报告》（BDJ-C01500186、BDJ-C01500187），确定下次全面检验日期为 2018 年 7 月 29 日。2018 年 8 月 29 日，该石化公司在某检测院报检平台上为催化重整装置（临氢、热力管道）申请首次定期检验。检测院于 2019 年 4 月 23 日向该石化公司出具的《工业管道定期检验报告》（BDD-C01900004）记明，其于 2018 年 11 月 15 日至 2019 年 3 月 29 日对该公司催化重整装置（临氢、热力管道）进行首次定期检验，并作出"安全状况等级评定为 3 级"的检验结论，确定下次定期检验日期为 2021 年 11 月。

三、执法监管情况

2019 年各级应急（安监）部门检查该石化公司共检查 22 次发现各类隐患 324 项（其中，国家化工行业执法检查组检查 1 次发现隐患 14 项，广东省应急管理厅检查组检查 1 次发现隐患 23 项，珠海市应急管理局检查 3 次发现隐患 21 项，高栏港经济区安全生产监督管理局检查 17 次发现隐患 266 项）。对发现的隐患均已依法下达《责令限期整改指令书》，并督促企业按期整改。对 2019 年 7 月 24 日国家化工行业执法检查组检查发现的 14 项隐患，高栏港经济区安全生产监督管理局分别于 2019 年 8 月 7 日、9 月 17 日复查时确认相关隐患已整改完毕。2019 年高栏港经济区市场监督管理局南水市场监督管理所共检查该石化公司 3 次，发现隐患 6 项，出具《特种设备监督检查记录》3 份，下达《特种设备安全监察指令书》2 份，企业均已按要求完成整改。

四、事故原因及性质认定

（一）事故直接原因

经调查和技术、检验、鉴定分析认定：

1. 爆燃的直接原因

催化重整装置预加氢反应进料/产物换热器 E202A-F 与预加氢产物/脱水塔进料换热器 E204AB 间的压力管道（250P2019CS-H）90°弯头因腐蚀减薄破裂（爆裂口约 950mm×620mm），内部带压（2.0MPa）的石脑油、氢气混合物喷出后与空气形成爆炸性混合物，因喷出介质与管道摩擦产生静电火花引发爆燃。

2. 爆燃加剧及持续的原因

附近部分塔器、管道及其他设备设施等在高温火焰持续烘烤下，不同程度地损毁或破裂，泄漏的可燃物料加剧燃烧和火势蔓延引发后续两次爆燃。

3. 造成压力管道破裂的主要原因

造成压力管道破裂的主要原因是管道超常规腐蚀。

（1）事故管道持续处于酸性环境，加剧管道腐蚀。该石化公司未对预加氢高分罐 V202 酸性水（含有预加氢反应产生的 H_2S、HCl、NH_3）做连续监控分析，持续进行酸性水循环利用，导致事故管道中 H_2S、HCl、NH_3 等介质浓度不断提高，加剧了管道腐蚀。

（2）管道温度超过设计限值，加剧管道腐蚀。事故管道原定操作温度为 150℃、设计温度为 170℃，但事发时该管道实际运行温度为 180℃ 左右，超出了管道设计操作温度。在湿 H_2S、HCl、NH_3 复合酸性环境中，管道超温度运行加剧了管道腐蚀。

（二）事故间接原因

1. 该石化公司安全生产主体责任不落实

（1）特种设备安全管理制度不落实。一是该石化公司制定的《特种设备管理制度》（ZHCL-JD-025）未有效落实，企业在实际生产中未按要求建立《重点腐蚀部位台账》，确定重点防腐部位和定点测厚点，明确定点测厚频次，未落实年度测厚工作，未对包含事故管道在内的重点腐蚀部位采取有效的管控措施。

二是该石化公司对检测院出具的《检验报告》内容存在缺页的情况没有及时发现，对《检验报告》提及的"射线检测发现有埋藏缺陷"问题没有按照公司安全生产会议制度、安全检查和隐患排查治理管理制度的规定，及时提交安全生产工作例会研究，也未采取有效措施进行整改，并及时将处理或者整改情况书面反馈检验机构。

（2）酸性水水质分析规程不健全不落实。该石化公司制定的操作规程虽然要求对事故原料油、循环氢、补充氢中氯离子和预加氢高分罐 V202 酸性水水质进行分析，但没有制定分析质量指标和控制检测要求，生产过程中也没有按操作规程对上述物料进行相应的采样分析。

（3）违法违规使用特种设备。该石化公司二期石脑油综合利用项目压力管道（临氢、热力管道）于 2015 年 7 月 29 日投入使用，至 2019 年 5 月 10 日方办理压力管道"特种设备使用登记证"（编号：管 GC 粤 C0019（19）），违法使用特种设备长达 3 年 8 个月。

（4）不重视特种设备定期检验工作。

一是该石化公司未按照特种设备相关检测规定在 2018 年 7 月 29 日前进行首次定期检验，直至 2018 年 8 月 29 日才提出相关申请；

二是该石化公司企业特种设备资料管理混乱，企业重整装置（临氢、热力管道）设计资料、安装资料丢失，在向特种设备检测院提交定期检测申请时未能提供上述材料和管道运行现状，影响了检测院对报检管道的壁厚测定、射线检测抽检范围的确定；

三是在制定检测方案前，该石化公司仅与检测院沟通了具体检测部位检测前的准备（如清空物料、搭脚手架等）、检验时间，未重点介绍事故管道存在其他介质的情况，影响了检测院检测范围。

2. 检测院未按安全技术规范要求开展检验工作

（1）安装安全质量监督检验职责落实不到位，没有形成监督闭环。发生事故的预加氢重整装置中 250P2019CS-H 管道在安装完成后，射线检测单位武汉某无损检测有限责任公司于 2015 年 4 月出具了射线检测报告，射线检测发现有埋藏缺陷，将该管道射线检测的焊缝质量合格标准评定为 Ⅲ 级（编号 SH/T3503-J122-1）。检测院在正式出具《工业管道安装安全质量监督检验报告》（BDJ-C01500186、BDJ-C01500187）后，未督促该石化公司及时进行整改，并对纠正情况进行跟踪检查，以致问题未得到彻底解决。

（2）未按照安全技术规范的要求对该石化公司压力管道进行首次定期检验。一是检测院未关注事故管道安装射线检测评级结果，对该石化公司提供的 27 条管道直径为 DN250 工业管道仅抽取了非预加氢单元部分的 1 条管道进行壁厚测定，未对与事故管道介质、火灾危险性、设计温度、设计压力、材质、几何尺寸、腐蚀性相近的共 14 条管道直径为 DN250 工业管道进行壁厚测量和焊缝射线抽检。

二是根据相关法律规定及检测院出具的《工业管道安装安全质量监督检验报告》要求，该石化公司应于 2018 年 6 月 29 日提出首次定期检验申请，检测院于 2018 年 7 月 29 日进行首次定期检验。实际上，该公司于 2018 年 8 月 29 日才提出首次定期检验申请，检测院在该石化公司未按要求提供设计资料、安装资料的情况下，于 2018 年 11 月 15 日开始了首次定期检验。

三是检测院仅依据压力管道埋藏缺陷和存在腐蚀，贸然出具安全状况等级为 3 级的结论，忽视了压力管道腐蚀减薄异常的实际。

（3）未及时发现并依规处理该石化公司长期违法使用特种设备（压力管道）的行为。检测院于 2018 年 11 月 15 日开始对该石化公司重整装置（临氢、热力管道）进行首次定期检验，直至 2019 年 4 月 23 日出具《工业管道定期检验报告》期间，该装置除 2019 春节期间短暂停用后仍长期处于使用运行状态。检验检测机构没有按照《特种设备现场安全监督检查规则》有关规定及时书面告知受检单位，并书面报告特种设备监管部门，导致监管部门对企业违规行为未能及时掌握并依法查处。

（4）出具检验证明文件不严谨，档案资料管理混乱。对作为压力管道工程竣工验收和办理使用登记重要依据、常规保存时间不得少于 10 年的《工业管道安装安全质量监督检验报告》，检测院正式出具给企业时，报告中的管道特性表附件空白。经对检测院电子化数据存档的《工业管道安装安全质量监督检验报告》（BDJ-C01500186、BDJ-C01500187）进行查找，未查询到管道特性表附件，院方称因系统升级导致丢失。而检测院向该石化公司出具的 223 页《工业管道定期检验报告》中连续 126 页内容重复，标识检验检测部位的工业管道单线图共 31 页缺失 29 页，虽然调查组后续在其"MIS 系统"中提取了完整的检验报告文本，但珠海检测院在发送检验报告时，没有认真校对复核，检验报告达不到企业对检验结论的分析研判和应用。

附：与案例有关的技术标准

《压力管道定期检验规则——工业管道》（TSG D7005—2018）"1.5 定期检验安全状况等级"：管道定期检验的安全状况分为 1 级、2 级、3 级和 4 级，共 4 个级别。"1.6.1 一般规定"：管道一般在投入使用后 3 年内进行首次定期检验。以后的检验周期由检验机构根据管道安全状况等级，按照以下要求确定：（1）安全状况等级为 1 级、2 级的，GC1、GC2 级管道一般不超过 6 年检验一次，GC3 级管道不超过 9 年检验一次；（2）安全状况等级为 3 级的，一般不超过 3 年检验一次，在使用期间内，使用单位应当对管道采取有效的监控措施；（3）安全状况等级为 4 级的，使用单位应当对管道缺陷进行处理，否则不得继续使用。

《特种设备现场安全监督检查规则》第七条第二款：其中，属于重点监督检查的特种设备使用单位，每年日常监督检查次数不得少于1次。第十条第二款：其中，对在用特种设备安全状况的检查实行抽查方式，对一个使用单位，至少抽查1台（套）在用特种设备。

《中华人民共和国特种设备安全法》第三十三条：特种设备使用单位应当在特种设备投入使用前或者投入使用后三十日内，向负责特种设备安全监督管理的部门办理使用登记，取得使用登记证书。登记标志应当置于该特种设备的显著位置。

《压力管道定期检验规则——工业管道》（TSG D7005—2018）"1.7 使用单位的义务"之"使用单位应当履行以下义务：（1）制订管道定期检验计划，在管道定期检验有效期届满的1个月以前向检验机构申报定期检验"。

《压力管道定期检验规则——工业管道》（TSG D7005—2018）"2.3.1 资料准备及审查"：检验前，使用单位一般应当向检验机构提供以下资料：（1）设计资料，包括设计单位资质证明、设计及安装说明书、设计图样、强度计算书等；（2）安装资料，包括安装单位资质证明、竣工验收资料（含管道组成件、管道支承件的质量证明文件），以及管道安装监督检验证书等，检验人员应当对使用单位提供的管道资料进行审查。本款第（1）至（3）项的资料，在管道投入使用后首次定期检验时必须进行审查，以后的检验视需要（如发生改造或者重大修理等）进行审查。

《中华人民共和国特种设备安全法》第九十三条第一款第（二）项："违反本法规定，特种设备检验、检测机构及其检验、检测人员有下列行为之一的，责令改正，对机构处五万元以上二十万元以下罚款，对直接负责的主管人员和其他直接责任人员处五千元以上五万元以下罚款；情节严重的，吊销机构资质和有关人员的资格：（二）未按照安全技术规范的要求进行检验、检测的"。

《压力管道安装安全质量监督检验规则》（国质检锅〔2002〕83号）第三十二条：监督检验人员在监督检验过程中发现一般质量问题时，应要求受监督检验单位进行改进，并对纠正情况进行跟踪检查，直至问题得到彻底解决。

《压力管道定期检验规则——工业管道》（TSG D7005—2018）"2.4.2.2 壁厚测定"之"测定位置应当具有代表性"。"2.4.2.4 埋藏缺陷检测"之"埋藏缺陷检测具体抽查比例和重点部位要求如下：（2）抽查的部位应当从重点部位选定，重点部位包括安装和使用过程中返修或者补焊部位"。

《特种设备现场安全监督检查规则》第十二条：特种设备检验、检测机构实施监督检验和定期检验时，发现以下重大问题之一的，应当及时书面告知受检单位，并书面报告所在地的县或者市级监管部门：（二）特种设备使用单位重大问题：4.使用超期未检、经检验检测判为不合格且限期未整改的或复检不合格特种设备的。第二十三条：实施现场安全监督检查中，发现特种设备或其主要部件存在以下情形之一，应当予以查封或者扣押：（一）在用特种设备存在本规则第十二条第二款规定的情形之一的。

习　题

一、填空题

1. 为保护生命、财产安全，保障职业环境卫生而制定的标准称为＿＿＿＿＿＿标准。

2. 按法律效力，标准分为_____标准和_____标准两类。

3. 我国标准分为_____标准、_____标准、_____标准和_____标准四级。

4. 国家标准由国家_____主管机构批准发布。

5. 安全生产标准代号为_____。

二、判断题

1. 保障人体健康、人身财产安全的标准和法律，行政法规规定强制执行的标准属于推荐性标准。（　　）

2. 安全基础类标准主要指在安全生产领域的不同范围内，对普遍的、广泛通用的共性认识所作的统一规定。（　　）

3. 行业标准在相应的国家标准实施后，依然有效。（　　）

4. 企业标准必须严于国家标准、行业标准等。（　　）

5. 标准的复审周期不超过5年。（　　）

三、简述题

1. 简述安全生产标准的作用。

2. 安全生产领域应当制定标准的事项主要有哪些？

3. 什么是安全生产标准体系？

4. 简述安全生产标准体系的层级。

附　录

附录一　中华人民共和国安全生产法

2002 年 6 月 29 日第九届全国人民代表大会常务委员会第二十八次会议通过，根据 2009 年 8 月 27 日第十一届全国人民代表大会常务委员会第十次会议《关于修改部分法律的决定》第一次修正，根据 2014 年 8 月 31 日第十二届全国人民代表大会常务委员会第十次会议《关于修改〈中华人民共和国安全生产法〉的决定》第二次修正，根据 2021 年 6 月 10 日第十三届全国人民代表大会常务委员会第二十九次会议《关于修改〈中华人民共和国安全生产法〉的决定》第三次修正。

第一章　总　则

第一条　为了加强安全生产工作，防止和减少生产安全事故，保障人民群众生命和财产安全，促进经济社会持续健康发展，制定本法。

第二条　在中华人民共和国领域内从事生产经营活动的单位（以下统称生产经营单位）的安全生产，适用本法；有关法律、行政法规对消防安全和道路交通安全、铁路交通安全、水上交通安全、民用航空安全以及核与辐射安全、特种设备安全另有规定的，适用其规定。

第三条　安全生产工作坚持中国共产党的领导。

安全生产工作应当以人为本，坚持人民至上、生命至上，把保护人民生命安全摆在首位，树牢安全发展理念，坚持安全第一、预防为主、综合治理的方针，从源头上防范化解重大安全风险。

安全生产工作实行管行业必须管安全、管业务必须管安全、管生产经营必须管安全，强化和落实生产经营单位主体责任与政府监管责任，建立生产经营单位负责、职工参与、政府监管、行业自律和社会监督的机制。

第四条　生产经营单位必须遵守本法和其他有关安全生产的法律、法规，加强安全生产管理，建立健全全员安全生产责任制和安全生产规章制度，加大对安全生产资金、物资、技术、人员的投入保障力度，改善安全生产条件，加强安全生产标准化、信息化建设，构建安全风险分级管控和隐患排查治理双重预防机制，健全风险防范化解机制，提高安全生产水平，确保安全生产。

平台经济等新兴行业、领域的生产经营单位应当根据本行业、领域的特点，建立健全并落实全员安全生产责任制，加强从业人员安全生产教育和培训，履行本法和其他法律、法规规定的有关安全生产义务。

第五条　生产经营单位的主要负责人是本单位安全生产第一责任人，对本单位的安全生产工作全面负责。其他负责人对职责范围内的安全生产工作负责。

第六条　生产经营单位的从业人员有依法获得安全生产保障的权利，并应当依法履行安全生产方面的义务。

第七条　工会依法对安全生产工作进行监督。

生产经营单位的工会依法组织职工参加本单位安全生产工作的民主管理和民主监督，维护职工在安全生产方面的合法权益。生产经营单位制定或者修改有关安全生产的规章制度，应当听取工会的意见。

第八条　国务院和县级以上地方各级人民政府应当根据国民经济和社会发展规划制定安全生产规划，并组织实施。安全生产规划应当与国土空间规划等相关规划相衔接。

各级人民政府应当加强安全生产基础设施建设和安全生产监管能力建设，所需经费列入本级预算。

县级以上地方各级人民政府应当组织有关部门建立完善安全风险评估与论证机制，按照安全风险管控要求，进行产业规划和空间布局，并对位置相邻、行业相近、业态相似的生产经营单位实施重大安全风险联防联控。

第九条　国务院和县级以上地方各级人民政府应当加强对安全生产工作的领导，建立健全安全生产工作协调机制，支持、督促各有关部门依法履行安全生产监督管理职责，及时协调、解决安全生产监督管理中存在的重大问题。

乡镇人民政府和街道办事处，以及开发区、工业园区、港区、风景区等应当明确负责安全生产监督管理的有关工作机构及其职责，加强安全生产监管力量建设，按照职责对本行政区域或者管理区域内生产经营单位安全生产状况进行监督检查，协助人民政府有关部门或者按照授权依法履行安全生产监督管理职责。

第十条　国务院应急管理部门依照本法，对全国安全生产工作实施综合监督管理；县级以上地方各级人民政府应急管理部门依照本法，对本行政区域内安全生产工作实施综合监督管理。

国务院交通运输、住房和城乡建设、水利、民航等有关部门依照本法和其他有关法律、行政法规的规定，在各自的职责范围内对有关行业、领域的安全生产工作实施监督管理；县级以上地方各级人民政府有关部门依照本法和其他有关法律、法规的规定，在各自的职责范围内对有关行业、领域的安全生产工作实施监督管理。对新兴行业、领域的安全生产监督管理职责不明确的，由县级以上地方各级人民政府按照业务相近的原则确定监督管理部门。

应急管理部门和对有关行业、领域的安全生产工作实施监督管理的部门，统称负有安全生产监督管理职责的部门。负有安全生产监督管理职责的部门应当相互配合、齐抓共管、信息共享、资源共用，依法加强安全生产监督管理工作。

第十一条　国务院有关部门应当按照保障安全生产的要求，依法及时制定有关的国家标准或者行业标准，并根据科技进步和经济发展适时修订。

生产经营单位必须执行依法制定的保障安全生产的国家标准或者行业标准。

第十二条　国务院有关部门按照职责分工负责安全生产强制性国家标准的项目提出、组织起草、征求意见、技术审查。国务院应急管理部门统筹提出安全生产强制性国家标准的立项计划。国务院标准化行政主管部门负责安全生产强制性国家标准的立项、编号、对外通报和授权批准发布工作。国务院标准化行政主管部门、有关部门依据法定职责对安全生产强制性国家标准的实施进行监督检查。

第十三条　各级人民政府及其有关部门应当采取多种形式，加强对有关安全生产的法律、法规和安全生产知识的宣传，增强全社会的安全生产意识。

第十四条　有关协会组织依照法律、行政法规和章程，为生产经营单位提供安全生产方面的信息、培训等服务，发挥自律作用，促进生产经营单位加强安全生产管理。

第十五条　依法设立的为安全生产提供技术、管理服务的机构，依照法律、行政法规和执业准则，接受生产经营单位的委托为其安全生产工作提供技术、管理服务。

生产经营单位委托前款规定的机构提供安全生产技术、管理服务的，保证安全生产的责任仍由本单位负责。

第十六条　国家实行生产安全事故责任追究制度，依照本法和有关法律、法规的规定，追究生产安全事故责任单位和责任人员的法律责任。

第十七条　县级以上各级人民政府应当组织负有安全生产监督管理职责的部门依法编制安全生产权力和责任清单，公开并接受社会监督。

第十八条　国家鼓励和支持安全生产科学技术研究和安全生产先进技术的推广应用，提高安全生产水平。

第十九条　国家对在改善安全生产条件、防止生产安全事故、参加抢险救护等方面取得显著成绩的单位和个人，给予奖励。

第二章　生产经营单位的安全生产保障

第二十条　生产经营单位应当具备本法和有关法律、行政法规和国家标准或者行业标准规定的安全生产条件；不具备安全生产条件的，不得从事生产经营活动。

第二十一条　生产经营单位的主要负责人对本单位安全生产工作负有下列职责：

（一）建立健全并落实本单位全员安全生产责任制，加强安全生产标准化建设；

（二）组织制定并实施本单位安全生产规章制度和操作规程；

（三）组织制定并实施本单位安全生产教育和培训计划；

（四）保证本单位安全生产投入的有效实施；

（五）组织建立并落实安全风险分级管控和隐患排查治理双重预防工作机制，督促、检查本单位的安全生产工作，及时消除生产安全事故隐患；

（六）组织制定并实施本单位的生产安全事故应急救援预案；

（七）及时、如实报告生产安全事故。

第二十二条　生产经营单位的全员安全生产责任制应当明确各岗位的责任人员、责任范围和考核标准等内容。

生产经营单位应当建立相应的机制，加强对安全生产责任制落实情况的监督考核，保证安全生产责任制的落实。

第二十三条　生产经营单位应当具备的安全生产条件所必需的资金投入，由生产经营单位的决策机构、主要负责人或者个人经营的投资人予以保证，并对由于安全生产所必需的资金投入不足导致的后果承担责任。

有关生产经营单位应当按照规定提取和使用安全生产费用，专门用于改善安全生产条件。安全生产费用在成本中据实列支。安全生产费用提取、使用和监督管理的具体办法由国务院财政部门会同国务院应急管理部门征求国务院有关部门意见后制定。

第二十四条　矿山、金属冶炼、建筑施工、运输单位和危险物品的生产、经营、储存、装卸单位，应当设置安全生产管理机构或者配备专职安全生产管理人员。

前款规定以外的其他生产经营单位，从业人员超过一百人的，应当设置安全生产管理机构或者配备专职安全生产管理人员；从业人员在一百人以下的，应当配备专职或者兼职的安全生产管理人员。

第二十五条 生产经营单位的安全生产管理机构以及安全生产管理人员履行下列职责：

（一）组织或者参与拟订本单位安全生产规章制度、操作规程和生产安全事故应急救援预案；

（二）组织或者参与本单位安全生产教育和培训，如实记录安全生产教育和培训情况；

（三）组织开展危险源辨识和评估，督促落实本单位重大危险源的安全管理措施；

（四）组织或者参与本单位应急救援演练；

（五）检查本单位的安全生产状况，及时排查生产安全事故隐患，提出改进安全生产管理的建议；

（六）制止和纠正违章指挥、强令冒险作业、违反操作规程的行为；

（七）督促落实本单位安全生产整改措施。

生产经营单位可以设置专职安全生产分管负责人，协助本单位主要负责人履行安全生产管理职责。

第二十六条 生产经营单位的安全生产管理机构以及安全生产管理人员应当恪尽职守，依法履行职责。

生产经营单位作出涉及安全生产的经营决策，应当听取安全生产管理机构以及安全生产管理人员的意见。

生产经营单位不得因安全生产管理人员依法履行职责而降低其工资、福利等待遇或者解除与其订立的劳动合同。

危险物品的生产、储存单位以及矿山、金属冶炼单位的安全生产管理人员的任免，应当告知主管的负有安全生产监督管理职责的部门。

第二十七条 生产经营单位的主要负责人和安全生产管理人员必须具备与本单位所从事的生产经营活动相应的安全生产知识和管理能力。

危险物品的生产、经营、储存、装卸单位以及矿山、金属冶炼、建筑施工、运输单位的主要负责人和安全生产管理人员，应当由主管的负有安全生产监督管理职责的部门对其安全生产知识和管理能力考核合格。考核不得收费。

危险物品的生产、储存、装卸单位以及矿山、金属冶炼单位应当有注册安全工程师从事安全生产管理工作。鼓励其他生产经营单位聘用注册安全工程师从事安全生产管理工作。注册安全工程师按专业分类管理，具体办法由国务院人力资源和社会保障部门、国务院应急管理部门会同国务院有关部门制定。

第二十八条 生产经营单位应当对从业人员进行安全生产教育和培训，保证从业人员具备必要的安全生产知识，熟悉有关的安全生产规章制度和安全操作规程，掌握本岗位的安全操作技能，了解事故应急处理措施，知悉自身在安全生产方面的权利和义务。未经安全生产教育和培训合格的从业人员，不得上岗作业。

生产经营单位使用被派遣劳动者的，应当将被派遣劳动者纳入本单位从业人员统一管理，对被派遣劳动者进行岗位安全操作规程和安全操作技能的教育和培训。劳务派遣单位应当对被派遣劳动者进行必要的安全生产教育和培训。

生产经营单位接收中等职业学校、高等学校学生实习的，应当对实习学生进行相应的安全生产教育和培训，提供必要的劳动防护用品。学校应当协助生产经营单位对实习学生进行安全生产教育和培训。

生产经营单位应当建立安全生产教育和培训档案,如实记录安全生产教育和培训的时间、内容、参加人员以及考核结果等情况。

第二十九条 生产经营单位采用新工艺、新技术、新材料或者使用新设备,必须了解、掌握其安全技术特性,采取有效的安全防护措施,并对从业人员进行专门的安全生产教育和培训。

第三十条 生产经营单位的特种作业人员必须按照国家有关规定经专门的安全作业培训,取得相应资格,方可上岗作业。

特种作业人员的范围由国务院应急管理部门会同国务院有关部门确定。

第三十一条 生产经营单位新建、改建、扩建工程项目(以下统称建设项目)的安全设施,必须与主体工程同时设计、同时施工、同时投入生产和使用。安全设施投资应当纳入建设项目概算。

第三十二条 矿山、金属冶炼建设项目和用于生产、储存、装卸危险物品的建设项目,应当按照国家有关规定进行安全评价。

第三十三条 建设项目安全设施的设计人、设计单位应当对安全设施设计负责。

矿山、金属冶炼建设项目和用于生产、储存、装卸危险物品的建设项目的安全设施设计应当按照国家有关规定报经有关部门审查,审查部门及其负责审查的人员对审查结果负责。

第三十四条 矿山、金属冶炼建设项目和用于生产、储存、装卸危险物品的建设项目的施工单位必须按照批准的安全设施设计施工,并对安全设施的工程质量负责。

矿山、金属冶炼建设项目和用于生产、储存、装卸危险物品的建设项目竣工投入生产或者使用前,应当由建设单位负责组织对安全设施进行验收;验收合格后,方可投入生产和使用。负有安全生产监督管理职责的部门应当加强对建设单位验收活动和验收结果的监督核查。

第三十五条 生产经营单位应当在有较大危险因素的生产经营场所和有关设施、设备上,设置明显的安全警示标志。

第三十六条 安全设备的设计、制造、安装、使用、检测、维修、改造和报废,应当符合国家标准或者行业标准。

生产经营单位必须对安全设备进行经常性维护、保养,并定期检测,保证正常运转。维护、保养、检测应当作好记录,并由有关人员签字。

生产经营单位不得关闭、破坏直接关系生产安全的监控、报警、防护、救生设备、设施,或者篡改、隐瞒、销毁其相关数据、信息。

餐饮等行业的生产经营单位使用燃气的,应当安装可燃气体报警装置,并保障其正常使用。

第三十七条 生产经营单位使用的危险物品的容器、运输工具,以及涉及人身安全、危险性较大的海洋石油开采特种设备和矿山井下特种设备,必须按照国家有关规定,由专业生产单位生产,并经具有专业资质的检测、检验机构检测、检验合格,取得安全使用证或者安全标志,方可投入使用。检测、检验机构对检测、检验结果负责。

第三十八条 国家对严重危及生产安全的工艺、设备实行淘汰制度,具体目录由国务院应急管理部门会同国务院有关部门制定并公布。法律、行政法规对目录的制定另有规定的,适用其规定。

省、自治区、直辖市人民政府可以根据本地区实际情况制定并公布具体目录,对前款规定以外的危及生产安全的工艺、设备予以淘汰。

生产经营单位不得使用应当淘汰的危及生产安全的工艺、设备。

第三十九条　生产、经营、运输、储存、使用危险物品或者处置废弃危险物品的，由有关主管部门依照有关法律、法规的规定和国家标准或者行业标准审批并实施监督管理。

生产经营单位生产、经营、运输、储存、使用危险物品或者处置废弃危险物品，必须执行有关法律、法规和国家标准或者行业标准，建立专门的安全管理制度，采取可靠的安全措施，接受有关主管部门依法实施的监督管理。

第四十条　生产经营单位对重大危险源应当登记建档，进行定期检测、评估、监控，并制定应急预案，告知从业人员和相关人员在紧急情况下应当采取的应急措施。

生产经营单位应当按照国家有关规定将本单位重大危险源及有关安全措施、应急措施报有关地方人民政府应急管理部门和有关部门备案。有关地方人民政府应急管理部门和有关部门应当通过相关信息系统实现信息共享。

第四十一条　生产经营单位应当建立安全风险分级管控制度，按照安全风险分级采取相应的管控措施。

生产经营单位应当建立健全并落实生产安全事故隐患排查治理制度，采取技术、管理措施，及时发现并消除事故隐患。事故隐患排查治理情况应当如实记录，并通过职工大会或者职工代表大会、信息公示栏等方式向从业人员通报。其中，重大事故隐患排查治理情况应当及时向负有安全生产监督管理职责的部门和职工大会或者职工代表大会报告。

县级以上地方各级人民政府负有安全生产监督管理职责的部门应当将重大事故隐患纳入相关信息系统，建立健全重大事故隐患治理督办制度，督促生产经营单位消除重大事故隐患。

第四十二条　生产、经营、储存、使用危险物品的车间、商店、仓库不得与员工宿舍在同一座建筑物内，并应当与员工宿舍保持安全距离。

生产经营场所和员工宿舍应当设有符合紧急疏散要求、标志明显、保持畅通的出口、疏散通道。禁止占用、锁闭、封堵、封堵生产经营场所或者员工宿舍的出口、疏散通道。

第四十三条　生产经营单位进行爆破、吊装、动火、临时用电以及国务院应急管理部门会同国务院有关部门规定的其他危险作业，应当安排专门人员进行现场安全管理，确保操作规程的遵守和安全措施的落实。

第四十四条　生产经营单位应当教育和督促从业人员严格执行本单位的安全生产规章制度和安全操作规程；并向从业人员如实告知作业场所和工作岗位存在的危险因素、防范措施以及事故应急措施。

生产经营单位应当关注从业人员的身体、心理状况和行为习惯，加强对从业人员的心理疏导、精神慰藉，严格落实岗位安全生产责任，防范从业人员行为异常导致事故发生。

第四十五条　生产经营单位必须为从业人员提供符合国家标准或者行业标准的劳动防护用品，并监督、教育从业人员按照使用规则佩戴、使用。

第四十六条　生产经营单位的安全生产管理人员应当根据本单位的生产经营特点，对安全生产状况进行经常性检查;对检查中发现的安全问题，应当立即处理;不能处理的，应当及时报告本单位有关负责人，有关负责人应当及时处理。检查及处理情况应当如实记录在案。

生产经营单位的安全生产管理人员在检查中发现重大事故隐患，依照前款规定向本单位有关负责人报告，有关负责人不及时处理的，安全生产管理人员可以向主管的负有安全生产监督管理职责的部门报告,接到报告的部门应当依法及时处理。

第四十七条 生产经营单位应当安排用于配备劳动防护用品、进行安全生产培训的经费。

第四十八条 两个以上生产经营单位在同一作业区域内进行生产经营活动,可能危及对方生产安全的,应当签订安全生产管理协议,明确各自的安全生产管理职责和应当采取的安全措施,并指定专职安全生产管理人员进行安全检查与协调。

第四十九条 生产经营单位不得将生产经营项目、场所、设备发包或者出租给不具备安全生产条件或者相应资质的单位或者个人。

生产经营项目、场所发包或者出租给其他单位的,生产经营单位应当与承包单位、承租单位签订专门的安全生产管理协议,或者在承包合同、租赁合同中约定各自的安全生产管理职责;生产经营单位对承包单位、承租单位的安全生产工作统一协调、管理,定期进行安全检查,发现安全问题的,应当及时督促整改。

矿山、金属冶炼建设项目和用于生产、储存、装卸危险物品的建设项目的施工单位应当加强对施工项目的安全管理,不得倒卖、出租、出借、挂靠或者以其他形式非法转让施工资质,不得将其承包的全部建设工程转包给第三人或者将其承包的全部建设工程支解以后以分包的名义分别转包给第三人,不得将工程分包给不具备相应资质条件的单位。

第五十条 生产经营单位发生生产安全事故时,单位的主要负责人应当立即组织抢救,并不得在事故调查处理期间擅离职守。

第五十一条 国家鼓励生产经营单位投保安全生产责任保险;属于国家规定的高危行业、领域的生产经营单位,应当投保安全生产责任保险。具体范围和实施办法由国务院应急管理部门会同国务院财政部门、国务院保险监督管理机构和相关行业主管部门制定。

第三章 从业人员的安全生产权利义务

第五十二条 生产经营单位与从业人员订立的劳动合同,应当载明有关保障从业人员劳动安全、防止职业危害的事项,以及依法为从业人员办理工伤保险的事项。

生产经营单位不得以任何形式与从业人员订立协议,免除或者减轻其对从业人员因生产安全事故伤亡依法应承担的责任。

第五十三条 生产经营单位的从业人员有权了解其作业场所和工作岗位存在的危险因素、防范措施及事故应急措施,有权对本单位的安全生产工作提出建议。

第五十四条 从业人员有权对本单位安全生产工作中存在的问题提出批评、检举、控告;有权拒绝违章指挥和强令冒险作业。

生产经营单位不得因从业人员对本单位安全生产工作提出批评、检举、控告或者拒绝违章指挥、强令冒险作业而降低其工资、福利等待遇或者解除与其订立的劳动合同。

第五十五条 从业人员发现直接危及人身安全的紧急情况时,有权停止作业或者在采取可能的应急措施后撤离作业场所。

生产经营单位不得因从业人员在前款紧急情况下停止作业或者采取紧急撤离措施而降低其工资、福利等待遇或者解除与其订立的劳动合同。

第五十六条 生产经营单位发生生产安全事故后,应当及时采取措施救治有关人员。

因生产安全事故受到损害的从业人员,除依法享有工伤保险外,依照有关民事法律尚有获得赔偿的权利的,有权提出赔偿要求。

第五十七条 从业人员在作业过程中,应当严格落实岗位安全责任,遵守本单位的安全生产规章制度和操作规程，服从管理，正确佩戴和使用劳动防护用品。

第五十八条　从业人员应当接受安全生产教育和培训，掌握本职工作所需的安全生产知识，提高安全生产技能，增强事故预防和应急处理能力。

第五十九条　从业人员发现事故隐患或者其他不安全因素，应当立即向现场安全生产管理人员或者本单位负责人报告；接到报告的人员应当及时予以处理。

第六十条　工会有权对建设项目的安全设施与主体工程同时设计、同时施工、同时投入生产和使用进行监督，提出意见。

工会对生产经营单位违反安全生产法律、法规，侵犯从业人员合法权益的行为，有权要求纠正；发现生产经营单位违章指挥、强令冒险作业或者发现事故隐患时，有权提出解决的建议，生产经营单位应当及时研究答复；发现危及从业人员生命安全的情况时，有权向生产经营单位建议组织从业人员撤离危险场所，生产经营单位必须立即作出处理。

工会有权依法参加事故调查，向有关部门提出处理意见，并要求追究有关人员的责任。

第六十一条　生产经营单位使用被派遣劳动者的，被派遣劳动者享有本法规定的从业人员的权利，并应当履行本法规定的从业人员的义务。

第四章　安全生产的监督管理

第六十二条　县级以上地方各级人民政府应当根据本行政区域内的安全生产状况，组织有关部门按照职责分工，对本行政区域内容易发生重大生产安全事故的生产经营单位进行严格检查。

应急管理部门应当按照分类分级监督管理的要求，制定安全生产年度监督检查计划，并按照年度监督检查计划进行监督检查，发现事故隐患，应当及时处理。

第六十三条　负有安全生产监督管理职责的部门依照有关法律、法规的规定，对涉及安全生产的事项需要审查批准（包括批准、核准、许可、注册、认证、颁发证照等，下同）或者验收的，必须严格依照有关法律、法规和国家标准或者行业标准规定的安全生产条件和程序进行审查；不符合有关法律、法规和国家标准或者行业标准规定的安全生产条件的，不得批准或者验收通过。对未依法取得批准或者验收合格的单位擅自从事有关活动的，负责行政审批的部门发现或者接到举报后应当立即予以取缔，并依法予以处理。对已经依法取得批准的单位，负责行政审批的部门发现其不再具备安全生产条件的，应当撤销原批准。

第六十四条　负有安全生产监督管理职责的部门对涉及安全生产的事项进行审查、验收，不得收取费用；不得要求接受审查、验收的单位购买其指定品牌或者指定生产、销售单位的安全设备、器材或者其他产品。

第六十五条　应急管理部门和其他负有安全生产监督管理职责的部门依法开展安全生产行政执法工作，对生产经营单位执行有关安全生产的法律、法规和国家标准或者行业标准的情况进行监督检查，行使以下职权：

（一）进入生产经营单位进行检查，调阅有关资料，向有关单位和人员了解情况；

（二）对检查中发现的安全生产违法行为，当场予以纠正或者要求限期改正；对依法应当给予行政处罚的行为，依照本法和其他有关法律、行政法规的规定作出行政处罚决定；

（三）对检查中发现的事故隐患，应当责令立即排除；重大事故隐患排除前或者排除过程中无法保证安全的，应当责令从危险区域内撤出作业人员，责令暂时停产停业或者停止使用相关设施、设备；重大事故隐患排除后，经审查同意，方可恢复生产经营和使用；

（四）对有根据认为不符合保障安全生产的国家标准或者行业标准的设施、设备、器材以及违法生产、储存、使用、经营、运输的危险物品予以查封或者扣押，对违法生产、储存、使用、经营危险物品的作业场所予以查封，并依法作出处理决定。

监督检查不得影响被检查单位的正常生产经营活动。

第六十六条　生产经营单位对负有安全生产监督管理职责的部门的监督检查人员（以下统称安全生产监督检查人员）依法履行监督检查职责，应当予以配合，不得拒绝、阻挠。

第六十七条　安全生产监督检查人员应当忠于职守，坚持原则，秉公执法。

安全生产监督检查人员执行监督检查任务时，必须出示有效的行政执法证件；对涉及被检查单位的技术秘密和业务秘密，应当为其保密。

第六十八条　安全生产监督检查人员应当将检查的时间、地点、内容、发现的问题及其处理情况，作出书面记录，并由检查人员和被检查单位的负责人签字；被检查单位的负责人拒绝签字的，检查人员应当将情况记录在案，并向负有安全生产监督管理职责的部门报告。

第六十九条　负有安全生产监督管理职责的部门在监督检查中，应当互相配合，实行联合检查；确需分别进行检查的，应当互通情况，发现存在的安全问题应当由其他有关部门进行处理的，应当及时移送其他有关部门并形成记录备查，接受移送的部门应当及时进行处理。

第七十条　负有安全生产监督管理职责的部门依法对存在重大事故隐患的生产经营单位作出停产停业、停止施工、停止使用相关设施或者设备的决定，生产经营单位应当依法执行，及时消除事故隐患。生产经营单位拒不执行，有发生生产安全事故的现实危险的，在保证安全的前提下，经本部门主要负责人批准，负有安全生产监督管理职责的部门可以采取通知有关单位停止供电、停止供应民用爆炸物品等措施，强制生产经营单位履行决定。通知应当采用书面形式，有关单位应当予以配合。

负有安全生产监督管理职责的部门依照前款规定采取停止供电措施，除有危及生产安全的紧急情形外，应当提前二十四小时通知生产经营单位。生产经营单位依法履行行政决定、采取相应措施消除事故隐患的，负有安全生产监督管理职责的部门应当及时解除前款规定的措施。

第七十一条　监察机关依照监察法的规定，对负有安全生产监督管理职责的部门及其工作人员履行安全生产监督管理职责实施监察。

第七十二条　承担安全评价、认证、检测、检验职责的机构应当具备国家规定的资质条件，并对其作出的安全评价、认证、检测、检验结果的合法性、真实性负责。资质条件由国务院应急管理部门会同国务院有关部门制定。

承担安全评价、认证、检测、检验职责的机构应当建立并实施服务公开和报告公开制度，不得租借资质、挂靠、出具虚假报告。

第七十三条　负有安全生产监督管理职责的部门应当建立举报制度，公开举报电话、信箱或者电子邮件地址等网络举报平台，受理有关安全生产的举报；受理的举报事项经调查核实后，应当形成书面材料；需要落实整改措施的，报经有关负责人签字并督促落实。对不属于本部门职责，需要由其他有关部门进行调查处理的，转交其他有关部门处理。

涉及人员死亡的举报事项，应当由县级以上人民政府组织核查处理。

第七十四条　任何单位或者个人对事故隐患或者安全生产违法行为，均有权向负有安全生产监督管理职责的部门报告或者举报。

因安全生产违法行为造成重大事故隐患或者导致重大事故，致使国家利益或者社会公共

利益受到侵害的，人民检察院可以根据民事诉讼法、行政诉讼法的相关规定提起公益诉讼

第七十五条　居民委员会、村民委员会发现其所在区域内的生产经营单位存在事故隐患或者安全生产违法行为时，应当向当地人民政府或者有关部门报告。

第七十六条　县级以上各级人民政府及其有关部门对报告重大事故隐患或者举报安全生产违法行为的有功人员，给予奖励。具体奖励办法由国务院应急管理部门会同国务院财政部门制定。

第七十七条　新闻、出版、广播、电影、电视等单位有进行安全生产公益宣传教育的义务，有对违反安全生产法律、法规的行为进行舆论监督的权利。

第七十八条　负有安全生产监督管理职责的部门应当建立安全生产违法行为信息库，如实记录生产经营单位及其有关从业人员的安全生产违法行为信息；对违法行为情节严重的生产经营单位及其有关从业人员，应当及时向社会公告，并通报行业主管部门、投资主管部门、自然资源主管部门、生态环境主管部门、证券监督管理机构以及有关金融机构。有关部门和机构应当对存在失信行为的生产经营单位及其有关从业人员采取加大执法检查频次、暂停项目审批、上调有关保险费率、行业或者职业禁入等联合惩戒措施，并向社会公示。

负有安全生产监督管理职责的部门应当加强对生产经营单位行政处罚信息的及时归集、共享、应用和公开，对生产经营单位作出处罚决定后七个工作日内在监督管理部门公示系统予以公开曝光，强化对违法失信生产经营单位及其有关从业人员的社会监督，提高全社会安全生产诚信水平。

第五章　生产安全事故的应急救援与调查处理

第七十九条　国家加强生产安全事故应急能力建设，在重点行业、领域建立应急救援基地和应急救援队伍，并由国家安全生产应急救援机构统一协调指挥；鼓励生产经营单位和其他社会力量建立应急救援队伍，配备相应的应急救援装备和物资，提高应急救援的专业化水平。

国务院应急管理部门牵头建立全国统一的生产安全事故应急救援信息系统，国务院交通运输、住房和城乡建设、水利、民航等有关部门和县级以上地方人民政府建立健全相关行业、领域、地区的生产安全事故应急救援信息系统，实现互联互通、信息共享，通过推行网上安全信息采集、安全监管和监测预警，提升监管的精准化、智能化水平。

第八十条　县级以上地方各级人民政府应当组织有关部门制定本行政区域内生产安全事故应急救援预案，建立应急救援体系。

乡镇人民政府和街道办事处，以及开发区、工业园区、港区、风景区等应当制定相应的生产安全事故应急救援预案，协助人民政府有关部门或者按照授权依法履行生产安全事故应急救援工作职责。

第八十一条　生产经营单位应当制定本单位生产安全事故应急救援预案，与所在地县级以上地方人民政府组织制定的生产安全事故应急救援预案相衔接，并定期组织演练。

第八十二条　危险物品的生产、经营、储存单位以及矿山、金属冶炼、城市轨道交通运营、建筑施工单位应当建立应急救援组织；生产经营规模较小的，可以不建立应急救援组织，但应当指定兼职的应急救援人员。

危险物品的生产、经营、储存、运输单位以及矿山、金属冶炼、城市轨道交通运营、建筑施工单位应当配备必要的应急救援器材、设备和物资，并进行经常性维护、保养，保证正

常运转。

第八十三条　生产经营单位发生生产安全事故后，事故现场有关人员应当立即报告本单位负责人。

单位负责人接到事故报告后，应当迅速采取有效措施，组织抢救，防止事故扩大，减少人员伤亡和财产损失，并按照国家有关规定立即如实报告当地负有安全生产监督管理职责的部门，不得隐瞒不报、谎报或者迟报，不得故意破坏事故现场、毁灭有关证据。

第八十四条　负有安全生产监督管理职责的部门接到事故报告后，应当立即按照国家有关规定上报事故情况。负有安全生产监督管理职责的部门和有关地方人民政府对事故情况不得隐瞒不报、谎报或者迟报。

第八十五条　有关地方人民政府和负有安全生产监督管理职责的部门的负责人接到生产安全事故报告后，应当按照生产安全事故应急救援预案的要求立即赶到事故现场，组织事故抢救。

参与事故抢救的部门和单位应当服从统一指挥，加强协同联动，采取有效的应急救援措施，并根据事故救援的需要采取警戒、疏散等措施，防止事故扩大和次生灾害的发生，减少人员伤亡和财产损失。

事故抢救过程中应当采取必要措施，避免或者减少对环境造成的危害。

任何单位和个人都应当支持、配合事故抢救，并提供一切便利条件。

第八十六条　事故调查处理应当按照科学严谨、依法依规、实事求是、注重实效的原则，及时、准确地查清事故原因，查明事故性质和责任，评估应急处置工作，总结事故教训，提出整改措施，并对事故责任单位和人员提出处理建议。事故调查报告应当依法及时向社会公布。事故调查和处理的具体办法由国务院制定。

事故发生单位应当及时全面落实整改措施，负有安全生产监督管理职责的部门应当加强监督检查。

负责事故调查处理的国务院有关部门和地方人民政府应当在批复事故调查报告后一年内，组织有关部门对事故整改和防范措施落实情况进行评估，并及时向社会公开评估结果；对不履行职责导致事故整改和防范措施没有落实的有关单位和人员，应当按照有关规定追究责任。

第八十七条　生产经营单位发生生产安全事故，经调查确定为责任事故的，除了应当查明事故单位的责任并依法予以追究外，还应当查明对安全生产的有关事项负有审查批准和监督职责的行政部门的责任，对有失职、渎职行为的，依照本法第九十条的规定追究法律责任。

第八十八条　任何单位和个人不得阻挠和干涉对事故的依法调查处理。

第八十九条　县级以上地方各级人民政府应急管理部门应当定期统计分析本行政区域内发生生产安全事故的情况，并定期向社会公布。

第六章　法律责任

第九十条　负有安全生产监督管理职责的部门的工作人员，有下列行为之一的，给予降级或者撤职的处分；构成犯罪的，依照刑法有关规定追究刑事责任：

（一）对不符合法定安全生产条件的涉及安全生产的事项予以批准或者验收通过的；

（二）发现未依法取得批准、验收的单位擅自从事有关活动或者接到举报后不予取缔或者不依法予以处理的；

（三）对已经依法取得批准的单位不履行监督管理职责，发现其不再具备安全生产条件而不撤销原批准或者发现安全生产违法行为不予查处的；

（四）在监督检查中发现重大事故隐患，不依法及时处理的。

负有安全生产监督管理职责的部门的工作人员有前款规定以外的滥用职权、玩忽职守、徇私舞弊行为的，依法给予处分；构成犯罪的，依照刑法有关规定追究刑事责任。

第九十一条　负有安全生产监督管理职责的部门，要求被审查、验收的单位购买其指定的安全设备、器材或者其他产品的，在对安全生产事项的审查、验收中收取费用的，由其上级机关或者监察机关责令改正，责令退还收取的费用；情节严重的，对直接负责的主管人员和其他直接责任人员依法给予处分。

第九十二条　承担安全评价、认证、检测、检验职责的机构出具失实报告的，责令停业整顿，并处三万元以上十万元以下的罚款；给他人造成损害的，依法承担赔偿责任。

承担安全评价、认证、检测、检验职责的机构租借资质、挂靠、出具虚假报告的，没收违法所得；违法所得在十万元以上的，并处违法所得二倍以上五倍以下的罚款，没有违法所得或者违法所得不足十万元的，单处或者并处十万元以上二十万元以下的罚款；对其直接负责的主管人员和其他直接责任人员处五万元以上十万元以下的罚款；给他人造成损害的，与生产经营单位承担连带赔偿责任；构成犯罪的，依照刑法有关规定追究刑事责任。

对有前款违法行为的机构及其直接责任人员，吊销其相应资质和资格，五年内不得从事安全评价、认证、检测、检验等工作；情节严重的，实行终身行业和职业禁入。

第九十三条　生产经营决策决策机构、主要负责人或者个人经营的投资人不依照本法规定保证安全生产所必需的资金投入，致使生产经营单位不具备安全生产条件的，责令限期改正，提供必需的资金；逾期未改正的，责令生产经营单位停产停业整顿。

有前款违法行为，导致发生生产安全事故的，对生产经营单位的主要负责人给予撤职处分，对个人经营的投资人处二万元以上二十万元以下的罚款；构成犯罪的，依照刑法有关规定追究刑事责任。

第九十四条　生产经营单位的主要负责人未履行本法规定的安全生产管理职责的，责令限期改正，处二万元以上五万元以下的罚款；逾期未改正的，处五万元以上十万元以下的罚款，责令生产经营单位停产停业整顿。

生产经营单位的主要负责人有前款违法行为，导致发生生产安全事故的，给予撤职处分；构成犯罪的，依照刑法有关规定追究刑事责任。

生产经营单位的主要负责人依照前款规定受刑事处罚或者撤职处分的，自刑罚执行完毕或者受处分之日起，五年内不得担任任何生产经营单位的主要负责人；对重大、特别重大生产安全事故负有责任的，终身不得担任本行业生产经营单位的主要负责人。

第九十五条　生产经营单位的主要负责人未履行本法规定的安全生产管理职责，导致发生生产安全事故的，由应急管理部门依照下列规定处以罚款：

（一）发生一般事故的，处上一年年收入百分之四十的罚款；

（二）发生较大事故的，处上一年年收入百分之六十的罚款；

（三）发生重大事故的，处上一年年收入百分之八十的罚款；

（四）发生特别重大事故的，处上一年年收入百分之一百的罚款。

第九十六条　生产经营单位的其他负责人和安全生产管理人员未履行本法规定的安全生产管理职责的，责令限期改正，处一万元以上三万元以下的罚款；导致发生生产安全事故的，暂停或者吊销其与安全生产有关的资格，并处上一年年收入百分之二十以上百分之五十以下的罚款；构成犯罪的，依照刑法有关规定追究刑事责任。

第九十七条 生产经营单位有下列行为之一的，责令限期改正，处十万元以下的罚款；逾期未改正的，责令停产停业整顿，并处十万元以上二十万元以下的罚款，对其直接负责的主管人员和其他直接责任人员处二万元以上五万元以下的罚款：

（一）未按照规定设置安全生产管理机构或者配备安全生产管理人员、注册安全工程师的；

（二）危险物品的生产、经营、储存、装卸单位以及矿山、金属冶炼、建筑施工、运输单位的主要负责人和安全生产管理人员未按照规定经考核合格的；

（三）未按照规定对从业人员、被派遣劳动者、实习学生进行安全生产教育和培训，或者未按照规定如实告知有关的安全生产事项的；

（四）未如实记录安全生产教育和培训情况的；

（五）未将事故隐患排查治理情况如实记录或者未向从业人员通报的；

（六）未按照规定制定生产安全事故应急救援预案或者未定期组织演练的；

（七）特种作业人员未按照规定经专门的安全作业培训并取得相应资格，上岗作业的。

第九十八条 生产经营单位有下列行为之一的，责令停止建设或者停产停业整顿，限期改正，并处十万元以上五十万元以下的罚款，对其直接负责的主管人员和其他直接责任人员处二万元以上五万元以下的罚款；逾期未改正的，处五十万元以上一百万元以下的罚款，对其直接负责的主管人员和其他直接责任人员处五万元以上十万元以下的罚款；构成犯罪的，依照刑法有关规定追究刑事责任：

（一）未按照规定对矿山、金属冶炼建设项目或者用于生产、储存、装卸危险物品的建设项目进行安全评价的；

（二）矿山、金属冶炼建设项目或者用于生产、储存、装卸危险物品的建设项目没有安全设施设计或者安全设施设计未按照规定报经有关部门审查同意的；

（三）矿山、金属冶炼建设项目或者用于生产、储存、装卸危险物品的建设项目的施工单位未按照批准的安全设施设计施工的；

（四）矿山、金属冶炼建设项目或者用于生产、储存、装卸危险物品的建设项目竣工投入生产或者使用前，安全设施未经验收合格的。

第九十九条 生产经营单位有下列行为之一的，责令限期改正，处五万元以下的罚款；逾期未改正的，处五万元以上二十万元以下的罚款，对其直接负责的主管人员和其他直接责任人员处一万元以上二万元以下的罚款；情节严重的，责令停产停业整顿；构成犯罪的，依照刑法有关规定追究刑事责任：

（一）未在有较大危险因素的生产经营场所和有关设施、设备上设置明显的安全警示标志的；

（二）安全设备的安装、使用、检测、改造和报废不符合国家标准或者行业标准的；

（三）未对安全设备进行经常性维护、保养和定期检测的；

（四）关闭、破坏直接关系生产安全的监控、报警、防护、救生设备、设施，或者篡改、隐瞒、销毁其相关数据、信息的；

（五）未为从业人员提供符合国家标准或者行业标准的劳动防护用品的；

（六）危险物品的容器、运输工具，以及涉及人身安全、危险性较大的海洋石油开采特种设备和矿山井下特种设备未经具有专业资质的机构检测、检验合格，取得安全使用证或者安全标志，投入使用的；

（七）使用应当淘汰的危及生产安全的工艺、设备的；

（八）餐饮等行业的生产经营单位使用燃气未安装可燃气体报警装置的。

第一百条 未经依法批准，擅自生产、经营、运输、储存、使用危险物品或者处置废弃危险物品的，依照有关危险物品安全管理的法律、行政法规的规定予以处罚；构成犯罪的，依照刑法有关规定追究刑事责任。

第一百零一条 生产经营单位有下列行为之一的，责令限期改正，处十万元以下的罚款；逾期未改正的，责令停产停业整顿，并处十万元以上二十万元以下的罚款，对其直接负责的主管人员和其他直接责任人员处二万元以上五万元以下的罚款；构成犯罪的，依照刑法有关规定追究刑事责任：

（一）生产、经营、运输、储存、使用危险物品或者处置废弃危险物品，未建立专门安全管理制度、未采取可靠的安全措施的；

（二）对重大危险源未登记建档，未进行定期检测、评估、监控，未制定应急预案，或者未告知应急措施的；

（三）进行爆破、吊装、动火、临时用电以及国务院应急管理部门会同国务院有关部门规定的其他危险作业，未安排专门人员进行现场安全管理的；

（四）未建立安全风险分级管控制度或者未按照安全风险分级采取相应管控措施的；

（五）未建立事故隐患排查治理制度，或者重大事故隐患排查治理情况未按照规定报告的。

第一百零二条 生产经营单位未采取措施消除事故隐患的，责令立即消除或者限期消除，处五万元以下的罚款；生产经营单位拒不执行的，责令停产停业整顿，对其直接负责的主管人员和其他直接责任人员处五万元以上十万元以下的罚款；构成犯罪的，依照刑法有关规定追究刑事责任。

第一百零三条 生产经营单位将生产经营项目、场所、设备发包或者出租给不具备安全生产条件或者相应资质的单位或者个人的，责令限期改正，没收违法所得；违法所得十万元以上的，并处违法所得二倍以上五倍以下的罚款；没有违法所得或者违法所得不足十万元的，单处或者并处十万元以上二十万元以下的罚款；对其直接负责的主管人员和其他直接责任人员处一万元以上二万元以下的罚款；导致发生生产安全事故给他人造成损害的，与承包方、承租方承担连带赔偿责任。

生产经营单位未与承包单位、承租单位签订专门的安全生产管理协议或者未在承包合同、租赁合同中明确各自的安全生产管理职责，或者未对承包单位、承租单位的安全生产统一协调、管理的，责令限期改正，可以处五万元以下的罚款，对其直接负责的主管人员和其他直接责任人员可以处一万元以下的罚款；逾期未改正的，责令停产停业整顿。

矿山、金属冶炼建设项目和用于生产、储存、装卸危险物品的建设项目的施工单位未按照规定对施工项目进行安全管理的，责令限期改正，处十万元以下的罚款，对其直接负责的主管人员和其他直接责任人员处二万元以下的罚款；逾期未改正的，责令停产停业整顿。以上施工单位倒卖、出租、出借、挂靠或者以其他形式非法转让施工资质的，责令停产停业整顿，吊销资质证书，没收违法所得；违法所得十万元以上的，并处违法所得二倍以上五倍以下的罚款，没有违法所得或者违法所得不足十万元的，单处或者并处十万元以上二十万元以下的罚款；对其直接负责的主管人员和其他直接责任人员处五万元以上十万元以下的罚款；构成犯罪的，依照刑法有关规定追究刑事责任。

第一百零四条 两个以上生产经营单位在同一作业区域内进行可能危及对方安全生产的生产经营活动，未签订安全生产管理协议或者未指定专职安全生产管理人员进行安全检查与协调的，责令限期改正，处五万元以下的罚款，对其直接负责的主管人员和其他直接责任人员可以处一万元以下的罚款；逾期未改正的，责令停产停业。

第一百零五条 生产经营单位有下列行为之一的，责令限期改正，处五万元以下的罚款，对其直接负责的主管人员和其他直接责任人员可以处一万元以下的罚款；逾期未改正的，责令停产停业整顿；构成犯罪的，依照刑法有关规定追究刑事责任：

（一）生产、经营、储存、使用危险物品的车间、商店、仓库与员工宿舍在同一座建筑内，或者与员工宿舍的距离不符合安全要求的；

（二）生产经营场所和员工宿舍未设有符合紧急疏散需要、标志明显、保持畅通的出口，或者锁闭、封堵生产经营场所或者员工宿舍出口的。

第一百零六条 生产经营单位与从业人员订立协议，免除或者减轻其对从业人员因生产安全事故伤亡依法应承担的责任的，该协议无效；对生产经营单位的主要负责人、个人经营的投资人处二万元以上十万元以下的罚款。

第一百零七条 生产经营单位的从业人员不落实岗位安全责任，不服从管理，违反安全生产规章制度或者操作规程的，由生产经营单位给予批评教育，依照有关规章制度给予处分；构成犯罪的，依照刑法有关规定追究刑事责任。

第一百零八条 违反本法规定，生产经营单位拒绝、阻碍负有安全生产监督管理职责的部门依法实施监督检查的，责令改正；拒不改正的，处二万元以上二十万元以下的罚款；对其直接负责的主管人员和其他直接责任人员处一万元以上二万元以下的罚款；构成犯罪的，依照刑法有关规定追究刑事责任。

第一百零九条 高危行业、领域的生产经营单位未按照国家规定投保安全生产责任保险的，责令限期改正，处五万元以上十万元以下的罚款；逾期未改正的，处十万元以上二十万元以下的罚款。

第一百一十条 生产经营单位的主要负责人在本单位发生生产安全事故时，不立即组织抢救或者在事故调查处理期间擅离职守或者逃匿的，给予降级、撤职的处分，并由应急管理部门处上一年年收入百分之六十至百分之一百的罚款；对逃匿的处十五日以下拘留；构成犯罪的，依照刑法有关规定追究刑事责任。

生产经营单位的主要负责人对生产安全事故隐瞒不报、谎报或者迟报的，依照前款规定处罚。

第一百一十一条 有关地方人民政府、负有安全生产监督管理职责的部门，对生产安全事故隐瞒不报、谎报或者迟报的，对直接负责的主管人员和其他直接责任人员依法给予处分；构成犯罪的，依照刑法有关规定追究刑事责任。

第一百一十二条 生产经营单位违反本法规定，被责令改正且受到罚款处罚，拒不改正的，负有安全生产监督管理职责的部门可以自作出责令改正之日的次日起，按照原处罚数额按日连续处罚。

第一百一十三条 生产经营单位存在下列情形之一的，负有安全生产监督管理职责的部门应当提请地方人民政府予以关闭，有关部门应当依法吊销其有关证照。生产经营单位主要负责人五年内不得担任任何生产经营单位的主要负责人；情节严重的，终身不得担任本行业生产经营单位的主要负责人：

（一）存在重大事故隐患，一百八十日内三次或者一年内四次受到本法规定的行政处罚的；

（二）经停产停业整顿，仍不具备法律、行政法规和国家标准或者行业标准规定的安全生产条件的；

（三）不具备法律、行政法规和国家标准或者行业标准规定的安全生产条件，导致发生重大、特别重大生产安全事故的；

（四）拒不执行负有安全生产监督管理职责的部门作出的停产停业整顿决定的。

第一百一十四条　发生生产安全事故，对负有责任的生产经营单位除要求其依法承担相应的赔偿等责任外，由应急管理部门依照下列规定处以罚款：

（一）发生一般事故的，处三十万元以上一百万元以下的罚款；

（二）发生较大事故的，处一百万元以上二百万元以下的罚款；

（三）发生重大事故的，处二百万元以上一千万元以下的罚款；

（四）发生特别重大事故的，处一千万元以上二千万元以下的罚款。

发生生产安全事故，情节特别严重、影响特别恶劣的，应急管理部门可以按照前款罚款数额的二倍以上五倍以下对负有责任的生产经营单位处以罚款。

第一百一十五条　本法规定的行政处罚，由应急管理部门和其他负有安全生产监督管理职责的部门按照职责分工决定；其中，根据本法第九十五条、第一百一十条、第一百一十四条的规定应当给予民航、铁路、电力行业的生产经营单位及其主要负责人行政处罚的，也可以由主管的负有安全生产监督管理职责的部门进行处罚。予以关闭的行政处罚，由负有安全生产监督管理职责的部门报请县级以上人民政府按照国务院规定的权限决定；给予拘留的行政处罚，由公安机关依照治安管理处罚的规定决定。

第一百一十六条　生产经营单位发生生产安全事故造成人员伤亡、他人财产损失的，应当依法承担赔偿责任；拒不承担或者其负责人逃匿的，由人民法院依法强制执行。

生产安全事故的责任人未依法承担赔偿责任，经人民法院依法采取执行措施后，仍不能对受害人给予足额赔偿的，应当继续履行赔偿义务；受害人发现责任人有其他财产的，可以随时请求人民法院执行。

第七章　附　　则

第一百一十七条　本法下列用语的含义：

危险物品，是指易燃易爆物品、危险化学品、放射性物品等能够危及人身安全和财产安全的物品。

重大危险源，是指长期地或者临时地生产、搬运、使用或者储存危险物品，且危险物品的数量等于或者超过临界量的单元（包括场所和设施）。

第一百一十八条　本法规定的生产安全一般事故、较大事故、重大事故、特别重大事故的划分标准由国务院规定。

国务院应急管理部门和其他负有安全生产监督管理职责的部门应当根据各自的职责分工，制定相关行业、领域重大危险源的辨识标准和重大事故隐患的判定标准。

第一百一十九条　本法自2021年9月1日起施行。

附录二　安全生产违法行为行政处罚办法

（2007 年 11 月 30 日国家安全监管总局令第 15 号公布，根据 2015 年 4 月 2 日国家安全监管总局令第 77 号修正）

第一章　总　　则

第一条　为了制裁安全生产违法行为，规范安全生产行政处罚工作，依照行政处罚法、安全生产法及其他有关法律、行政法规的规定，制定本办法。

第二条　县级以上人民政府安全生产监督管理部门对生产经营单位及其有关人员在生产经营活动中违反有关安全生产的法律、行政法规、部门规章、国家标准、行业标准和规程的违法行为（以下统称安全生产违法行为）实施行政处罚，适用本办法。

煤矿安全监察机构依照本办法和煤矿安全监察行政处罚办法，对煤矿、煤矿安全生产中介机构等生产经营单位及其有关人员的安全生产违法行为实施行政处罚。

有关法律、行政法规对安全生产违法行为行政处罚的种类、幅度或者决定机关另有规定的，依照其规定。

第三条　对安全生产违法行为实施行政处罚，应当遵循公平、公正、公开的原则。

安全生产监督管理部门或者煤矿安全监察机构（以下统称安全监管监察部门）及其行政执法人员实施行政处罚，必须以事实为依据。行政处罚应当与安全生产违法行为的事实、性质、情节以及社会危害程度相当。

第四条　生产经营单位及其有关人员对安全监管监察部门给予的行政处罚，依法享有陈述权、申辩权和听证权；对行政处罚不服的，有权依法申请行政复议或者提起行政诉讼；因违法给予行政处罚受到损害的，有权依法申请国家赔偿。

第二章　行政处罚的种类、管辖

第五条　安全生产违法行为行政处罚的种类：

（一）警告；

（二）罚款；

（三）没收违法所得、没收非法开采的煤炭产品、采掘设备；

（四）责令停产停业整顿、责令停产停业、责令停止建设、责令停止施工；

（五）暂扣或者吊销有关许可证，暂停或者撤销有关执业资格、岗位证书；

（六）关闭；

（七）拘留；

（八）安全生产法律、行政法规规定的其他行政处罚。

第六条　县级以上安全监管监察部门应当按照本章的规定，在各自的职责范围内对安全生产违法行为行政处罚行使管辖权。

安全生产违法行为的行政处罚，由安全生产违法行为发生地的县级以上安全监管监察部门管辖。中央企业及其所属企业、有关人员的安全生产违法行为的行政处罚，由安全生产违法行为发生地的设区的市级以上安全监管监察部门管辖。

暂扣、吊销有关许可证和暂停、撤销有关执业资格、岗位证书的行政处罚，由发证机关决定。其中，暂扣有关许可证和暂停有关执业资格、岗位证书的期限一般不得超过6个月；法律、行政法规另有规定的，依照其规定。

给予关闭的行政处罚，由县级以上安全监管监察部门报请县级以上人民政府按照国务院规定的权限决定。

给予拘留的行政处罚，由县级以上安全监管监察部门建议公安机关依照治安管理处罚法的规定决定。

第七条 两个以上安全监管监察部门因行政处罚管辖权发生争议的，由其共同的上一级安全监管监察部门指定管辖。

第八条 对报告或者举报的安全生产违法行为，安全监管监察部门应当受理；发现不属于自己管辖的，应当及时移送有管辖权的部门。

受移送的安全监管监察部门对管辖权有异议的，应当报请共同的上一级安全监管监察部门指定管辖。

第九条 安全生产违法行为涉嫌犯罪的，安全监管监察部门应当将案件移送司法机关，依法追究刑事责任；尚不够刑事处罚但依法应当给予行政处罚的，由安全监管监察部门管辖。

第十条 上级安全监管监察部门可以直接查处下级安全监管监察部门管辖的案件，也可以将自己管辖的案件交由下级安全监管监察部门管辖。

下级安全监管监察部门可以将重大、疑难案件报请上级安全监管监察部门管辖。

第十一条 上级安全监管监察部门有权对下级安全监管监察部门违法或者不适当的行政处罚予以纠正或者撤销。

第十二条 安全监管监察部门根据需要，可以在其法定职权范围内委托符合《行政处罚法》第十九条规定条件的组织或者乡、镇人民政府以及街道办事处、开发区管理机构等地方人民政府的派出机构实施行政处罚。受委托的单位在委托范围内，以委托的安全监管监察部门名义实施行政处罚。

委托的安全监管监察部门应当监督检查受委托的单位实施行政处罚，并对其实施行政处罚的后果承担法律责任。

第三章 行政处罚的程序

第十三条 安全生产行政执法人员在执行公务时，必须出示省级以上安全生产监督管理部门或者县级以上地方人民政府统一制作的有效行政执法证件。其中对煤矿进行安全监察，必须出示国家安全生产监督管理总局统一制作的煤矿安全监察员证。

第十四条 安全监管监察部门及其行政执法人员在监督检查时发现生产经营单位存在事故隐患的，应当按照下列规定采取现场处理措施：

（一）能够立即排除的，应当责令立即排除；

（二）重大事故隐患排除前或者排除过程中无法保证安全的，应当责令从危险区域撤出作业人员，并责令暂时停产停业、停止建设、停止施工或者停止使用相关设施、设备，限期排除隐患。

隐患排除后，经安全监管监察部门审查同意，方可恢复生产经营和使用。

本条第一款第（二）项规定的责令暂时停产停业、停止建设、停止施工或者停止使用相关设施、设备的期限一般不超过6个月；法律、行政法规另有规定的，依照其规定。

第十五条 对有根据认为不符合安全生产的国家标准或者行业标准的在用设施、设备、器材，违法生产、储存、使用、经营、运输的危险物品，以及违法生产、储存、使用、经营危险物品的作业场所，安全监管监察部门应当依照《行政强制法》的规定予以查封或者扣押。查封或者扣押的期限不得超过 30 日，情况复杂的，经安全监管监察部门负责人批准，最多可以延长 30 日，并在查封或者扣押期限内作出处理决定：

（一）对违法事实清楚、依法应当没收的非法财物予以没收；

（二）法律、行政法规规定应当销毁的，依法销毁；

（三）法律、行政法规规定应当解除查封、扣押的，作出解除查封、扣押的决定。

实施查封、扣押，应当制作并当场交付查封、扣押决定书和清单。

第十六条 安全监管监察部门依法对存在重大事故隐患的生产经营单位作出停产停业、停止施工、停止使用相关设施、设备的决定，生产经营单位应当依法执行，及时消除事故隐患。生产经营单位拒不执行，有发生生产安全事故的现实危险的，在保证安全的前提下，经本部门主要负责人批准，安全监管监察部门可以采取通知有关单位停止供电、停止供应民用爆炸物品等措施，强制生产经营单位履行决定。通知应当采用书面形式，有关单位应当予以配合。

安全监管监察部门依照前款规定采取停止供电措施，除有危及生产安全的紧急情形外，应当提前 24 小时通知生产经营单位。生产经营单位依法履行行政决定、采取相应措施消除事故隐患的，安全监管监察部门应当及时解除前款规定的措施。

第十七条 生产经营单位被责令限期改正或者限期进行隐患排除治理的，应当在规定限期内完成。因不可抗力无法在规定限期内完成的，应当在进行整改或者治理的同时，于限期届满前 10 日内提出书面延期申请，安全监管监察部门应当在收到申请之日起 5 日内书面答复是否准予延期。

生产经营单位提出复查申请或者整改、治理限期届满的，安全监管监察部门应当自申请或者限期届满之日起 10 日内进行复查，填写复查意见书，由被复查单位和安全监管监察部门复查人员签名后存档。逾期未整改、未治理或者整改、治理不合格的，安全监管监察部门应当依法给予行政处罚。

第十八条 安全监管监察部门在作出行政处罚决定前，应当填写行政处罚告知书，告知当事人作出行政处罚决定的事实、理由、依据，以及当事人依法享有的权利，并送达当事人。当事人应当在收到行政处罚告知书之日起 3 日内进行陈述、申辩，或者依法提出听证要求，逾期视为放弃上述权利。

第十九条 安全监管监察部门应当充分听取当事人的陈述和申辩，对当事人提出的事实、理由和证据，应当进行复核；当事人提出的事实、理由和证据成立的，安全监管监察部门应当采纳。

安全监管监察部门不得因当事人陈述或者申辩而加重处罚。

第二十条 安全监管监察部门对安全生产违法行为实施行政处罚，应当符合法定程序，制作行政执法文书。

第一节　简易程序

第二十一条 违法事实确凿并有法定依据，对个人处以 50 元以下罚款、对生产经营单位处以 1 千元以下罚款或者警告的行政处罚的，安全生产行政执法人员可以当场作出行政处罚决定。

第二十二条　安全生产行政执法人员当场作出行政处罚决定，应当填写预定格式、编有号码的行政处罚决定书并当场交付当事人。

安全生产行政执法人员当场作出行政处罚决定后应当及时报告，并在 5 日内报所属安全监管监察部门备案。

第二节　一般程序

第二十三条　除依照简易程序当场作出的行政处罚外，安全监管监察部门发现生产经营单位及其有关人员有应当给予行政处罚的行为的，应当予以立案，填写立案审批表，并全面、客观、公正地进行调查，收集有关证据。对确需立即查处的安全生产违法行为，可以先行调查取证，并在 5 日内补办立案手续。

第二十四条　对已经立案的案件，由立案审批人指定两名或者两名以上安全生产行政执法人员进行调查。

有下列情形之一的，承办案件的安全生产行政执法人员应当回避：

（一）本人是本案的当事人或者当事人的近亲属的；

（二）本人或者其近亲属与本案有利害关系的；

（三）与本人有其他利害关系，可能影响案件的公正处理的。

安全生产行政执法人员的回避，由派出其进行调查的安全监管监察部门的负责人决定。进行调查的安全监管监察部门负责人的回避，由该部门负责人集体讨论决定。回避决定作出之前，承办案件的安全生产行政执法人员不得擅自停止对案件的调查。

第二十五条　进行案件调查时，安全生产行政执法人员不得少于两名。当事人或者有关人员应当如实回答安全生产行政执法人员的询问，并协助调查或者检查，不得拒绝、阻挠或者提供虚假情况。

询问或者检查应当制作笔录。笔录应当记载时间、地点、询问和检查情况，并由被询问人、被检查单位和安全生产行政执法人员签名或者盖章；被询问人、被检查单位要求补正的，应当允许。被询问人或者被检查单位拒绝签名或者盖章的，安全生产行政执法人员应当在笔录上注明原因并签名。

第二十六条　安全生产行政执法人员应当收集、调取与案件有关的原始凭证作为证据。调取原始凭证确有困难的，可以复制，复制件应当注明"经核对与原件无异"的字样和原始凭证存放的单位及其处所，并由出具证据的人员签名或者单位盖章。

第二十七条　安全生产行政执法人员在收集证据时，可以采取抽样取证的方法；在证据可能灭失或者以后难以取得的情况下，经本单位负责人批准，可以先行登记保存，并应当在 7 日内作出处理决定：

（一）违法事实成立依法应当没收的，作出行政处罚决定，予以没收；依法应当扣留或者封存的，予以扣留或者封存；

（二）违法事实不成立，或者依法不应当予以没收、扣留、封存的，解除登记保存。

第二十八条　安全生产行政执法人员对与案件有关的物品、场所进行勘验检查时，应当通知当事人到场，制作勘验笔录，并由当事人核对无误后签名或者盖章。当事人拒绝到场的，可以邀请在场的其他人员作证，并在勘验笔录中注明原因并签名；也可以采用录音、录像等方式记录有关物品、场所的情况后，再进行勘验检查。

第二十九条　案件调查终结后，负责承办案件的安全生产行政执法人员应当填写案件处理呈批表，连同有关证据材料一并报本部门负责人审批。

安全监管监察部门负责人应当及时对案件调查结果进行审查，根据不同情况，分别作出以下决定：

（一）确有应受行政处罚的违法行为的，根据情节轻重及具体情况，作出行政处罚决定；

（二）违法行为轻微，依法可以不予行政处罚的，不予行政处罚；

（三）违法事实不能成立，不得给予行政处罚；

（四）违法行为涉嫌犯罪的，移送司法机关处理。

对严重安全生产违法行为给予责令停产停业整顿、责令停产停业、责令停止建设、责令停止施工、吊销有关许可证、撤销有关执业资格或者岗位证书、5 万元以上罚款、没收违法所得、没收非法开采的煤炭产品或者采掘设备价值 5 万元以上的行政处罚的，应当由安全监管监察部门的负责人集体讨论决定。

第三十条　安全监管监察部门依照本办法第二十八条的规定给予行政处罚，应当制作行政处罚决定书。行政处罚决定书应当载明下列事项：

（一）当事人的姓名或者名称、地址或者住址；

（二）违法事实和证据；

（三）行政处罚的种类和依据；

（四）行政处罚的履行方式和期限；

（五）不服行政处罚决定，申请行政复议或者提起行政诉讼的途径和期限；

（六）作出行政处罚决定的安全监管监察部门的名称和作出决定的日期。

行政处罚决定书必须盖有作出行政处罚决定的安全监管监察部门的印章。

第三十一条　行政处罚决定书应当在宣告后当场交付当事人；当事人不在场的，安全监管监察部门应当在 7 日内依照民事诉讼法的有关规定，将行政处罚决定书送达当事人或者其他的法定受送达人：

（一）送达必须有送达回执，由受送达人在送达回执上注明收到日期，签名或者盖章；

（二）送达应当直接送交受送达人。受送达人是个人的，本人不在时交与他的同住成年家属签收，并在行政处罚决定书送达回执的备注栏内注明与受送达人的关系；

（三）受送达人是法人或者其他组织的，应当由法人的法定代表人、其他组织的主要负责人或者该法人、组织负责收件的人签收；

（四）受送达人指定代收人的，交代收人签收并注明受当事人委托的情况；

（五）直接送达确有困难的，可以挂号邮寄送达，也可以委托当地安全监管监察部门代为送达，代为送达的安全监管监察部门收到文书后，必须立即交受送达人签收；

（六）当事人或者他的同住成年家属拒绝接收的，送达人应当邀请有关基层组织或者所在单位的代表到场，说明情况，在行政处罚决定书送达回执上记明拒收的事由和日期，由送达人、见证人签名或者盖章，把行政处罚决定书留在受送达人的住所；也可以把行政处罚决定书留在受送达人的住所，并采用拍照、录像等方式记录送达过程，即视为送达；

（七）受送达人下落不明，或者用以上方式无法送达的，可以公告送达，自公告发布之日起经过 60 日，即视为送达。公告送达，应当在案卷中注明原因和经过。

安全监管监察部门送达其他行政处罚执法文书，按照前款规定办理。

第三十二条　行政处罚案件应当自立案之日起 30 日内作出行政处罚决定；由于客观原

因不能完成的，经安全监管监察部门负责人同意，可以延长，但不得超过 90 日；特殊情况需进一步延长的，应当经上一级安全监管监察部门批准，可延长至 180 日。

第三节　听证程序

第三十三条　安全监管监察部门作出责令停产停业整顿、责令停产停业、吊销有关许可证、撤销有关执业资格、岗位证书或者较大数额罚款的行政处罚决定之前，应当告知当事人有要求举行听证的权利；当事人要求听证的，安全监管监察部门应当组织听证，不得向当事人收取听证费用。

前款所称较大数额罚款，为省、自治区、直辖市人大常委会或者人民政府规定的数额；没有规定数额的，其数额对个人罚款为 2 万元以上，对生产经营单位罚款为 5 万元以上。

第三十四条　当事人要求听证的，应当在安全监管监察部门依照本办法第十七条规定告知后 3 日内以书面方式提出。

第三十五条　当事人提出听证要求后，安全监管监察部门应当在收到书面申请之日起 15 日内举行听证会，并在举行听证会的 7 日前，通知当事人举行听证的时间、地点。

当事人应当按期参加听证。当事人有正当理由要求延期的，经组织听证的安全监管监察部门负责人批准可以延期 1 次；当事人未按期参加听证，并且未事先说明理由的，视为放弃听证权利。

第三十六条　听证参加人由听证主持人、听证员、案件调查人员、当事人及其委托代理人、书记员组成。

听证主持人、听证员、书记员应当由组织听证的安全监管监察部门负责人指定的非本案调查人员担任。

当事人可以委托 1 至 2 名代理人参加听证，并提交委托书。

第三十七条　除涉及国家秘密、商业秘密或者个人隐私外，听证应当公开举行。

第三十八条　当事人在听证中的权利和义务：

（一）有权对案件涉及的事实、适用法律及有关情况进行陈述和申辩；

（二）有权对案件调查人员提出的证据质证并提出新的证据；

（三）如实回答主持人的提问；

（四）遵守听证会场纪律，服从听证主持人指挥。

第三十九条　听证按照下列程序进行：

（一）书记员宣布听证会场纪律、当事人的权利和义务。听证主持人宣布案由，核实听证参加人名单，宣布听证开始；

（二）案件调查人员提出当事人的违法事实、出示证据，说明拟作出的行政处罚的内容及法律依据；

（三）当事人或者其委托代理人对案件的事实、证据、适用的法律等进行陈述和申辩，提交新的证据材料；

（四）听证主持人就案件的有关问题向当事人、案件调查人员、证人询问；

（五）案件调查人员、当事人或者其委托代理人相互辩论；

（六）当事人或者其委托代理人作最后陈述；

（七）听证主持人宣布听证结束。

听证笔录应当当场交当事人核对无误后签名或者盖章。

第四十条　有下列情形之一的，应当中止听证：

（一）需要重新调查取证的；

（二）需要通知新证人到场作证的；

（三）因不可抗力无法继续进行听证的。

第四十一条　有下列情形之一的，应当终止听证：

（一）当事人撤回听证要求的；

（二）当事人无正当理由不按时参加听证的；

（三）拟作出的行政处罚决定已经变更，不适用听证程序的。

第四十二条　听证结束后，听证主持人应当依据听证情况，填写听证会报告书，提出处理意见并附听证笔录报安全监管监察部门负责人审查。安全监管监察部门依照本办法第二十八条的规定作出决定。

第四章　行政处罚的适用

第四十三条　生产经营单位的决策机构、主要负责人、个人经营的投资人（包括实际控制人，下同）未依法保证下列安全生产所必需的资金投入之一，致使生产经营单位不具备安全生产条件的，责令限期改正，提供必需的资金，可以对生产经营单位处1万元以上3万元以下罚款，对生产经营单位的主要负责人、个人经营的投资人处5000元以上1万元以下罚款；逾期未改正的，责令生产经营单位停产停业整顿：

（一）提取或者使用安全生产费用；

（二）用于配备劳动防护用品的经费；

（三）用于安全生产教育和培训的经费；

（四）国家规定的其他安全生产所必需的资金投入。

生产经营单位主要负责人、个人经营的投资人有前款违法行为，导致发生生产安全事故的，依照《生产安全事故罚款处罚规定（试行）》的规定给予处罚。

第四十四条　生产经营单位的主要负责人未依法履行安全生产管理职责，导致生产安全事故发生的，依照《生产安全事故罚款处罚规定（试行）》的规定给予处罚。

第四十五条　生产经营单位及其主要负责人或者其他人员有下列行为之一的，给予警告，并可以对生产经营单位处1万元以上3万元以下罚款，对其主要负责人、其他有关人员处1千元以上1万元以下的罚款：

（一）违反操作规程或者安全管理规定作业的；

（二）违章指挥从业人员或者强令从业人员违章、冒险作业的；

（三）发现从业人员违章作业不加制止的；

（四）超过核定的生产能力、强度或者定员进行生产的；

（五）对被查封或者扣押的设施、设备、器材、危险物品和作业场所，擅自启封或者使用的；

（六）故意提供虚假情况或者隐瞒存在的事故隐患以及其他安全问题的；

（七）拒不执行安全监管监察部门依法下达的安全监管监察指令的。

第四十六条　危险物品的生产、经营、储存单位以及矿山、金属冶炼单位有下列行为之一的，责令改正，并可以处1万元以上3万元以下的罚款：

（一）未建立应急救援组织或者生产经营规模较小、未指定兼职应急救援人员的；

（二）未配备必要的应急救援器材、设备和物资，并进行经常性维护、保养，保证正常运转的。

第四十七条　生产经营单位与从业人员订立协议，免除或者减轻其对从业人员因生产安全事故伤亡依法应承担的责任的，该协议无效；对生产经营单位的主要负责人、个人经营的投资人按照下列规定处以罚款：

（一）在协议中减轻因生产安全事故伤亡对从业人员依法应承担的责任的，处 2 万元以上 5 万元以下的罚款；

（二）在协议中免除因生产安全事故伤亡对从业人员依法应承担的责任的，处 5 万元以上 10 万元以下的罚款。

第四十八条　生产经营单位不具备法律、行政法规和国家标准、行业标准规定的安全生产条件，经责令停产停业整顿仍不具备安全生产条件的，安全监管监察部门应当提请有管辖权的人民政府予以关闭；人民政府决定关闭的，安全监管监察部门应当依法吊销其有关许可证。

第四十九条　生产经营单位转让安全生产许可证的，没收违法所得，吊销安全生产许可证，并按照下列规定处以罚款：

（一）接受转让的单位和个人未发生生产安全事故的，处 10 万元以上 30 万元以下的罚款；

（二）接受转让的单位和个人发生生产安全事故但没有造成人员死亡的，处 30 万元以上 40 万元以下的罚款；

（三）接受转让的单位和个人发生人员死亡生产安全事故的，处 40 万元以上 50 万元以下的罚款。

第五十条　知道或者应当知道生产经营单位未取得安全生产许可证或者其他批准文件擅自从事生产经营活动，仍为其提供生产经营场所、运输、保管、仓储等条件的，责令立即停止违法行为，有违法所得的，没收违法所得，并处违法所得 1 倍以上 3 倍以下的罚款，但是最高不得超过 3 万元；没有违法所得的，并处 5 千元以上 1 万元以下的罚款。

第五十一条　生产经营单位及其有关人员弄虚作假，骗取或者勾结、串通行政审批工作人员取得安全生产许可证书及其他批准文件的，撤销许可及批准文件，并按照下列规定处以罚款：

（一）生产经营单位有违法所得的，没收违法所得，并处违法所得 1 倍以上 3 倍以下的罚款，但是最高不得超过 3 万元；没有违法所得的，并处 5 千元以上 1 万元以下的罚款；

（二）对有关人员处 1 千元以上 1 万元以下的罚款。

有前款规定违法行为的生产经营单位及其有关人员在 3 年内不得再次申请该行政许可。

生产经营单位及其有关人员未依法办理安全生产许可证书变更手续的，责令限期改正，并对生产经营单位处 1 万元以上 3 万元以下的罚款，对有关人员处 1 千元以上 5 千元以下的罚款。

第五十二条　未取得相应资格、资质证书的机构及其有关人员从事安全评价、认证、检测、检验工作，责令停止违法行为，并按照下列规定处以罚款：

（一）机构有违法所得的，没收违法所得，并处违法所得 1 倍以上 3 倍以下的罚款，但是最高不得超过 3 万元；没有违法所得的，并处 5 千元以上 1 万元以下的罚款；

（二）有关人员处 5 千元以上 1 万元以下的罚款。

第五十三条　生产经营单位及其有关人员触犯不同的法律规定，有两个以上应当给予行政处罚的安全生产违法行为的，安全监管监察部门应当适用不同的法律规定，分别裁量，合并处罚。

第五十四条　对同一生产经营单位及其有关人员的同一安全生产违法行为，不得给予两次以上罚款的行政处罚。

第五十五条　生产经营单位及其有关人员有下列情形之一的，应当从重处罚：

（一）危及公共安全或者其他生产经营单位安全的，经责令限期改正，逾期未改正的；

（二）一年内因同一违法行为受到两次以上行政处罚的；

（三）拒不整改或者整改不力，其违法行为呈持续状态的；

（四）拒绝、阻碍或者以暴力威胁行政执法人员的。

第五十六条　生产经营单位及其有关人员有下列情形之一的，应当依法从轻或者减轻行政处罚：

（一）已满14周岁不满18周岁的公民实施安全生产违法行为的；

（二）主动消除或者减轻安全生产违法行为危害后果的；

（三）受他人胁迫实施安全生产违法行为的；

（四）配合安全监管监察部门查处安全生产违法行为，有立功表现的；

（五）主动投案，向安全监管部门如实交代自己的违法行为的；

（六）具有法律、行政法规规定的其他从轻或者减轻处罚情形的。

有从轻处罚情节的，应当在法定处罚幅度的中档以下确定行政处罚标准，但不得低于法定处罚幅度的下限。

本条第一款第四项所称的立功表现，是指当事人有揭发他人安全生产违法行为，并经查证属实；或者提供查处其他安全生产违法行为的重要线索，并经查证属实；或者阻止他人实施安全生产违法行为；或者协助司法机关抓捕其他违法犯罪嫌疑人的行为。

安全生产违法行为轻微并及时纠正，没有造成危害后果的，不予行政处罚。

第五章　行政处罚的执行和备案

第五十七条　安全监管监察部门实施行政处罚时，应当同时责令生产经营单位及其有关人员停止、改正或者限期改正违法行为。

第五十八条　本办法所称的违法所得，按照下列规定计算：

（一）生产、加工产品的，以生产、加工产品的销售收入作为违法所得；

（二）销售商品的，以销售收入作为违法所得；

（三）提供安全生产中介、租赁等服务的，以服务收入或者报酬作为违法所得；

（四）销售收入无法计算的，按当地同类同等规模的生产经营单位的平均销售收入计算；

（五）服务收入、报酬无法计算的，按照当地同行业同种服务的平均收入或者报酬计算。

第五十九条　行政处罚决定依法作出后，当事人应当在行政处罚决定的期限内，予以履行；当事人逾期不履的，作出行政处罚决定的安全监管监察部门可以采取下列措施：

（一）到期不缴纳罚款的，每日按罚款数额的3%加处罚款，但不得超过罚款数额；

（二）根据法律规定，将查封、扣押的设施、设备、器材拍卖所得价款抵缴罚款；

（三）申请人民法院强制执行。

当事人对行政处罚决定不服申请行政复议或者提起行政诉讼的，行政处罚不停止执行，法律另有规定的除外。

第六十条　安全生产行政执法人员当场收缴罚款的，应当出具省、自治区、直辖市财政部门统一制发的罚款收据；当场收缴的罚款，应当自收缴罚款之日起 2 日内，交至所属安全监管监察部门；安全监管监察部门应当在 2 日内将罚款缴付指定的银行。

第六十一条　除依法应当予以销毁的物品外，需要将查封、扣押的设施、设备、器材和危险物品拍卖抵缴罚款的，依照法律或者国家有关规定处理。销毁物品，依照国家有关规定处理；没有规定的，经县级以上安全监管监察部门负责人批准，由两名以上安全生产行政执法人员监督销毁，并制作销毁记录。处理物品，应当制作清单。

第六十二条　罚款、没收违法所得的款项和没收非法开采的煤炭产品、采掘设备，必须按照有关规定上缴，任何单位和个人不得截留、私分或者变相私分。

第六十三条　县级安全生产监督管理部门处以 5 万元以上罚款、没收违法所得、没收非法生产的煤炭产品或者采掘设备价值 5 万元以上、责令停产停业、停止建设、停止施工、停产停业整顿、吊销有关资格、岗位证书或者许可证的行政处罚的，应当自作出行政处罚决定之日起 10 日内报设区的市级安全生产监督管理部门备案。

第六十四条　设区的市级安全生产监管监察部门处以 10 万元以上罚款、没收违法所得、没收非法生产的煤炭产品或者采掘设备价值 10 万元以上、责令停产停业、停止建设、停止施工、停产停业整顿、吊销有关资格、岗位证书或者许可证的行政处罚的，应当自作出行政处罚决定之日起 10 日内报省级安全监管监察部门备案。

第六十五条　省级安全监管监察部门处以 50 万元以上罚款、没收违法所得、没收非法生产的煤炭产品或者采掘设备价值 50 万元以上、责令停产停业、停止建设、停止施工、停产停业整顿、吊销有关资格、岗位证书或者许可证的行政处罚的，应当自作出行政处罚决定之日起 10 日内报国家安全生产监督管理总局或者国家煤矿安全监察局备案。

对上级安全监管监察部门交办案件给予行政处罚的，由决定行政处罚的安全监管监察部门自作出行政处罚决定之日起 10 日内报上级安全监管监察部门备案。

第六十六条　行政处罚执行完毕后，案件材料应当按照有关规定立卷归档。

案卷立案归档后，任何单位和个人不得擅自增加、抽取、涂改和销毁案卷材料。未经安全监管监察部门负责人批准，任何单位和个人不得借阅案卷。

第六章　附　　则

第六十七条　安全生产监督管理部门所用的行政处罚文书式样，由国家安全生产监督管理总局统一制定。

煤矿安全监察机构所用的行政处罚文书式样，由国家煤矿安全监察局统一制定。

第六十八条　本办法所称的生产经营单位，是指合法和非法从事生产或者经营活动的基本单元，包括企业法人、不具备企业法人资格的合伙组织、个体工商户和自然人等生产经营主体。

第六十九条　本办法自 2008 年 1 月 1 日起施行。原国家安全生产监督管理局（国家煤矿安全监察局）2003 年 5 月 19 日公布的《安全生产违法行为行政处罚办法》、2001 年 4 月 27 日公布的《煤矿安全监察程序暂行规定》同时废止。

参考文献

［1］卢莎等．安全生产法规实务［M］．北京：化学工业出版社，2008．

［2］唐贵才，等．安全生产法律法规［M］．北京：中国劳动社会保障出版社，2019．

［3］尚勇，张勇．中华人民共和国安全生产法释义［M］．北京：中国法制出版社，2021．

［4］崔政斌，等．安全生产十大定律与方法［M］．北京：化学工业出版社，2017．

［5］刘景良．安全管理［M］．4版．北京：化学工业出版社，2021．